心理学研究
膜拜问题学术论文
精选

陈青萍　等／著

陕西师范大学出版总社

图书代号　SK21N0816

图书在版编目（CIP）数据

心理学研究膜拜问题学术论文精选/陈青萍等著.—西安：陕西师范大学出版总社有限公司,2021.4
ISBN 978-7-5695-2170-2

Ⅰ.①心… Ⅱ.①陈… Ⅲ.①崇拜—文集 Ⅳ.① B933-53

中国版本图书馆 CIP 数据核字 (2021) 第 067305 号

心理学研究膜拜问题学术论文精选
XINLIXUE YANJIU MOBAI WENTI XUESHU LUNWEN JINGXUAN
陈青萍　等著

责任编辑	邓　微
责任校对	雷亚妮
出版发行	陕西师范大学出版总社
	（西安市长安南路 199 号　邮编 710062）
网　　址	www.snupg.com
印　　刷	西安市建明工贸有限责任公司
开　　本	720mm×1020mm　1/16
印　　张	20
插　　页	2
字　　数	271 千
版　　次	2021 年 4 月第 1 版
印　　次	2021 年 4 月第 1 次印刷
书　　号	ISBN 978-7-5695-2170-2
定　　价	68.00 元

读者购书、书店添货或发现印刷装订问题，请与本公司营销部联系、调换。
电话：（029）85307864　85303635　传真：（029）85303879

国家社会科学基金一般项目
"神秘膜拜团体发展现状及其社会心理控制途径的研究"
（17BZJ050）

陕西师范大学重点学科建设资助项目

陕西师范大学优秀学术著作出版基金资助出版

前 言

　　本论文集所指"破坏性膜拜团体"或"神秘膜拜团体"是国际学术界通用词语，即类似于中国社会文化语境中的"邪教"（本论文集简称"膜拜团体""膜拜成员"，但涉及的相关文件和引用原文则为"邪教"）。心理学研究与膜拜团体的相关性极强，膜拜团体的成员是在某种心理条件下进入其中，这与其认知、需求、动机、人格、情感等心理特征息息相关；膜拜团体的领导者也是在有意识地运用心理暗示、从众心理、神秘体验、心理控制等内容来操纵成员的行为；成员所发生的问题也多为依赖性、焦虑性、抑郁性、偏执性等心理问题或心理障碍；就心理康复而言，如何呈现和澄清成员内心深处的问题？如何聚焦问题让成员明白而实现转变？如何采取有效的方法解决问题让成员心悦诚服的转变？如何防范成员反复，不给社会增添麻烦？这些问题其实就是心理问题，临床心理学提供了一套解释人类行为的方法。用其原理解释膜拜心理现象，探索成员心理特征和行为动机，运用心理矫正技术促进转变，避免将心理问题与道德问题或政治问题混淆。因此，心理学是防范与干预膜拜问题的基础学科之一。

　　人类希望在探索健康长寿的路上越走越远，希望对健康和生命的奥秘有更多了解，这是我们执着的追求。科学家、哲学家、医学家、宗教界人士和心理学工作者通过科学研究试图解答这些问题，普通人也通过学习、想象和经验来寻求与未知现象有关的知识。而与此同时，膜拜团体也乘虚而入，利用人们的渴望和轻信，扰乱人们心智以达到谋利之目的。国家倡导信仰自由，每个人都有追寻梦想的愿望，也有追寻不同体验的权利，但无论是接受现代社会认可的准则和规范，还是跟随传统文化风俗观念去做，都不要掉入膜拜团体的陷阱。哲学家伏尔泰曾说过：任何邪教无论其种类如何，都是怀疑和错误的结合。

国外膜拜问题的研究已有 60 余年历史，我国科学系统性的膜拜问题研究始于 20 世纪 90 年代，这是一个新兴的研究领域，虽然取得了许多成绩，但是发展至一定阶段总会遇到一些瓶颈问题，尤其是对于顽固、反复、对抗和不断制造危情活动的膜拜团体以及社会民众的防范教育，一直缺乏心理学实证研究。陕西师范大学膜拜与社会心理问题研究中心高度重视国家和社会的需要，重视思想教育工作心理技能化的理念，长期关注中国社会膜拜问题的相关领域，仅近五年主持该领域国家社科基金课题，教育部课题，中国科学技术协会课题，陕西省委、西安市委委托课题共 10 余项，这些研究为深化认识破坏性膜拜团体的本质及其发展规律奠定了学术解释基础，开创了膜拜心理学研究方向，并取得了一些具有原创价值的学术成果，有一些研究成果走在了前沿，如膜拜成员大脑执行功能实验研究、膜拜成员心理戒断机制研究、膜拜成员自杀归因类型研究、膜拜成员绘画投射心理特征的研究，尤其是编制了一套中国式《邪教团体检测基本项目》等，初步形成了膜拜心理学研究特色领域，中心人员也五次赴国外参加膜拜问题国际学术研讨会并做报告，赢得了国外学者对于中国该领域研究的善意关注。

本论文集由 16 篇论文构成，21 万字，基本内容包括三部分：

第一部分是膜拜成员心理活动特征，由 4 篇文章组成，涉及认知方式、自我和谐度、情绪特征、人际关系、心理健康水平等问题的探讨，以明确成员心理特征与膜拜行为之间的关系，因为心理特征是在遗传基础上形成的心身系统动力组织，决定人的思想和行为的独特性，是行为发生之基础。

第二部分是心理康复方法，由 6 篇文章组成。国际邪教研究协会（International Cultic Studies Association，ICSA）前主席赫伯特·L. 罗斯戴尔（Herbert L. Rosedale）指出："对待那些加入膜拜组织的成员，应该像对待患有心理疾病和感情受到伤害的病人一样，给予关怀和照顾，而不是让他们自受其咎。"[①] 该部分内容重视运用操作性强的心理技术解决膜拜成员的心理

---

① 中国反邪教协会、美国家庭基金会编：《关爱生命·远离邪教》（内部资料），2004 年，第 121 页。

问题，实践了动机访谈疗法、焦点解决短期疗法、正念疗法、萨提亚疗法、人本疗法、叙事疗法等技术，探索了我们在膜拜成员心理康复实践中获得的经验和见解，干预某些认识偏执的成员，这是技术发展与创新的挑战。

第三部分是预警防范机制，由6篇文章组成。膜拜团体除了带来个人和集体悲剧之外，更需要警惕的是其政治目标，他们高举"人权"和"宗教自由"旗帜，提出了以"农村包围城市""以和平健康方式实现目标"的战略方针。目前，膜拜思想、宗教极端思想、恐怖主义思想正在悄然接触，膜拜团体势力极有可能走向恐怖主义，国内外这方面的教训为数不少。许多国家将与破坏性膜拜团体的"观念之战"纳入反恐的重要组成部分，定为"文化意识形态保卫政权"之大事。由此，本部分除了讨论防范膜拜成员反复、防范青少年被膜拜团体伤害、社区心理康复教育长效途径等问题之外，还重点编制了一套《邪教团体检测项目》，作为一项邪教团体识别的评估性工具，对于社会民众具有识别、教育、预警和防范的效应，将我国该领域工作纳入科学规范和客观量化操作的标准之中，对于提升反邪教工作质量具有积极的推进作用。

本论文集是集体智慧的结晶，陕西师范大学膜拜与社会心理问题研究中心为各地相关干部举办了几期"帮教骨干心理技能培训班"，与学员就工作中遇到的疑难问题共同探讨解决办法，他们的工作智慧和帮教经验给予我们很多的启发与思维开拓。感谢我的研究生们，在书中署名的各位，他们做出了许多研究贡献；感谢在研究过程中向我们吐露心声的膜拜成员，他们毫无保留的倾诉与积极配合实验使研究得以顺利完成；感谢陕西师范大学优秀学术著作出版基金和陕西师范大学重点学科建设项目给予的出版资助；感谢中国反邪教协会给予的大力支持；感谢陕西师范大学出版总社编辑邓微女士的敬业精神和辛苦付出，因她的严谨、精心和细致，本论文集避免了许多瑕疵，得以顺利出版；感谢我的先生栾利安，在准备论文的两年多时间中所给予我的各种关怀与帮助；感谢提供各种参考资料的学者，书中可能有所遗漏未能一一列出，在此以极为虔诚之心向各位作者一并致谢。

为了便于广大基层相关干部阅读，所收入论文及其内容虽按照学术论文规范撰写，但也不拘泥于其格式，是以临床心理学的客观态度、内容表达的需要和易于理解并扩大工作眼界为主要考虑因素，来分析和诠释所研究的问题。本论文集仍有许多不足，在此也一并反思。我们有着多重目标，希望本书为我国该领域工作提供更多信息、工作思考、专业效力、应用方法指导等参考作用；希望尽可能地缩短与国外该领域研究之间的差距，使我们更自豪地走上国际舞台发声；希望能将心理学理论和技术方法深入浅出地传达给相关人员；希望本论文集既通俗易懂，又能涉及一些学科前沿知识，引发该领域研究的思考和深入；希望为我国社会安全尽一份大学学者的社会责任，但是水平所限，还有许多问题未能涉及和深入，更希望今后能有机会与各位同仁携手做好该领域的研究工作。

谢谢！

陈青萍于陕西师范大学

2020 年 12 月 1 日

目 录

膜拜成员心理特征与膜拜行为关系研究 ………………………………… 001

房－树－人绘画测验投射膜拜成员心理特征的探索性研究 …………… 026

膜拜成员认知特征、偏差产生机理及对行为影响之解释 ……………… 059

一例膜拜成员的心理轨迹分析——从精神分析视角 …………………… 079

理论与实践：动机式访谈疗法对膜拜成员心理干预效果研究 ………… 087

焦点解决短期疗法：膜拜成员"三低一高"症状的心理康复方法 …… 124

正念疗法：缓解膜拜成员焦虑情绪并提升自我和谐水平的研究 ……… 145

萨提亚家庭疗法：构建膜拜成员心理康复的家庭之道 ………………… 155

叙事疗法：一例膜拜成员心理康复历程的诠释与分析 ………………… 174

积极关注技术：一例膜拜成员教育转化的实际运用 …………………… 194

解析膜拜成员反复原因及其防范对策 …………………………………… 203

膜拜家庭背景下防范青少年被伤害及心理援助对策 …………………… 221

社区构建膜拜成员心理康复教育的系统化长效途径和方法 …………… 236

"一带一路"背景下中国防范膜拜团体并保障社会和谐的意义 ……… 253

编制中国式《邪教团体检测基本项目》及其信度效度研究 …………… 263

膜拜团体发展现状及其社会心理控制途径的研究 ……………………… 279

膜拜成员心理特征与膜拜行为关系研究

梁 颖 陈青萍

【摘要】目的：探讨膜拜成员的心身健康、自我和谐、人际信任和焦虑水平，由此分析其心理活动特征与膜拜行为之间的关系。方法：采用自测健康量表（SRHMS）、自我和谐量表（SCCS）、人际信任量表（ITS）以及特质－焦虑量表（STAI）对63名膜拜成员和69名非膜拜人员进行比较研究。结果：①膜拜成员的健康总分以及生理、心理、社会健康维度明显低于对照组（$t=-4.66$，$p<0.01$；$t=-3.22$，$p<0.01$；$t=-4.18$，$p<0.01$；$t=-3.49$，$p<0.01$）；②膜拜成员的自我与经验不和谐，自我灵活性明显低于对照组（$t=-2.34$，$p<0.05$；$t=-3.67$，$p<0.01$）；③膜拜成员人际信任得分明显低于对照组（$t=-3.67$，$p<0.01$）；④膜拜成员特质焦虑水平明显高于对照组（$t=5.67$，$p<0.01$）；⑤膜拜成员人际信任总分与心理健康得分、自测健康总分具有显著正相关（$r=0.301$，$p<0.05$；$r=0.271$，$p<0.05$）；自我和谐总分与心理健康得分、自测健康总分具有显著负相关（$r=-0.288$，$p<0.05$；$r=-0.305$，$p<0.05$）；特质焦虑与心理健康得分、自测健康总分具有显著负相关（$r=-0.557$，$p<0.01$；$r=-0.531$，$p<0.01$）；状态焦虑与心理健康、自测健康总分具有显著负相关（$r=-0.328$，

$p<0.05$；$r=-0.351$，$p<0.01$）；⑥回归分析显示，特质焦虑对健康总分具有显著预测作用，可以解释健康总分28.2%的变异量（$F=23.942$，$p<0.01$）。自我和谐总分对社会健康具有显著预测作用，能够解释社会健康8.3%的变异量（$F=5.535$，$p<0.05$），说明影响膜拜成员心理健康水平的主要因素为自我与经验的不和谐以及特质焦虑。结论：膜拜成员的心理特征表现为低自我和谐、低人际信任、低健康水平、高特质焦虑，这是产生膜拜行为的内源性因素，而膜拜行为又强化了这些心理特征，加剧了心理不健康，这二者之间形成了互为因果的依存关系。

【关键词】膜拜成员；自我和谐；人际信任；特质焦虑；心理特征；行为方式

一、破坏性膜拜团体的基本认识

膜拜团体（Cults Group）这一概念源于西方基督教文化。在研究宗教定义和分类过程中，美国宗教社会学家罗纳德·L.约翰斯通（Ronald L. Johnstone）把宗教组织分为教会（Church）、主流教派（Mainstream Denominations）、小教派（Small Denominafions）、膜拜团体（Cult Group）四种类型。[①] 其中，膜拜团体与其他组织相比，具有更加多样化的信仰来源，更加强调个人的超验心理体验，团体人数更少，对教主的膜拜更加狂热。美国宗教社会学家威廉姆·希姆斯·本布里奇（William Sims Bainbridge）和罗德尼·斯塔克（Rodnry Stark）将膜拜团体定义为非常规的宗教组织，具体表现为具有反常规的信仰，其教徒对教主极端膜拜，教主的意志决定团体的走向，同时成员非常排斥外界。宗教社会学家马克斯·韦伯（Max Weber）认为："膜拜团体是一种反理性的、神秘的宗教形式。"[②] 从以上概念可以看出，多数学者认为"膜拜团体"这一概

---

① 左雷：《美国膜拜团体存在的原因及其现状》，东北师范大学硕士学位论文，2006年。
② ［德］马克斯·韦伯：《宗教社会学》，康乐、简惠美译，广西师范大学出版社，2005年，第51页。

念存在明显的贬义，民众也对其印象不佳。"膜拜团体"一词与我国所说的"邪教"一词并不完全等同。国外一些学者将那些严重扰乱社会安定、威胁人民安全的膜拜团体称为破坏性膜拜团体（Destructive Cults Group），这样既显示了膜拜团体与邪教的区别，又强调了邪教的犯罪性质。这一概念基本等同于我国文化语境中的"邪教"，它具有三个要素：一是该团体集权于教主或创始人一人，教徒狂热崇拜教主；二是该团体通过各种不正当途径引诱教徒，对他们实施精神控制；三是该团体具有破坏性，教徒的行为对社会和民众会造成伤害。

　　破坏性膜拜团体（邪教）的标准根据地区和时代而有所不同。"邪教"一词的含义也是根据各个地方的文化和习俗有所变化。因此，在不同的国家和不同的法律规定下，"邪教"一词具有不同的含义（皮埃尔·皮卡尔，2018，12）。我们在论文中经常引用的定义是，1985年9月在美国威斯康星的拉辛举行的教派专家代表大会上做出的定义："要求其成员绝对忠诚或效力于某一人物或主张，其首领为实现自己的目的而不惜通过操作、诱导和控制手段损害信徒的家庭和社会环境，以宗教、文化或其他形式出现的集团或团体。"① 西班牙著名学者佩佩·罗德里格斯（Pepe Rodriguez）在其著作《痴迷邪教——邪教的本质、防范及处置》中指出："'邪教'是指所有那些采取可能破坏或严重损害信徒的固有性格，采取胁迫手段来招募信徒和传布教义的团体或集群，那些为了自己的存在而完全或严重破坏信徒与原有社会的生存环境，乃至破坏自己的感情联系及有效沟通的团体或集群，以及那些破坏他们自己的运作机制，践踏在一个法治国家里被视为不可侵犯的法定权利的团体或集群。"② 法国是立法打击邪教走在前列的国家，法国监督和打击邪教活动的部际机构给出的定义是："邪教团体侵犯思想、言论和宗教自由，危害社会秩序、法律法规、基本权

---

① ［西班牙］佩佩·罗德里格斯：《痴迷邪教——邪教的本质、防范及处置》，石灵译，新华出版社，2001年，第17—18页。
② ［西班牙］佩佩·罗德里格斯：《痴迷邪教——邪教的本质、防范及处置》，石灵译，新华出版社，2001年，第14—15页。

利、人身安全和完整。它是有组织的团体或独立的个人，其性质或进行的活动是通过压力或技术手段，对一个人施加身体影响或精神操纵，部分剥夺其自由意志，并对其或其家人及社会造成破坏性后果。"（皮埃尔·皮卡尔，2018，12）我国将邪教组织定义为冒用宗教、气功或者以其他名义建立，神化首要分子，利用制造、散布迷信邪说等手段蛊惑、蒙骗他人，发展、控制成员，危害社会的非法团体。[①]邪教对社会安全和政治秩序以及人民生命财产造成了严重的威胁，因此有学者指出"它是具有犯罪性质的伪宗教组织"。[②]

国外关于破坏性膜拜团体的研究始于20世纪60年代，经过经验归纳、道德批判和理论研究，取得了许多成果。进入21世纪后，学者更加重视从心理学角度分析膜拜团体。目前，国际邪教研究协会每年定期召开国际会议讨论邪教问题，各国相互交流该领域的最新研究成果，近几年的主题多偏重于心理学领域。诸多临床心理学家认为，膜拜成员存在着明显的心理问题，从而使得膜拜团体心理控制手段生效。比如，沃尔什（Walsh）等人调查发现，邪教成员的生活自主能力明显下降，个人成就需要有所提高，社会认同感明显减少。加什迪（Gasde）和布洛克（Block）对61名邪教成员调查发现，邪教成员比非邪教人员有更高的焦虑情绪，更紧张的人际关系和更混乱的生活状态。诺布利特（Noblit）等人研究发现，部分邪教成员存在精神分裂、暂时性失忆、意识状态改变等精神症状。国外众多研究一致认为，破坏性膜拜团体会伤害成员的心理健康和破坏成员的社会功能。

国内关于破坏性膜拜团体的研究起步较晚，这是一个新兴的研究领域，20年来取得了很多成绩，但是与发达国家相比仍然存在一定差距，目前对于破坏性膜拜成员心理问题的研究大多处于经验总结和理论分析阶段，关于膜拜成

[①] 最高人民法院、最高人民检察院：《关于办理组织和利用邪教组织犯罪案件具体应用法律若干问题的解释》，载《中华人民共和国最高人民检察院公报》1996年第6期。

[②] [英]凯特·洛文塔尔：《宗教心理学简论》，罗跃军译，北京大学出版社，2002年，第24页。

员问题深入到心理学领域的实证研究数量较少，少有系统性的临床心理学研究，深度也不够。我国学界普遍认为，加入膜拜团体的原因可以从膜拜团体和膜拜成员两个方面进行分析，膜拜团体已如前所述，而大部分膜拜成员具有缺少社会支持、易于激动、崇拜超自然神秘力量、孤独等特点，这些特点越多就越容易被膜拜团体控制。风险增强模型认为，一种风险因素的作用相对有限，但当两种风险因素进行叠加时，对个体产生的影响不再是两种风险因素的简单相加，而是给个体带来更大的适应困难，即一种风险会加大另一种风险的作用。膜拜信仰的发生虽有各种外源性因素，但必须通过自身的内源性因素而起作用，内源性因素对于选择活动具有直接的影响，人的心理特征决定着行为方式。因此，本研究的主要目的是，调查膜拜成员的心理活动特征，探讨其总体心理健康、自我和谐、人际信任、焦虑情绪及其存在的心理问题，考察其心理特征与行为之间的关系，并借助统计学技术分析这些因素中的因变量、自变量和中介变量，提供实证指标以帮助解释心理功能与膜拜行为之间的关系。

二、研究对象

实验组：本研究在陕西省某市抽取膜拜成员 63 人为研究对象，其中男性 21 名，占 33.3%，女性 42 名，占 66.7%，平均年龄 51 岁。入组标准：①正式加入膜拜团体并热衷于膜拜活动者；②对教主极端崇拜，个人生活一部分或全部被教主控制，自愿为教主捐赠财物者；③个性明显改变，否定社会价值观，认知功能局限者；④情感变化，对家人和朋友情感淡漠，对"膜拜信仰"执着者；⑤无严重躯体疾病、精神疾病和阅读书写障碍者；⑥经本人知情同意并愿意配合测试者。共发放问卷 73 份，回收有效问卷 63 份，回收率为 86.3%。膜拜成员基本情况见表 1。

对照组：向社会招募与实验组年龄、性别、受教育程度基本匹配的 69 名非膜拜人员，对照组与实验组在人口学指标上的差异无统计学意义（$P>0.05$）。

入组标准：①无膜拜活动参与经验者；②无严重躯体疾病、精神疾病和阅读书写障碍者；③经本人知情同意并愿意配合测试者。

表1 膜拜团体成员基本信息分布情况

项目	内容	人数	比例
年龄	20—29岁	1	1.6%
	30—39岁	9	14.3%
	40—49岁	18	28.6%
	50—59岁	23	36.5%
	60岁以上	12	19.0%
家庭所在地	城市	42	66.7%
	农村	21	33.3%
婚姻状况	未婚	2	3.2%
	已婚	41	65.1%
	离婚	14	22.2%
	丧偶	6	9.5%
教育水平	小学	14	22.2%
	初中	16	25.4%
	高中或中专	23	36.5%
	大专或本科	10	15.9%
进入时间	1年以下	2	3.2%
	1—3年	12	19.0%
	3—5年	3	4.8%
	5—7年	5	7.9%
	7年以上	41	65.1%
进入途径	家人和朋友介绍	36	57.2%
	听信膜拜团体宣传	5	7.9%
	书本影像资料影响	13	20.6%
	其他	9	14.3%
进入原因	受社会和家庭环境影响	10	15.9%
	消灾免祸	7	11.1%
	信教就是信真理	15	23.8%
	内心需要，精神寄托	15	23.8%
	希望身体健康	16	25.4%

表1显示，在本次调查的膜拜成员中，年龄分布情况为：20—29岁1人，占1.6%；30—39岁9人，占14.3%；40—49岁18人，占28.6%；50—59岁23人，占36.5%；60岁以上12人，占19.0%。

家庭所在地：城市居住者42人，占66.7%；农村居住者21人，33.3%。

婚姻状况：未婚者2人，占3.2%；已婚者41人，占65.1%；离婚者14人，占22.2%；丧偶者6人，占9.5%。

教育水平：小学14人，占22.2%；初中16人，占25.4%；高中或中专23人，占36.5%；大专或本科10人，占15.9%。

进入时间：1年以下2人，占3.2%；1—3年12人，占19.0；3—5年3人，占4.8；5—7年5人，占7.9%；7年以上41人，占65.1%。

进入途径：通过家人和朋友介绍36人，占57.2%；听信膜拜团体宣传5人，占7.9%；书本影像资料影响13人，占20.6%；其他9人，占14.3%。

进入原因：受社会和家庭环境影响10人，占15.9%；为了消灾免祸7人，占11.1%；认为信教就是信真理与信教是内心需要精神寄托的各有15人，分别占23.8%；希望身体健康16人，占25.4%。

三、研究工具与研究结果

（一）膜拜成员的总体健康水平

1. 膜拜成员的心身健康特征

本研究采用自测健康评定量表（Self-rated Health Measurement Scale, SRHMS）对63名膜拜成员和69名非膜拜人员进行比较。自测健康的概念最早由苏萨奇曼·伊亚（Suchman EA）在1958年提出，目前是国际普遍使用的健康测量方法。国内许军等人基于世界卫生组织对健康的定义，对该量表进行了修改，将其分为生理、心理、社会健康三个维度，共46个条目，主要测量生理、心理和社会功能三个方面的健康情况，全面反映成员对于自身健康的主观评价，得分越高说明健康状况越好。该量表具有良好的信效度，重测信度为0.857，内部一致性系数为0.898。①

调查结果显示，膜拜成员自测健康总分及各维度分值均明显低于非膜拜人员，两组在许多项目上都存在差异，其差异具有统计学意义。这说明膜拜成员的总体健康水平低于非膜拜人员（见表2）。

表2　实验组与对照组自测健康评定量表及各维度得分比较分析

项目	实验组 膜拜成员（N=63） M±SD	对照组 非膜拜成员（N=69） M±SD	t
生理健康	119.10±23.96	131.86±21.51	-3.221***
身体症状与器官功能	38.02±9.50	43.84±9.74	-3.385***
日常生活功能	44.34±7.96	44.14±9.35	0.126
身体活动功能	36.15±12.28	43.41±8.95	-3.777**
心理健康	89.17±18.55	104.80±24.26	-4.180***
正向情绪	33.45±8.30	39.73±9.57	-3.915**
心理症状与负向情绪	37.68±12.42	44.24±9.67	-2.596**
认知功能	17.74±6.27	21.73±5.18	-3.877**
社会健康	74.68±16.70	86.00±20.52	-3.491***
角色活动与社会适应	29.66±5.66	31.02±7.29	-1.162
社会资源与社会接触	29.87±8.25	35.75±10.92	-3.397***
社会支持	15.63±5.74	19.06±6.67	-3.082**
健康总体	310.33±45.65	353.36±60.02	-4.661***
健康总体自测	27.40±6.65	30.63±6.51	-2.746**

注：*$p<0.05$，**$p<0.01$，***$p<0.001$

2.膜拜成员低健康水平的原因分析

（1）"自虐"活动影响成员的生理健康

健康领域是膜拜团体活动的中心阵地，他们承诺健康养生和康复痊愈，这

---

① 许军、王斌会、胡敏燕等：《自测健康评定量表的研制与考评》，载《中国行为医学科学》2000年第1期。

是最吸引人的招牌。多数成员患有一些慢性疾病，经济和心理压力都很大，他们焦虑之中乱投医，当接触了"信教后'神'可以赐福，百病一念经就好了"的鼓动后，加入了所谓包治百病的膜拜团体。在"练功"初期，每天活动规律，自觉身心状况有所改变。我们在访谈中一些成员自称"练功"后身体变好了，但也了解到随着病情发展，拒绝就医而延误了医治机会使健康受到严重损害的例子也不少。这里值得讨论一下膜拜活动对健康的影响。现有证据证明：①参加膜拜团体的人不一定都有身体疾病，他们可能是出于一种精神追求，希望达到安慰使身体肌肉放松；②成员的身体症状可能被膜拜团体内部文化环境中的从众压力和个人需求欲望掩盖，大家都感觉对身体好，自己也慢慢进入了从众的感觉之中；③不完全排除规律性锻炼对身体的短期好处，但是一些成员将自己长时间封闭在相对狭小的空间里极度"练功"，甚至达到了自虐程度，每天只睡3—4个小时，引致低血糖、低血压、低营养和全身功能衰弱则对身体不利。一般而言，我们熟悉自己的身体，但却不一定清楚自己的健康状况，这种教训在膜拜成员中为数不少。有一位成员说，她患有高血压，有时候血压达到180毫米汞柱，经常是晕晕乎乎的，自从信了某膜拜团体并坚持祷告之后，现在不吃降压药，身体也好好的。现场给她量血压，结果血压是190毫米汞柱，连测两次都是如此，这一结果让她惊诧不已。膜拜团体所宣扬的健身方法剥夺人的判断力，使成员做出在正常认识下不会做出的决定，他们被假象迷惑、违背科学事实、延误就医机会，表2证实了膜拜成员生理健康分值低于对照组。

（2）"感觉剥夺"影响成员的心理健康

心理健康是指一个人的认知、情感、意志、行为和谐一致，这些内容需要在正确信息的环境中得到协调。成员"练功""祈祷"犹如处在半感觉剥夺环境中，限制了其他信息来源而只能锁定在膜拜信息上，等于缩小了自己学习和认识世界的机会，将自己束缚在只能提供单一信息的思维之中，长此以往会影响情感和意志活动，造成心理功能紊乱乃至行为失常现象。这是因为：①一些成员长时间在感觉剥夺的环境里反复祈祷、吟唱、冥想、自我催眠,如果每天适当使用这些技法练习1个小时,可能会对身体和精神起到一定的调节作用,但是长时间的感觉剥夺会影响心理功能。加拿大的海勃(Hebb)实验室的一项实验证实,受试者在感觉剥夺试验7天后,出现了典型的心理病理现象:错觉、幻觉、感知觉障碍及继发性情绪障碍;对刺激过敏,紧张焦虑,情绪不稳;思维迟钝,暗示性增高;身体不适很多,出现各种神经症症状。这些症状是因为正常的脑机能有赖于脑干网状结构激活系统的活动被破坏了。①②有些成员的思维方式比较封闭、固执、偏激,表现为刻板、敏感、多疑和警惕现象,他们无法区分现实与虚幻,丧失方向感而与现实脱节,甚至出现幻觉和妄想。客观现实环境是决定心理功能的重要因素,即人的心理功能必须依赖于一定的客观现实,当人处于虚幻状态时,就不可避免地出现"3D症状",即虚弱(Debility)、依赖(Dependence)和恐惧(Dread)。这些症状使成员变得极为敏感,受到一点压力就会将这种感觉放大数倍,匆忙寻找所谓的"尊师"保佑自己,将对命运转折的期盼建立在他人身上。这是一种虚幻追求,隔离现实,妨碍清醒思考,思维移向想象空间,出现梦境一样的虚幻意识,导致心理功能退化,失去对现实社会的理解和解决问题的能力,使社会生活、生命热情和行为颓废。一位成员说:"'祷告'让我有了精神。"可是她的面色却晦暗,精神有些萎靡,反应迟钝。问她:"你的精神体现在哪些方面?"她不吭气了。③进入膜拜团体的成员多数是弱势人员。他们在访谈中提到,在加入团体之前遇到一些生活挫折,有健康、感情和人际方面的苦恼,感觉无力应对。加入膜拜团体之后也有苦恼,尤其是社会公众对团体的负面看法让他们心里忐忑不安,虽然团体的"功友"给了一些温暖,但是与外界的接触好像被屏蔽了,生活面变狭窄了,也比较单调和封闭。这些都是影响心理健康的因素。

---

① 王晓慧、孙家华主编:《现代精神医学》,人民军医出版社,2002年,第17页。

（3）认知偏差影响成员的社会健康

社会健康也称为社会适应性，能与他人及社会环境良好相处，并具有实现社会角色的能力，即人作为社会实体能够正常地进行人际交往，在家庭、社会团体和机构中能肩负责任。通俗地说，就是能够正常学习、工作和生活。膜拜成员的社会健康得分明显低于非膜拜人员，源于他们改变了生活方式、辍学、辞职、自我封闭、与亲友切断关系，沉迷于膜拜活动并具有很强的排他性，只是一门心思"修炼"，对其他事情漠不关心，难以担负社会角色和任务，也降低了解决问题的动机和能力，导致社会功能不足而适应性差。学者斯佩罗（Spero）简要描述过膜拜成员的特征：①高度以他人为中心和依赖他人；②有明显的消极情绪；③有强烈的矛盾心理；④有自恋的趋势；⑤被削弱了批判性判断和推理能力。有这些特点社会健康就不会好。有的成员坚持不脱离膜拜团体，扮演捍卫者的角色，甚至站到了主流社会的对立面。比如成员邱某始终认为自己所在的"全能神"团体只是代表了另一种文化形式，是一种新型的"基督教"团体，并声称国家法律允许公民有信仰自主的权利，但事实是她所在的膜拜团体对社会造成了危害，如在山东招远血案中，"全能神"成员张某一家在快餐店将无辜群众吴某殴打致死。这反映出一些膜拜成员社会健康程度已差至极点。

（二）膜拜成员的自我和谐程度

自我和谐（Self Consistency and Congruence），是美国心理学家卡尔·R. 罗杰斯（Carl. R. Rogers）提出的关于自我的重要概念："这是指一个人自我观念中不存在冲突现象，主要包括自我内部各成分之间协调一致、自我与经验之间协调一致两个方面。"① 如果一个人自我概念中的各部分出现冲突或者自我与经验之间出现差距，就会产生紧张和困扰，即处于自我不和谐状态。

---

① C. R. Rogers, "A Theory of Therapy, Personality and Interpersonal Relationship as Developed in the Client-centered Framework", *Cancer Research*, 1959, 56（9）, pp.3958-3965.

1.膜拜成员自我和谐水平的特征

本研究采用自我和谐量表（Self-consistency and Congruence Scale, SCCS），[①] 对实验组和对照组进行了自我和谐状态的研究。该量表于1994年由王登峰根据罗杰斯关于自我和谐的概念编制而成，共35个条目，由自我与经验的不和谐、自我的灵活性、自我的刻板性三个分量表组成，各分量表的重测信度分别为0.85、0.81、0.64。其中，自我与经验的不和谐反映自我概念与实际经验的不一致，是一种不和谐的关系；自我的灵活性反映当个体的自我概念与现实经验不一致时，能够知觉到并进行调整以求达到和谐状态的能力；自我的刻板性反映自我概念的刻板性。量表采用5级评分法，总分越高表明自我和谐水平越低（自我灵活性相反）。

本研究显示，实验组与对照组相比，前者的自我与经验的不和谐得分显著高于对照组，二者之间差异显著（$t=2.11$，$p<0.05$）；自我的灵活性维度得分显著低于对照组，二者之间差异显著（$t=-2.34$，$p<0.05$），表明实验组成员存在自我与经验的不和谐、自我刻板性得分较高，而自我的灵活性水平却较低（见表3）。总之，膜拜成员自我不和谐主要表现在自我与经验不和谐、自我灵活性低两个方面。

表3 膜拜成员与非膜拜人员自我和谐项目得分比较分析

项目	实验组 膜拜成员（N=63） M±SD	对照组 非膜拜人员（N=69） M±SD	t
自我与经验不和谐	48.83±10.13	46.32±8.41	2.11*
自我的灵活性	41.97±4.66	44.58±7.87	-2.34*
自我的刻板性	21.71±4.40	20.96±4.22	0.92

注：*$p<0.05$，**$p<0.01$。

[①] 王登峰：《自我和谐量表的编制》，载《中国临床心理学杂志》1994年第1期。

2. 膜拜成员低自我和谐水平的原因分析

（1）现实隔离使膜拜成员自我与经验不和谐

自我和谐注重个体自我概念与现实经验的协调一致，自我与经验不和谐反映的是自我概念与实际经验之间的不和谐关系，得分越高表明自我与经验越不和谐。研究表明，膜拜成员的自我和谐程度低于非膜拜人员，反映其自我概念与现实经验不和谐、不一致，对现实经验的期望不合理，难以根据客观现实变化做出相应的改变，当现实经验与原有自我概念不符合时，难以同化和顺应现实。这与成员长期在与现实隔离状态中被不断灌输失当的自我概念有关。这会使成员错误的自我概念积淀和固化，使成员接触现实环境时无法做出合理的认识，难以使已固化的自我概念顺应各种变化的现实经验，而自我概念与现实经验的差距，会随着所遇事件数量及复杂程度的升高而加大，最终导致自我和谐水平降低。美国心理学家罗杰斯认为："自我和谐反映的是个体自我内部与经验之间的一致与和谐，这是心理健康的重要标志之一。"[①] 如果自我与现实经验不一致，容易产生各种心理问题。因为"个体有维持各种自我知觉之间的一致性以及协调自我与经验关系的功能，如果各种自我知觉之间出现冲突或者自我与经验之间出现矛盾，个体就会体验到紧张和纷扰，即一种'不和谐'状态。自我不和谐的程度越高，焦虑、抑郁、恐怖、人际关系敏感方面的心理问题就越多"[②]。

（2）观念刻板使膜拜成员自我灵活性偏低

自我灵活性是指个体对自己看法的灵活性和可塑性程度。研究表明膜拜成员的自我灵活性得分显著低于非膜拜人员，主要表现在自我概念欠活跃、认知刻板僵化、固执、绝对化和缺少灵活性，这些表现反映了他们自我调节的灵活程度和能力不足，难以根据客观现实的变化做出相应改变，难以适应社会生活。

[①] Rogers. C. R., "A Process Conception of Psychotherapy", *American Psychologist*, 1958, 13（4）, pp.142-149.

[②] Shin D. C., Johnson D. M., "Avowed Happiness as an Overall Assessment of the Quality of Life", *Social Indicators Research*, 1978, 5（1）, pp.475-492.

膜拜成员自我概念的三个部分，即现实自我、理想自我和社会自我不一致，其理想自我是追求"圆满"和进入"天国"，而现实自我无法达到这种境界，这种现实自我与理想自我的矛盾使成员内心冲突。同时，膜拜活动也会使成员遭受一些挫折，如亲人不理解、朋友不支持、社会不认同等，这些现实经验与他们的自我概念不一致，有困惑、有矛盾、有冲突，而他们解决问题的灵活性不足，刻板于某种"信仰"不易变通，使自己的膜拜行为难以改变。这与长期信息量摄入不足有关。人对客观事物的认识是通过从外界获取信息，认识和分辨事物的各种属性，然后在大脑皮层对这些信息进行分析和加工处理，产生对外界事物本质属性的认识，以便于灵活处理问题。膜拜成员与外界环境处于高度分离的特殊状态，因信息不足而致思维的参照值绝对少，对客观事物不能形成灵活有效的分析，这种灵活性越是不足，自我概念就越是呈现不和谐的状态。

（三）膜拜成员的人际信任情况

"人际信任（Interpersonal Trust）是指人们在相互交往中产生的安全感、依赖感和可靠感，这是个体与他人之间的一种相互信任的关系。"[①] "人际信任是建立和维持良好人际关系的最重要因素之一，是提升群体合作、维持社会秩序的润滑剂，也是降低社会管理成本的重要资源。"[②]

1. 膜拜成员人际信任的特征

本研究采用人际信任量表（Interpersonal Trust Scale，ITS）[③]，调查了63名膜拜成员和69名非膜拜人员，了解其人际信任状况。该量表由美国心理学家朱利安·B. 罗特（Julian B. Rotter）于1970年编制，用于测量个体对他人的行为、承诺或陈述可靠性的估计，内容包括在多种处境下的人际信任，涉

---

① Rotter, J. B., "Generalized Expectation for Interpersonal Trust", *American Psychologist*, 1971, 26 (5), pp.443-452.
② Simpson, J. A., "Psychological Foundations of Trust", *Current Directions in Psychological Science*, 2007, 16 (5), pp.264-268.
③ 汪向东、王希林、马弘：《心理卫生评定量表手册》，载《中国心理卫生杂志》1999增刊，第180—182页。

及不同的社会角色。量表共有 25 道题，采用 5 级计分法，得分越高表明人际信任程度越高，总分 25—125 分，中间值为 75 分。该量表具有良好的信效度，分半信度为 0.76，重测效度是 0.68。

研究结果显示，膜拜成员人际信任平均得分为 73.87 分，略低于理论平均值 75 分，明显低于非膜拜人员的 78.68 分，二者之间具有统计学显著性差异（$t=-3.67$，$p<0.01$）（见表 4），这说明他们的人际信任水平偏低，主要表现是对他人不信任、多疑和警惕倾向。

表 4　膜拜成员与非膜拜人员人际信任项目的差异比较分析

项目	膜拜成员（N=63）M±SD	非膜拜人（N=69）M±SD	t
人际信任总分	73.87±7.69	78.68±7.37	-3.67**
这个社会虚伪现象增多	3.54±0.96	3.34±1.21	1.08
与陌生人交往需小心	3.37±1.11	3.75±0.96	-2.15*
政界需要更多人参与才公平	2.73±1.03	3.06±1.08	-1.77
不犯罪是因恐惧而非良心	3.25±0.97	2.93±1.22	1.7
老师不监考更多人会作弊	3.48±1.13	3.75±1.22	-1.35
父母的诺言是可信赖的	1.62±0.89	2.62±1.03	-5.97***
联合国不是维护世界和平的有效力量	3.11±1.27	3.23±1.07	-0.59
法院是公正的场所	2.65±1.35	2.48±1.32	0.74
多数人相信新闻未被歪曲	3.6±0.94	3.52±1.23	0.42
人们主要关注自己的幸福	3.76±0.95	3.88±1.11	-0.68
我们很难看到客观的报道	3.49±1.24	3.55±1.22	-0.27
未来似乎有希望	2.0±1.23	2.80±1.26	-3.68**
国际事务有很多黑暗被隐瞒	3.6±1.11	3.84±1.01	-1.28
官员竞选许诺是诚恳的	2.25±1.08	2.54±1.27	-1.37
重大体育比赛均被操纵	3.27±0.94	3.36±1.22	-0.48
专家关于其知识有局限的言论可信	2.06±0.93	2.78±1.25	-3.72***
多数父母关于惩罚的威胁是可信的	2.94±1.27	2.94±1.24	-0.03
多数人说出自己打算就一定去实现	2.90±1.20	2.80±1.17	0.52
需要保持警惕以防别人占便宜	3.84±1.29	3.65±1.16	0.89
理想主义者按其信条行事	2.57±1.15	2.72±1.1	-0.78
推销者是诚实的	3.14±1.24	3.29±1.23	-0.68

续表

项目	膜拜成员（N=63） M±SD	非膜拜人（N=69） M±SD	t
就算无人监考，也不会作弊	2.49±1.34	2.49±1.18	-0.01
多数维修人员不会因你不懂而多收钱	3.14±1.32	3.17±1.22	-0.14
公开对保险公司的控告是假的	3.05±1.05	3.12±1.12	-0.36
多数人会诚实回答民意测验	2.0±0.95	3.06±1.3	-5.28***

注：*$p<0.05$，**$p<0.01$，***$p<0.001$

2.膜拜成员低人际信任水平的原因分析

（1）人格不健全导致人际信任水平偏低

人际信任是一种普遍的心理功能，是人格表现特征的综合反映，而人格是影响个体进行判断和行为决策的重要因素，它反应的是个体思考和行为的偏好，对人际信任关系影响很大，"人格特征与人际信任之间存在明显的相关，人格特征对人际信任的水平具有预测作用"[1]。有研究发现："一些成员存在偏执型、强迫型、癔症型、冲动型、神经质型等人格倾向。"[2]这些人格倾向使他们对社会正常人际信任认识不足或知觉不良，不能用理性认识他人，更不会轻易信任他人。本研究结果显示，膜拜成员体验到的人际信任明显低于非膜拜人员，其社会关系参与度和人际亲和性均较低，他们普遍"强调关系中的'差序格局'，用不同的标准对待和自己关系不同的人，与之相对的是类别机制"[3]，"更相信能从认同的群体里得到回报"[4]，"社会互动浸润于其所处的文化环境中，折射出文化所独有的特征"[5]，膜拜成员在以互依性为特点的膜拜团体特异性文化影响下，倾向于崇拜"教主"并在圈内寻找群体认同，很容易被低质量的信息说服，

---

[1] 赵鹏霞：《男性服刑人员的人格特征和人际信任关系探析》，载《牡丹江大学学报》2010年第6期。
[2] 陈青萍：《关于邪教痴迷者的人格学研究》，载《宗教学研究》2004年1期。
[3] 费孝通：《乡土中国》（插图本），中华书局，2013年，第29页。
[4] 胡安宁、周怡：《再议儒家文化对一般信任的负效应：一项基于2007年中国居民调查数据的考察》，载《社会学研究》（北京）2013年第2期。
[5] 王逸璐、谢晓非：《帮助情景中的预测偏差：成因与应对》，载《心理科学进展》2019年第1期。

他们并不期望得到其他组织或他人的帮助。在长期封闭式的膜拜活动中，在与正常社会生活隔离的排他情况下，他们正常的社会交往功能会受到严重损害，容易引发社会关系冲突。

（2）受制于精神控制导致人际信任水平偏低

人际信任是一种文化认同的表现，而文化认同又与教育有关。破坏性膜拜团体强调成员作为"修炼人"的身份意识，并不断强化这种身份意识而隔离成员与外界的交往，他们控制人际接触和信息获取，其程度从最初的微妙控制到最后的绝对专制，要求成员将很多时间和人际活动都花在膜拜团体活动上，没有多余时间用于能对他们产生正确影响的社会信息交流。同时，膜拜团体在社会关系中营造虚幻信息影响成员的思维，他们为成员构建了一个"完美"的世界，又将这种参照系搬回现实，加强了成员对现实世界的不满，甚至认为社会对其团体进行着压制和迫害，更强化了不信任感，促使他们固守在圈子文化中。成员长期处于这种状态中，对真实世界产生了怀疑，从而对社会抱有敌意和不信任，导致与本团体以外的社会群体的人际冲突。另外，有的成员在封闭的环境里会出现"幽闭综合征"倾向。加拿大麦吉尔大学的心理学家贝克斯顿（W. H. Bexton）等人做的"感觉剥夺实验"[①]发现，用脑电图记录志愿者在"幽闭"前、后的脑电活动，发现在幽闭一段时间后，其脑电图出现一种慢波（这种慢波通常在睡眠时出现，觉醒时不出现），主要脑区活动的节律频率也变得缓慢了，这说明长期与社会环境处于分离状态，大脑皮层的功能被抑制了，很可能产生冷漠的人际态度。

（3）受制于膜拜观念认同导致人际信任水平偏低

社会心理学家亨利·泰弗尔（Henri Tajfel）将社会认同定义为："当个体知晓其归属于特定的社会群体，他／她所获得的群体资格就会赋予其某种情感

---

① 李心天主编：《医学心理学》，北京医科大学中国协和医科大学联合出版社，1998年，第94页。

和价值意义。"①成员在反复学习"教义"之后，形成了膜拜观念认同倾向，相同的观念增强他们对群体内的人际认同，局限在与"圈内人"的交往，从聚集在一起的内部人员里寻找感情慰藉和依赖，同时最大化自己内群体的优越性。他们采用特殊符号的语言和行为进行联结，而对于群体外的人际关系不认同、不接触、不信任，表现出疑惑心理。有些成员给人一种隐秘、孤立或隔离的感觉，他们对外群体抱有偏见、敌意、不满和愤怒等态度。有些成员为了精进练功而选择辞职，长期封闭式练功而与现实社会疏远，减少了与外界环境交往的动机和机会，导致人际信任感体验不足。另外，膜拜成员普遍具有心理防御定势，他们知道自身行为不被社会认可，产生捍卫自己的观念而出现强烈的排外行为，甚至有的成员忙于与团体外的"敌人"作斗争。这种情况使他们与群体外的人接触时知觉不良，降低其人际信任程度，而低人际信任更会激发自闭和固守的膜拜行为。

（四）膜拜成员的焦虑状态分析

状态-特质焦虑（State Anxiety-trait Anxiety）是学者查尔斯·D.斯皮尔伯格（Charles D. Spielberger）提出的焦虑理论，他将焦虑分为状态焦虑和特质焦虑两类。状态焦虑是一种短暂性的情绪状态，是由于某种情境或应激事件而引起的焦虑，持续时间短，变化强度大，会随着时间和情境的变化而变化，即情境改变时焦虑也随之出现或消失。而"特质焦虑则是一种相对持久的人格特征，是具有个体差异的相对稳定的焦虑倾向，具有跨情境性和稳定性特征，不会随着时间和情境的变化而变化"②。

状态-特质焦虑量表（State-trait Anxiety Inventory, STAI）③，由斯

---

① Tajfel, H., *The Context of Social Psychology: A Critical Assessment*, London: Academic Press, 1972.

② Olatunji B. O, Cole D. A., "The Longitudinal Structure of General and Specific Anxiety Dimensions in Children: Testing a Latent Trait-state-occasion Model", *Psychological Assessment*, 2009, 21（3）, pp. 412-424.

③ 汪向东主编：《心理卫生评定量表手册》，载《中国心理卫生杂志》1993年增刊，第207—209页。

皮尔伯格等人编制，1988年被译为中文。该量表共有40个项目，前20项为状态焦虑量表（S-AI），用于评定某种情景下的紧张和焦虑等感受；后20项为特质焦虑量表（T-AI），反映个体一种稳定或持续存在的焦虑倾向。计分时分别计算S-AI和T-AI量表的总分，最小值20，最大值80，分数越高反映个体状态焦虑或特质焦虑程度越高。S-AL量表的重测信度为0.88，T-AL量表的重测信度为0.90。

1. 膜拜成员具有特质焦虑的特征

本研究采用《状态-特质焦虑量表》，对实验组63名膜拜成员和对照组69名非膜拜人员进行了调查。结果发现，实验组成员的状态焦虑得分与对照组人员没有显著差异（$t=1.15, p>0.05$），但是两组的特质焦虑得分却差异显著，膜拜成员得分明显高于非膜拜人员（$t=5.67, p<0.01$），两组之间差异具有统计学显著性意义。这说明膜拜成员的特质焦虑明显高于非膜拜人员（见表5）。

表5 膜拜成员与非膜拜人员的焦虑维度比较分析

项目	实验组 膜拜成员（n=63） M±SD	对照组 普通人员（n=69） M±SD	t
状态焦虑	44.49±8.32	42.58±10.71	1.15
特质焦虑	48.98±7.46	40.87±8.97	5.67***

注：*** $P<0.001$

2. 膜拜成员高特质焦虑的原因分析

（1）成员具有特质焦虑的人格倾向

从表5可以看出，膜拜成员的特质焦虑得分明显高于非膜拜人员，说明其存在特质性焦虑。特质焦虑用于评定一个人所表现的相对稳定和持久的特征，这种特征反映的是人格倾向。有研究显示，特质焦虑水平较高的个体，在应激情境中更容易表现出焦虑情绪。膜拜成员在生活中经常会体验到焦虑情绪，他们惯于担忧,担心被抛弃、被惩罚、错过"升天"的救赎机会,他们善于夸大危险情境,其情绪反应的频度和强度也不同于非膜拜人员,他们经常会将一些非危险情境知觉为威胁情境,并出现与客观实际情况不符合的焦虑。因此,他们不敢违背膜拜团体领袖的指令,恐吓与指责会让他们有压力和内疚感,保持着对团体的虔诚态度以适应团体的行为准则。

精神分析理论认为,人格系统分为"本我、自我、超我"三个部分,三者之间和谐才能情绪稳定,否则会产生心理冲突导致情绪焦虑。膜拜成员更注重"本我"的超验体验和"超我"的虚幻体验,而"自我"调节现实的功能显得弱化,当"自我"功能不足,无法有效解决现实问题时,便不能控制地产生焦虑情绪。我们曾经采用MMPI(明尼苏达多项人格测验)对一些偏激的膜拜成员进行了人格测查,结果显示他们存在一定的偏执性、自恋性和焦虑性人格的倾向[①],这些人格特质的成员在遇到问题时,容易产生焦虑情绪,因为人格是人应对环境的主要方式之一。焦虑是一种痛苦的情绪体验,成员为了减轻焦虑情绪,转而利用膜拜行为来逃避焦虑,使得膜拜行为一次次地被强化。这并不能从根本上解决问题,冲突和矛盾依然存在,反而加剧了"升入天堂"的焦虑期盼,再一次强化了膜拜行为。这是膜拜成员整体的"人格属性",特质焦虑源于其人格基础,作为人格性质的焦虑对外界的反应十分敏感,并且在不同的刺激情境中表现出一贯性的反应特征。可以说,人格健全者在面对诱惑时,具有较强的理性分析能力,能够很好抵御各种诱惑;而人格不健全者,在面对诱惑时容易产生动摇或陷入其中,因为"人格的倾向性决定了人对现实的态度,决定了人对认识和行为的趋向与选择"。[②]

(2)成员认知方式偏差促发特质焦虑

科莱特·赫西(Colette R. Hirsch)和大卫·克拉克(David M. Clark)

[①] 陈青萍:《精神控制论——从临床心理学视角分析膜拜现象》,人民出版社,2010年,第85—93页。
[②] 王晓慧、孙家华主编:《现代精神医学》,人民军医出版社,2002年,第48页。

研究发现:"焦虑者倾向于将普通的信息解释为负性的含义即解释偏向。"① 根据《自我和谐量表》对膜拜成员测试,了解到其认知方式的主要特点是:①认知灵活性较差,面对充满变化的现实问题时,只会使用刻板的方式解决,难以应对现实的困难,由此产生内心冲突而引发焦虑情绪;②刻板的思维方式,膜拜成员关注自己的感受,认识事物多局限于表面,难以听取他人意见,有明显的绝对化认知,遇到与自己不同的观点反应强烈,易产生焦虑情绪;③认知缺乏深度,许多事情只知其一不知其二,只是对事物有一个模糊认识,没有认识到事物的本质规律,比如将身体好转只归功于"练功",却忽视了规律运动的结果;④自我认知能力不足,当脱离自己的小环境后,容易因敏感和担忧而出现焦虑情绪。成员认知方式偏差促发特质焦虑,而焦虑情绪也会加重认知偏差。

(3)成员心理防御机制不足强化特质焦虑

心理防御机制是指"自我在应对可能引起心理问题的冲突中所采用的措施"②。最早是由精神分析家西格蒙德·弗洛伊德(Sigmund Freud)提出,他认为防御机制通过阻止回忆痛苦经验而阻止产生焦虑情绪,从这个概念中可以看出防御机制与焦虑情绪相关。根据弗氏的观点,防御机制可以通过改变现实经验而逃离焦虑情绪,维护心理健康和内心自尊。其女儿安娜·弗洛伊德(Anna Freud)对防御机制做了进一步研究,她在《自我和防御机制》一书中提出:"每一个人,不管是正常人还是有心理疾病的人,某种言语或行为都在不同程度的使用一个或几个防御机制中的特征性的内容。"③ 她认为自我防御机制是一种方法或措施,自我可以求助于它以降低不愉快,调控不良情绪、过度冲动、过激行为,去除焦虑情绪,从而协调内部冲突以实现自我与外部世界的联系。我们在

---

① Hirsch, C. R., Clark, D. M., "Information-processing Bias in Social Phobia", *Clinical Psychology Review*, 2004, 24(7), pp.799-825.

② Ihilevich D., Gleser G. C., "Defense Mechanisms: Their Classification, Correlates and Measurement with the Defense Mechanisms Inventory", *Adolescence*, 1990, 25(97), p.251.

③ Freud A., *Ego and the Mechanisms of Defense*, London: Hogarth Press, 1937, pp.24-25.

与膜拜成员访谈时会遇到以下几种情况：第一种是无论你说什么他们都没有反应，消极对待，很难深入交谈；第二种是当谈话涉及敏感问题时，他们会采取避而不谈或扯开话题的方式；第三种是他们主动出击，要么破坏交谈的深入，要么没完没了地对你进行"弘法"；第四种是不断地讲述自己的某一种经历，如"我是一个不孝的人，我没有尽到养老抚幼的责任，但是我有虔诚的信仰"。按照心理防御性质进行分类，第一种和第二种属于逃避型的防御机制，第三种属于攻击型的防御机制，第四种属于自慰性的防御机制。这些都属于不成熟的或不良的防御机制。有研究指出："只有能缓解内心冲突又能调节行为以适应环境要求的防御机制，才是成熟的防御机制，偏向任何一方而不顾及另一方都是不良的防御机制。"① 这些不成熟的防御机制不能有效解决问题，只能加剧情绪波动，暴露出来的便是特质焦虑。

（4）成员受到不良社会评价加重特质焦虑

曼德雷尔（Mandleretal）发现，高特质焦虑者在与他人相处的情境下会感到更强的威胁，他们很在乎别人怎么评价自己。在马西斯（Mathes）的一项实验中发现，自尊降低会导致焦虑水平上升。膜拜成员焦虑于社会性的评价，知道自己的行为不被社会接纳和肯定，拥有较低的自尊，而又很关注别人的评价。他们在参与或预期参与某种活动时，会习惯性地预想可能会受到的他人评论，反应出焦虑情绪，主要表现在对现实的人际情境感到过分担心和焦虑，并为了降低受到评论的可能性，会采取一系列的回避行为。比如，有的成员看到有几个人聚在一起，便会怀疑别人在议论自己，由此引发焦虑而采用逃避参与社交活动的行为。另外，成员更惧怕膜拜团体的报复，高特质焦虑的成员在面临压力情境时，往往会关注压力所引起的消极方面，倾向于采取退缩的行为方式去应对，而不是积极地寻找解决办法。消极的行为方式在生活情景中一次次地被

---

① 路敦跃、张丽杰：《防御机制研究进展》，载《国际精神病学杂志》1992年第2期。

强化，心理功能一次次地被挫败，会进一步加重焦虑情绪，焦虑情绪与消极行为具有一定的聚集性和相关性。

（五）膜拜成员人际信任、自我和谐、状态－特质焦虑与健康水平的关系

1.膜拜成员的人际信任、自我和谐、状态－特质焦虑与健康水平密切相关

相关结果显示：膜拜成员的人际信任总分与心理健康、健康总分具有显著正相关（$r=0.301$, $p<0.05$；$r=0.271$, $p<0.05$）；自我与经验不和谐与心理健康、健康总分具有显著负相关（$r=-0.468$, $p<0.01$；$r=-0.323$, $p<0.01$）；自我刻板性与心理健康具有显著负相关（$r=-0.261$, $p<0.05$）；自我灵活性与生理健康具有显著正相关（$r=0.265$, $p<0.05$）；自我和谐总分与社会健康、心理健康、自测健康总分具有显著负相关（$r=-0.372$, $p<0.05$；$r=-0.288$, $p<0.05$；$r=-0.305$, $p<0.05$）；特质焦虑与生理健康、心理健康、健康总分具有显著负相关（$r=-0.275$, $p<0.05$；$r=-0.557$, $p<0.01$；$r=-0.531$, $p<0.01$）；状态焦虑与心理健康、健康总分具有显著负相关（$r=-0.328$, $p<0.05$；$r=-0.351$, $p<0.01$）（见表6）。

表6 膜拜成员人际信任、自我和谐、状态-特质焦虑与健康水平的相关分析（r）

项目		生理健康	心理健康	社会健康	自评健康总分
人际信任总分		0.196	0.301*	0.183	0.271*
自我和谐：	自我与经验的不和谐	-0.144	-0.468**	-0.228	-0.323**
	自我的刻板性	-0.148	-0.261*	-0.053	-0.161
	自我的灵活性	0.265*	0.045	0.230	0.035
	自我和谐总分	-0.070	-0.372*	-0.288*	-0.305*
焦虑量表：	特质焦虑	-0.275*	-0.557**	-0.220	-0.531**
	状态焦虑	-0.140	-0.328*	-0.218	-0.351**

注：*$P<0.05$，**$P<0.01$

2.膜拜成员心身健康发展的预测分析

本研究对膜拜成员进行了健康因子的回归分析，以自我和谐量表、人际信

任量表、状态－特质焦虑量表中的各维度为自变量，健康量表中的各维度为因变量。逐步回归分析发现：①特质焦虑能够显著预测生理健康水平，可以解释生理健康7.6%的变异量，且方差分析结果表明该自变量的预测水平达到了显著水平（$F=5.002$，$p<0.05$）；②特质焦虑和自我与经验不和谐对心理健康具有显著预测作用，多元相关系数为0.472，其联合解释变异量为0.223，即这两个自变量可以解释心理健康的22.3%，同时方差分析结果表明，两个自变量的预测水平均达到了显著水平（$F=11.549$，$p<0.01$；$F=8.589$，$p<0.05$）；③自我和谐总分对社会健康具有显著的预测作用，能够解释社会健康8.3%的变异量，方差分析结果表明该自变量的预测水平达到了显著水平（$F=5.535$，$p<0.05$）；④特质焦虑对健康总分具有显著的预测作用，可以解释健康总分28.2%的变异量，方差分析结果表明特质焦虑对健康总分的预测水平达到了显著水平（$F=23.942$，$p<0.01$）（见表7）。

表7　影响膜拜成员健康水平的各因子回归分析

因变量	自变量	R	R^2	F	β	t
生理健康	特质焦虑	0.275	0.076	5.002*	-0.275	-2.236*
心理健康	特质焦虑	0.399	0.159	11.549**	-0.351	-3.033**
心理健康	自我与经验不和谐	0.472	0.223	8.589**	-0.256	-2.212*
社会健康	自我和谐总分	0.288	0.083	5.535*	-0.288	-2.353*
健康总分	特质焦虑	0.531	0.282	23.942**	-0.531	-4.893**

3.膜拜成员心理特征与膜拜行为之间具有依存关系

在以健康总分和各维度为因变量，自我和谐、人际信任、状态－特质焦虑为自变量的逐步回归分析发现，成员的自我和谐和特质焦虑是影响健康水平的两个重要因素。对膜拜成员心理特征与行为之间的关系分析如下：

A.自我和谐与特质焦虑均属于人格因素，这从侧面反映出膜拜成员具有一定的人格问题。而心理健康与人格特征具有密切关系，人格是影响心理健康和行为方式的主要因素,因为"人格是行为的基本动力"①。

B. 自我不和谐对于个体的行为影响至关重要。罗杰斯指出:"一个人看待他自己的方式是预测将发生行为的最重要因素,因为伴随现实的自我概念,还有一种对外界现实和认为他所处境况的真实感知。"②由于膜拜成员的自我不和谐程度较高,他们没有形成合理的认知方式,思维欠缺灵活性并刻板僵化,容易比普通人体验到更多的焦虑情绪,而寄希望于通过膜拜行为实现愿望,这不但不能缓解内心冲突和矛盾,反而加剧了焦虑体验,进而又影响了行为方式。

C. 心理学家朱利安·B. 罗特(Julian B. Rotter)认为:"高信任度的人比低信任度的人更有生活意义感,这是人寻求发展的动力,一个人若缺乏信任感,对一切事物就会有所怀疑,容易陷入焦虑不安的情绪中,使心身健康受到损害。"③膜拜成员的低人际关系影响其获得社会支持的机会,又以逃避现实的方法获得虚假满足,导致更多的心理冲突,继之又强化了膜拜行为。

D. 膜拜成员的高特质焦虑导致低健康水平和低社会适应能力,容易引发膜拜行为。膜拜问题研究专家佩佩·罗德里格斯指出:"由于人都有规避痛苦的天性,所以就会去寻找解脱焦虑的办法。在那种情况下,不同程度上缺少选取适当保护手段的智慧,最后只能跌进将膜拜行为作为排解焦虑的极端手段这样一种陷阱之中。"④

总之,膜拜成员存在明显的低自我和谐、低人际信任、低心身健康水平以及高特质焦虑的心理特征。这些"三低一高"心理特征是产生膜拜行为的内源性因素,心理特征导致低心理健康水平,低心理健康水平又为膜拜行为提供了前提,而膜拜行为又强化了心身不健康,这之间形成了一种互为因果的循环关系和依存关系。

---

① 王晓慧、孙家华:《现代精神医学》,人民军医出版社,2002年,第48页。
② Evans, R. I. Carl Rogers, *The Man and his Ideas*, New York: Dutton, 1975, pp.86-87.
③ Rotter J. B., "A New Scale for the Measurement of Interpersonal Trust", *Journal of Personality*, 1967, 35(4), pp.651-665.
④ [西班牙]佩佩·罗德里格斯:《痴迷邪教——邪教的本质、防范及处置》,石灵译,新华出版社,2001年,第159页。

房－树－人绘画测验投射膜拜成员心理特征的探索性研究

璩泽 栾捷 陈青萍 禄晓平

【摘要】 目的：了解并检测膜拜成员的心理特征。方法：运用房－树－人绘画测验对10名膜拜成员进行画面内容投射，以分析和评估其心理活动特征。结果：①膜拜成员存在较为明显的情绪问题，主要表现为焦虑、恐惧和抑郁；②膜拜成员内心不适感强烈，自我效能感低，心理成熟度低，社会适应性差；③膜拜成员的绘画内容中包含积极的因素，这是干预转归的重要基础。结论：房－树－人绘画测验可以投射膜拜成员的心理活动特征，能够为后续心理干预提供参考依据，并建议针对膜拜成员的心理特征，采用绘画疗法进行深入的辅导帮助。

【关键词】 膜拜成员；绘画投射；房－树－人测验；心理特征

房－树－人绘画测验（House-Tree-Person Test，HTP）起源于精神分析流派，同时包含人本主义思想，属于一种心理投射测验。1948年巴克（Buck）首次在美国《临床心理学》杂志上介绍了房－树－人绘画测验，后经大量理论探索和临床实践补充与完善，逐渐发展成为一套较为成熟的心理测验方法，在应用心理学领域广泛应用，至今已成为心理测量的重要方法之一。根据美国心理学会（APA）心理测量工具使用调查报告显示，在所调查的 102 种常用心理测量工具中，临床心理工作者对房－树－人测验的使用频率排在第 8 位，神经精神病学者对其使用率排在第 38 位。① 房－树－人绘画测验具有隐蔽性，受测者在测验开始前，并不知道房屋、树木和人物有何种具体意义，这有利于他们在无压力状态下自由表达。受试者在自由条件下，通过绘画作品中"房""树""人"的形象、特征以及画面整体关系，投射其人格倾向、心理状态以及潜意识领域的内容，即评定者"通过画作的表层内容、相关内容和象征性内容，理解受测者的心理特征"。② 由此可见，房－树－人绘画测验的主要优势在于运用非语言的方式，表达受测者的意识层面和潜意识层面的内容，尤其是挖掘其压抑、隐藏的情绪和某些观念，它是无意识表达的窗口，可以探索受测者的心理活动特征。③

本研究中的膜拜成员是指加入破坏性膜拜团体并热衷于其活动，同时心理功能有退化的成员。研究发现，膜拜成员普遍存在心理健康水平不高、自我和谐程度低、人际关系不良以及特质性焦虑，存在一定的认知、感觉和人格障碍等问题。④ 他们由于长期受到"教义"控制，对主流意识有一定的排他性和抵触情绪，且伪装性极强。我们曾经采用 MMPI（明尼苏达多项人格测验）对 80 名膜拜成员测量发现，他们的谎言量表得分明显高于非膜拜成员⑤，这在一定程度上影响了测量结果。而房－树－人绘画测验的目的隐蔽，操作简单，趣味性强，

---

① Camara, W., Nathan, J., and Puente, A., *Psychological Test Usage in Professional Psychology: Report to the APA Practice and Science Directorates*, Washington D. C.: American Psychological Association Press, 1998.
② 师建国编著：《实用临床精神病学》，科学出版社，2009 年，第 35 页。
③ ［美］Malchiodi, C. A.：《儿童绘画与心理治疗——解读儿童画》，李甦、李晓庆译，中国轻工业出版社，2005 年，第 14 页。
④ 陈青萍：《精神控制论——从临床心理学视角分析膜拜现象》，人民出版社，2010 年，第 85—93 页。
⑤ 陈青萍：《关于邪教痴迷者的人格学研究》，载《宗教学研究》2004 年第 1 期。

使人在无戒备的状态下表达自我,使潜意识中的冲突和矛盾意识化得到改变。"HTP 作为一种心理投射测验,可以有效测出受测者的真实情况,洞见其潜在的冲突与问题。"① 因此,本研究尝试运用房－树－人绘画测验法,了解膜拜成员的心理特征,挖掘其潜意识中的思维观念和情感动机,为后续干预提供适宜的参考依据。

一、研究方法

(一)研究对象

本研究选取某市 10 名膜拜团体成员为研究对象(女性 7 人,男性 3 人),平均年龄 50 岁,初中及以下文化程度者占 70%。对于膜拜成员的界定,主要依照以下几项标准:①加入膜拜团体的时间超过 3 年;②对教主绝对服从,个人全部生活或部分生活被教主掌控;③认知功能受限,正常社会功能受到一定损害;④情感淡漠,负性情绪显著,与家人关系淡漠;⑤无严重的躯体疾病和精神疾病。在获得本人知情同意并愿意配合的情况下进行测验。

(二)研究方法

采用房－树－人绘画测验②,要求受测者在白纸上画一幅包含房屋、树木与人物的画,随后请他们对画面内容进行讲述。研究者对受测者加以简单询问,结合其作品中的"房屋""树木""人物"形象进行独立分析,再分析三者之间的关系,同时结合作品的顺序、笔迹、强调或缺失等细节进行细致分析,由此判断其人格特征、心理状态及其可能存在的心理问题。

(三)研究过程

在测验开始前,建立良好的会谈关系,收集受测者的个人基本信息,包括

---

① 陈曦、赵玉平:《房树人测验(HTP)的研究及应用》,载《社会心理科学》2012 年第 C1 期。
② 李元榕:《我懂你的心——HTPC 房树人绘画识人技术》,中国财富出版社,2016 年,第 35—39 页。

加入膜拜团体的原因、团体类型、加入时间等，随后开始测试。首先发放 A4 白纸一张，铅笔一支，告诉受测者请任意画一幅包括房子、树木和人物在内的画，没有时间限制，任由自己想象发挥，独立完成画作。在绘画过程中，专业人员可以简要询问，同时对受测者相关情况和绘画过程中的状态加以记录。记录内容包括绘画完成时间、情绪状态、作画形式、作画顺序及房、树、人三部分的具体内容。在绘画结束后，请受测者讲述绘画内容，研究者对画中的房屋、树木、人物进行询问并记录。

关于房子的询问内容：房子是在城里还是郊外、房子是在远处还是近处、房子附近是否有别的人家、住在房子里的主人是怎样的人、画中的天气如何等问题；关于树的询问内容：这是什么树、这棵树种在什么地方、这棵树是孤零零的还是森林中的一颗、画中的天气有风吗、风会往哪个方向吹等问题；关于人物的询问内容：这个人大约多少岁、结婚了吗、家里有几口人、这个人是什么样的人、他／她的工作是什么、他／她正在做什么、他／她正在想什么、他／她的感受是什么等问题。测验结束后，根据《房－树－人绘画测验分析手册》解释膜拜成员的画作，分析受测者的心理特征，了解其潜意识中隐藏的关于家庭、自我和人际关系等的内容。

二、作品分析

本研究调查了 10 名膜拜成员的房－树－人绘画作品共 10 幅，将作者和作品按 P01—P10 进行编号。作品分析途径："房""树""人"每一形象都有特殊的含义。房子代表受测者的家庭状况以及自己与家庭的关系，对房屋的屋顶、窗户、门、墙壁等结构进行分析，了解受测者在家庭中的自我形象、安全感和人际交往等内容；树木象征受测者无意识中的自我形象，以及他／她与环境之间的关系。树的姿态、生命力等表达着受测者内心的平衡感，同时也有生命象征的意义；人物的形象则比较复杂，有些画中反映了受测者的自我现实像，有的则反映了理想像。对于自我形象难以确立的个体会将人物扭曲，无论是美化还是丑化，都提示受测者的情绪反应。同时，作画的顺序，部分的强调或者缺失，作画时间均有特定的含义。作画一般按照，房：屋顶、墙、门、床；树：树干、树冠、树根；人：头、面、躯体、手足的顺序进行，顺序混乱说明受测者内心冲突强烈，强调一部分内容则意味着受测者精神动力高、自我主张、心理紧张、对环境敏感等，画面如果有缺失或者省略则代表内向、抑郁及一些特殊含义。同时，作画的时间、光影、线条、笔迹力度和用纸面积，以及部分的强调或者缺失等，均在具体分析的范围之内。

参考《房－树－人绘画测验分析手册》，分别对10幅作品进行分析，结果如下。

案例1

郑某，女性，59岁，作品P01。她因家庭矛盾加入"全能神"11年。其作品整体画面内容少，简略且留白较多，提示生活乏味、情绪低落、缺乏希望，有心理退缩倾向。

房子结构简单，门只有一侧，窗户也用格子线遮挡，提示她的家庭与环境沟通的通道被封闭，同时她也处于一种不善交际、心情压抑和自我防卫并多疑的状态中。房子墙体脆弱，线条较淡，说明她不够坚强，来自家庭的支持不够，对家庭生活充满不信任感。

树的结构单一，树干羸弱，显得无生气。树木象征生命力，是她潜意识对自我生命力的一种投射，无生气提示了她心中有不安全感。树叶散开有装饰性，提示她判断力不准，关注细节而忽视整体，容易受到外界影响，需要被他人赏识和认可，同时也提示她内心的不协调、软弱无力和不适应感。

画中人物头身的比例过大，呈现幼儿作画特点，提示郑某存在心理发育迟缓倾向，心理年龄较小的情况。画中人物最大的特点是缺少下肢，虽然后来她简单补充了双腿,但是仍然没有画出双足,说明她丧失了自主探索生活的勇气。画中人物的表情哀伤,显出不良情绪状态。值得注意的是,人物的嘴是张开的,投射了她潜意识中希望与家人沟通、解决家庭矛盾的愿望,但实际情况却是她在交流时不愿意主动开口说话,这种意识和潜意识之间的强烈冲突表现得十分明显。在她的讲述中,画中的天气是阴天,所画人物不高兴,提示她有抑郁情绪和对家庭环境的压力体验。

房-树-人关系分析:人物与房屋之间距离较远,郑某陈述画中人物是在回家的路上,但潜意识中仍然表现了对家庭关系的抗拒。家庭关系不良和缺乏沟通渠道使她长期处于沉重的心理压力之中。在画面中,树木处于画面右侧,说明她将自我放置于未来,期待好的结果,这也提示她在潜意识中对自我形象和家庭关系仍然怀有希望(见图1)。

图1 房-树-人绘画作品 P01

案例2

韩某,女性,60岁,作品P02。因长期家庭矛盾加入"全能神"7年。她的画面内容简单,房子、树木、人物寥寥几笔完成,测验时间为3分18秒,这是一种长期缺乏希望和缺少沟通的表现。画面整体偏右,说明她比较关注未来,对未来仍抱有美好的期望。

房子线条简单,轮廓线重,门较小,窗户只有一半,没有屋顶,这些体现了她内心的自我封闭,不善交流,生活内容不丰富,缺乏安全感,寻求保护。同时,门和窗是打开的，这是渴望与环境交流的通道。

树干较粗、树冠大，树干的粗细代表生命力的旺盛程度，说明韩某对自己的要求过高，容易执着于某一事件而缺乏灵活性。树冠呈波浪线状，尤其右侧明显，提示成长过程可能不顺，存在心理创伤，现在难以适应环境。

画中人物十分简单，没有基本的面部表情和身体比例，无法分辨性别，提示韩某的心理成熟度不够完善，考虑问题简单。然而，韩某却描述画中人物的家庭和睦、健康、愉悦、没有烦恼，这是她对理想自我和理想家庭的愿望投射。

房－树－人关系分析：她在作画过程中，状态愉悦，第一次擦掉人物和房子后，她说"房子不能离树太远了""人不能离家太远了"，这显露了她潜意识中对家庭的渴望和美好期待，她的自我形象是在家庭依托下确立的，拥有美好的家庭环境，才符合她理想中的自我，但她最后又把房子擦掉了，说道"离树远一点吧"。这是其意识与潜意识之间的张力在发挥作用，潜意识中的自我形象与家庭中实际的自我形象相差甚远，使她不得不处于矛盾中并被不断拉扯着，缺乏和睦的家庭关系和良好的感情生活，而又极度渴望得到家庭关怀和认同，形成了画面中想联系而又分隔的状态（见图2）。

图2　房－树－人绘画作品P02

案例3

陈某，男性，33岁，作品P03。因家族信仰被拉入"全能神"3年。画面简略，内容简单，仅用5分钟完成画作。被试在绘画过程中没有说一句话，好似平静的状态。画面空间感适当，提示他拥有适当的现实感和计划性，性格沉着冷静，但整幅画是中心画，提示其内在有所不安，在努力维持着内心的平衡状态。

房子结构简单，屋顶过大提示他正处于家庭掌控之中，表明他内心脆弱且安全感不足，带网格的窗户和敞开的门形成了矛盾对立的意味，既抗拒与外界沟通，缺少沟通渠道，又极度渴望与环境有更多的互动。

树木的绘画顺序是从树尖到树干，与正常作画顺序相反，显示陈某内心混乱和不安。枝端尖锐，显示他可能有急躁和冲动的性格特征。没有树根，而树根象征着力量和安全感，提示他内心的不平静和把控不住自己的恐慌。

画中的人物形象单一，无法分辨具体五官容貌与体态特征，头身比例较大，无法分辨性别，提示心理成熟度发育缓慢。人物线条简单且缺少脖子，提示他对自己不自信，害怕权威，缺乏安全感，对社会环境适应能力差。在后续的交流中，陈某说画面上的人正在房子前面玩耍，他有很多家人，旁边也有邻居，这投射了陈某对于亲密关系和人际交往的渴望和憧憬。

房-树-人关系分析：人物在画面中离房子很近且有互动关系，说明陈某对家庭有依恋感。陈某的家庭成员众多，对他很关爱，较多包容使陈某形成了急躁和易怒的性格特征，同时，也让陈某潜意识中的自我保持在童年期的简单心理模式中。心理退行和现实的要求使陈某产生了适应困难，无法按照成年男性的社会标准生活，产生不良的情绪反应和失效的应对方式（见图3）。

图 3　房-树-人绘画作品 P03

案例 4

王某，女性，63 岁，作品 P04。7 年前因家庭矛盾加入"全能神"。这幅画的笔触极轻，体现了她内心的自卑感和无助感。整体画面内容较为丰富，画面偏纸张的下部，说明王某有较为强烈的失败感、不安感、非协调感体验，显露其抑郁和焦虑情绪。

被试在画房子时，首先用虚线画房子的墙体，后又描实，这提示王某对自我能力的不信任，存在一定的自卑情绪，描实的行为又表现出她谨小慎微的性格特征。房子偏右侧提示她有害怕权威的倾向，房屋门紧闭，没有窗户，提示她抗拒与外界接触。值得注意的是，她在门外画了一条与外界连接的小路，这反映其想与外界沟通，又怕从外界得到消极回应，从而拒绝沟通的困惑心理特征。

画中的树为落叶树，提示王某在生活中存在较大的压力事件。树干、树枝均为单线条，且树干较细，提示了她可能缺乏支持，心中有不协调感。她细致地描绘每一片叶子，过分关注细节，可能存在一定的强迫倾向，这一特征在人物像中也有体现。

画中人物是一个 40 多岁的男性，比例协调，穿戴整齐，证明王某对自我有一个合理的认识，但她并未说明这个人物的具体身份，可以认为是她潜意识中的自我形象外化出的人物，她在潜意识中将自己变成异性，同时也变得更加年轻，这是她潜意识对力量和把控感的向往。40 多岁正是人生辉煌时期，在她心中对未来生活依旧存有期望，渴望有能力改变家庭矛盾。除此之外，她还添加了一些花草对画面进行点缀，花草的位置在画面的右侧，与人物贴近，提示被试对美好事物的向往和对未来的期待。

房－树－人关系分析：在交流中，被试回答画面中的人正要去看新房，心情是愉悦的，新房的环境幽美，房子的主人是个好人。这一系列美好的描述投射出被试对美好生活的渴求，但在现实中，家庭矛盾的打击却是一种压力源，理想与现实的冲突形成她内心的矛盾漩涡，导致负性情绪（见图4）。

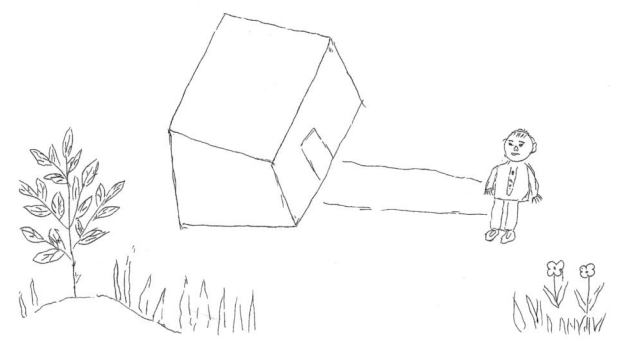

图4　房－树－人绘画作品 P04

案例5

李某，女性，51岁，作品 P05。因家庭矛盾加入"全能神"，至今已有11年。其作品内容较为丰富，空间感适当，除基本的房－树－人三部分内容外，还加入了其他元素，说明她有一定的现实性。李某在作画过程中状态平静，仅用4分30秒完成画作，这提示她可能在隐藏自己焦虑不安的情绪，画中空白较少，她虽然强调自我存在，但实际上内心却充满紧张和敌意。画面整体偏左，说明她关注过去的生活，过去的经历和情感世界对她具有重要意义。画面笔迹压力较轻，再一次提示李某的自卑、焦虑情绪比较明显。画面线条大多为不连贯的直线条，提示其具有冲动、易攻击性和敌意感的性格特征，待人处事方式只会按照一种模式进行，可塑性比较差。

房体有倾斜倾向，看起来不稳，提示李某的心理能量不足，内心脆弱，人格不稳定。封闭的窗户和半掩的门象征她与环境的沟通渠道较少，并且不愿意与外人交往，与他人保持距离，甚至避免交流。门前有一条较长的路，这是与外界保持距离的象征，说明她的防御性很强，很难让他人走进自己的内心。

画中的树为落叶树，虽然枝叶茂盛，但单线条的使用却呈现了一种枯败现象，树根暴露提示她正处于某种压力之下，内心有许多纠葛理不清，同时也投射了她的观察力和理解力不强,反映了对环境的不适应。

人物处于画面的下半部分,是被切断的状态,提示了李某有强烈的不满和冲动性,表面的情绪似乎平静,但内心的敌意感很难让自我保持平衡。人物体态是倾斜的,嘴部成"一"字形,提示被试具有强烈的自我中心和敌意感,不连贯线条的使用象征着她的焦虑情绪。

李某在画中补充了太阳这一形象,太阳象征自我的权威性,太阳在画面的最上端,提示她在家中处于权威地位,很难和家庭处理好关系。同时,太阳也象征着光明和热情,反映了她内心积极的美好愿望。

房－树－人关系分析:树的位置靠近房子,象征着李某潜意识中的自我形象仍然与家庭息息相关。人物远离房子,显示她对家庭成员存在一定的距离感。李某某在描述人物时说,"这个人是平静而悠闲的,她在闲逛,她温和,低调且不张扬,家庭幸福,有邻居好友",这些描述都与她实际生活中的体验相矛盾。因此,她内心渴望的平静和良好人际关系与现实生活中的压力、矛盾、焦虑体验形成了鲜明的冲突(见图5)。

图 5　房－树－人绘画作品 P05

案例 6

田某,女性,40 岁,作品 P06。4 年前因家庭矛盾加入"全能神"。她在作画过程中看似情绪平静，用时 5 分钟，但是作画顺序混乱，提示其内心混乱不安，无法通过合理方式表述自己的想法和需求。画面留白较多，且多集中于纸张的下半部分，提示紧张感并存在一定的抑郁和焦虑情绪。绘画笔迹较轻，内容简单，反映了自卑、敏感、难以适应环境的性格特征。

房子靠近左侧并偏斜似倒，提示她心里矛盾而困惑，也提示她的自卑和空虚感，墙线较淡提示其情绪正处于崩溃的边缘，较高的房顶又象征着要保护自己却又无力，打开的窗和门体现她对亲密关系的渴望。

树的粗壮体现了田某的积极性，但同时也存在冲动倾向，提示性格急躁、易怒、不稳定。缺少树枝反映了其内在力量的缺失。树根暴露于地面且拔地不稳，提示只顾眼前的事情，缺乏长远的眼光，考虑事情有一定的功利性。所画的树偏向于右侧，提示对于自己的未来有所期待，但是树木歪斜又显示缺乏支撑自己的能力。在田某的描述中，这是一颗落叶树，生活和经济的压力给她造成了极大的困扰。

画中的人物较多，但都缺少具体形象，无法分辨性别，提示田某的心理成熟状况不甚完美。画中的人"老少皆有"，相处和谐，正在相互交谈，田某形容他们非常开心。这是她将自己潜意识的内容投射到画中的表现，她画的不全是自己，但一定有自我的形象在其中，反映了她渴望某种圈子，寻求保护和安慰的心理特征，也提示了她向往良好的人际关系。

房-树-人关系分析：房子靠近画面左侧，提示田某内心的家庭形象还固执于过去的模式，人物远离房子但又围绕房子进行活动，说明她与家庭有矛盾，有依恋，也有无奈。树木和人物贴近且靠近画面右侧，提示她的自我形象与自我意识有一定的相似性，并且对未来抱有希望。田某在绘画过程中也表现出积极的一面，她说"这是我向往的生活"，证明她对自己的状态有所了解，但是家庭与自我的冲突，使她无法在熟悉的环境中确立自我形象，导致明显的内心不安（见图 6）。

图 6　房－树－人绘画作品 P06

案例 7

任某，女性，60 岁，作品 P07，加入"全能神"7 年。该作品作画时间较短，画面线条简单，缺少细节，显现她内心充满焦虑与不安。画面所占纸张的比例较大，且缺少空间感，提示内心紧张、有敌意和攻击倾向，同时心理成熟度较低。

画中的房子较小且在远处，提示任某的不安全感和对于家庭的不信任感，房子上的窗户和门矮小，提示她虽然愿意与外界交流，但却只流于表面，不愿他人走入自己的内心，与人交流的意愿不强。屋顶较小较尖，提示心情抑郁并有防御倾向。

画中的树是一颗桂花树，树冠部分潦草，树干部分比较粗壮但却被切断，没有树根，提示被试对环境的变化较为敏感，有时候显得有生机，有时候又混乱不堪，常常体验到健康和外界的压力，但又努力克制自己的情绪，过得不甚理性和痛快。

画中的人为简笔画，无法分辨性别，无法分辨具体五官容貌和体态特质，提示心理能量较低，有心理退化倾向。画中的人物之间有交际，提示被试内心渴望人际交往，但因自信不足，又无法与他人达到有效的人际互动程度，有慌乱的感觉。

房－树－人关系分析：在画中，树和人之间有一条小溪，溪上横跨了一座桥,这象征其潜意识中的自我形象与实际自我形象之间的互通。只有在人际交流的前提下,这座桥才会存在,可见任某对于人际关系有依赖性,但是她在实际生活中却缺少现实交往,形成了较低的自我评价。画中的两个小孩一个明显大于另外一个,这又是一个值得关注的信息,一个比另一个身材比例和年龄都大,这象征着一种控制感。任某在人际交往中并不只是寻求平等对立的人际关系,而是渴望寻找一种控制与被控制的关系。画面最前面部分是一堆杂乱的草,草的长势茂密,多是尖锐的直线绘制,提示焦虑和紧张的心理特质(见图7)。

图7 房-树-人绘画作品 P07

案例8

姜某,女性,49岁,作品 P08。因家庭矛盾加入"全能神"5年。画面内容充实且占据较大的比例,整体偏上半部分,提示她具有冲动和活跃的性格特征,容易在空想中寻找满足感。画面轮廓线浓重,提示具有很强的自我保护意识。

画中房子有两栋,一栋代表自己的家,另一栋是邻居的家,两栋房子离得很近,相处融洽,反映了姜某对和谐家庭和良好人际交往的向往。开着的门窗也是姜某积极与外界环境沟通的渠道,但她在画面周围却用篱笆将这一生活环境包围起来,提示她虽愿意与外界沟通,但范围很小,只局限于自己所熟知的环境,对外界有恐惧感和很强的防卫心理。这是膜拜成员的重要心理特征之一,他们的排外态度很强,极为多疑,重视维护自己的小圈子。

画面中的树干笔直，树冠庞大，象征姜某潜意识中自我形象感觉良好，树上有大而多的果实，提示她有较多的欲望和目标。树木有两颗，提示她对家庭的关注。在树的四周有农田、树林，这是她基于日常生活观察而来的内容，反映其对生活的向往，也提示她可能正处于物质和心理双重需要的状态。画面的环境比较丰富，美好环绕的景象显示她对生活有积极的一面。

画中有三个人物，被描述为三个小孩，但姜某却说他们是"有固定工作的""去工作了"，可以看出她内在逻辑混乱。图中的人物没有五官和脖子，提示被试缺乏自主思考能力，缺少双手，说明她对生活的控制感不强，图中的小孩正在一起"玩跳绳"，提示了她对和谐生活的期待。由画面可以看出姜某是一个外向型倾向的人，渴望家庭与亲密关系，而又极度排外和防卫心理强，存在焦虑和恐惧情绪的困扰。

房-树-人关系分析：画中房子、树木和人物三者之间的距离较近，提示姜某对家庭和自我的重合存在认同，其自我保护的方式存在于家庭的熟悉环境中，对陌生环境恐惧、不安，社会适应能力较差，内心十分矛盾。因而，她选择以逃避、退缩和过度防卫的方式应对环境。树木的根茎却提示她心理幼稚，无法分辨想象与现实，由此把自己局限在篱笆之内（见图8）。

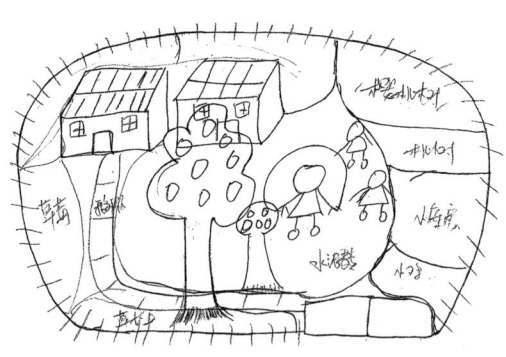

图8 房-树-人绘画作品 P08

案例9

刘某，男性，49岁，作品P09。因病加入"全能神"7年。该作品完成时间为33分46秒，在完成过程中时而停笔思考，时而作画。他对细节十分关注，在画房子时认为屋顶"这里应该有个啥"，思考后只加了一条线，这些行为提示他极为认真细致。画中笔迹压力较轻，缺少透视感和空间感，画面所占比例较小，提示他是一个自卑、压抑、犹豫、综合能力不够的人，有较为强烈的情绪问题，易焦虑和不安。画面偏左，提示他关注过去的生活和情感。

刘某陈述房子是自己的家，是他生活的唯一中心，他很爱惜，很关注细节，这来自于现实生活的投射。窗户是开着的，但是非常高，提示他想要与外界形成互动，但又有恐惧心理，对陌生环境充满戒备，被锁上的门也阻断了他与外界沟通的渠道，画面中的双扇门，提示他对伴侣和家庭生活的美好期待。脆弱的墙体提示他有抑郁和焦虑情绪，有时候会有冲动的倾向。

树冠的形状呈"倒心形"，轮廓模糊不清，树干较细，提示刘某的内心支撑力量脆弱，处事容易犹豫不决、意志薄弱，有可能在某些诱因下出现攻击性。树根盘根错节，体现了他对外界环境的接触过分谨慎。刘某描述这棵树是一颗孤零零的树，暗示自己在现实生活中缺少友情支持，但他又说"如果是落叶树它就死了"，显现其对自我生命力的重视。

刘某在人物绘制上用时最长，细节最多。人物的结构基本完整，头发稀疏，提示体力不足；眼睛大而眼神空洞，表现悲伤，投射出其当下情绪不佳。左手左脚与右手右脚相比更加瘦弱，提示他可能存在残疾情况；将衣服涂色、纽扣画好，提示他存在一定的强迫倾向；胳膊瘦弱，提示他在生活中缺乏对环境的控制力。他说原想画一个死去的亲戚，但最终画了一个和自己同岁的人，这是他对自我形象的投射，提示他可能是一个内向、害羞、自卑、不善人际交往的人，情绪问题明显，对环境的控制感和执行力都比较薄弱。

房-树-人关系分析：从空间位置上看，人物与房子之间的距离较远，提示刘某从小可能生长在一个缺乏关爱和交流的家庭中,对家庭的亲和性不强。身体疾病也进一步加重了他自卑的性格。他渴望与他人交流,渴望他人关心,但却羞于表达,怕遭拒绝,社会支持的缺失使他体验到失败感,因此情绪问题和人际疏离感较为突出(见图9)。

图 9　房－树－人绘画作品 P09

案例 10

　　吴某,男性,27 岁,作品 P10。因内心空虚加入"全能神"3 年。他用 23 分钟完成作品,画面占据整个纸张,笔迹压力较轻,虽表现出张扬、外向的一面,但仍然表露出紧张情绪。

　　房子占画面比例不大,但却在画面的正中间,墙体脆弱,提示家庭虽在其心中处于重要地位,但是因关系紧张已经动荡。门偏向右边且紧闭门窗,房子周围被小路包围,提示家庭与外界沟通很少,他将自己置于封闭的状态中,社交能力弱,道路切断象征着理想的破灭和遥不可及。

　　被试将画中的树描述为柳树,但形象却相差很大,提示他心理成熟水平不高。树木为落叶树,象征着他正处于压力之下。树木、枝干粗壮,树叶茂盛,但树枝顶端却向下倾斜,象征着他与家庭的矛盾较多。画中有两棵树,右侧的树位于画面下半部分,比左侧的树茂密,提示了他过去人生不顺的经历和负性态度,而右侧的树则象征他潜意识中理想的自我形象,茂密、挺拔、富有生机。两棵树的对比产生了矛盾冲突,他处于理想与现实的落差之中。

　　画中有两个人物,一男一女,象征吴某潜意识中的父母形象,也可能是他想象中的未来伴侣形象，无论是哪种都说明他对亲密关系的向往。吴某描述画中的女性出去赚钱了，这源自于他原生家庭的分工模式。在他的家庭中，女性占据领导地位，他从小受到母亲的控制，在刻画女性时无意中将其表情画得严肃，而男性的表情比较轻松，这种模式也会影响他未来家庭的分工模式，也在某种程度揭示了他对异性的恐惧感，他存在腼腆、害羞、内向和害怕异性等心理特征。画中人物身体庞大，手臂粗短，象征吴某对生活的控制感较低。

房－树－人关系分析：吴某将太阳画在右侧，象征着未来生活的温暖、平顺、灿烂和没有压力。男性的形象可能是他自己，也可能是他对父亲形象的概括，无论怎样都体现了他对女性权威的抵抗和男性权威的赞同，但现实家庭环境却告诉他男性权威无法被关注，由此让他产生可望而不可即的苦闷心情（见图10）。

图 10　房－树－人绘画作品 P10

三、膜拜成员房－树－人绘画作品总体特征分析

（一）膜拜成员作品中的"房屋"形象特征

1.房屋比例小、笔迹潦草、墙体脆弱

在房－树－人绘画中，房屋作为居住之所，代表了膜拜成员的家庭状况以

及自己与家庭的关系,可以引起对家庭及亲人的联想,也是对理想家庭的表达。成员作品中的房屋形象,普遍具有笔迹潦草、线条淡、墙体脆弱的特点,投射出家庭生活的不和谐和对家庭关系的不信任感(见图11)。此外,作品中房屋比例小且位置较远,投射出成员对家庭生活的疏离感(见图12)。

2.房屋倾斜、门窗关闭、房屋被小路包围

图11　"房屋"形象(作品P01)　　图12　"房屋"形象(作品P07)

作品中房屋的门或窗户多为关闭状态,出现房门上锁或者房屋被小路包围现象,投射出成员与环境的沟通障碍,甚至有回避交流的特征(见图13、14)。关闭的门上没有把手,表现出谨慎小心,不轻易相信他人,有较强防卫意识的性格特征(见图15)。这些特征体现出成员较弱的社交能力和较强的防御性。

图13　"房屋"形象(作品P10)　　图14　"房屋"形象(作品P05)

图 15　"房屋"形象（作品 P09）

3. 房屋门窗呈现矛盾性的表现

膜拜成员作品中关于房屋形象表述出现许多相互矛盾的地方，主要表现为"门""窗"和"路"呈现开放性与封闭性的矛盾。如图 16、18 中带网格的或紧闭的窗户投射了较强的防御性，而半开着的门却又体现了渴望与外界交流。图 17 中比例过小的门，只有一半的窗户体现了自我封闭、不善交流的特点，而门和窗的开放状态却又表达了交流愿望。图 18 中高高的墙体投射出成员的自我防卫和多疑状态，而开着的窗和门同样体现了对人际交流的期待。图 19 中房屋门紧闭，没有窗户，屋外却出现了一条与外界连接的小路。以上特征反映了成员对于外界既向往又回避的矛盾心理（见图 16、17、18、19）。

图 16　"房屋"形象（作品 P03）　　图 17　"房屋"形象（作品 P02）

 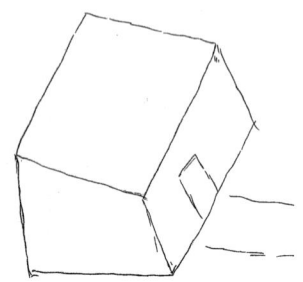

图 18　"房屋"形象（作品 P06）　　图 19　"房屋"形象（作品 P04）

4. 房屋数量单一

在全部 10 个案例中，除了案例 8 外，其余作品中的房屋数量均只有一座，体现出受测者缺乏对周围环境的关注，以及对外周环境的疏离心理。案例 8 中房子有两栋，根据受测者的讲述分别是自己的家和邻居的家，但是作品中以房子为中心辐射的范围却用篱笆围了起来，此特征说明受测者虽然有交流意愿，但仅限于特定的环境之内（见图 8）。

（二）膜拜成员作品中的"树木"形象特征

1. 树木形象单一且缺乏生气

树木象征着生命力，是潜意识对自我生命力的一种投射。膜拜成员作品中的树木形象结构单一，缺乏生气，甚至给人一种枯败的感觉，投射出心中强烈的不安全感、薄弱的意志力以及缺乏活力的生命状态（见图 20、21）。

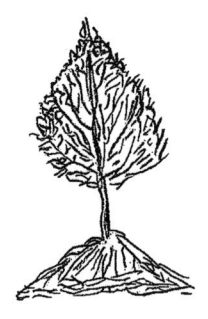 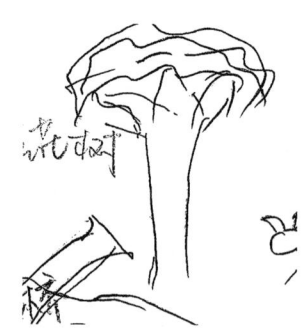

图 20　"树木"形象（作品 P09）　　图 21　"树木"形象（作品 P07）

2.树木的干与枝孱弱无力

作品中树木形象又弱又小,枝干细小或以单线的形式出现,传达出一种孱弱的感觉,提示成员的内心软弱和生命力不足。树枝也呈单线状,表现出对周围环境的不协调和适应困难(见图22、23、24、25)。

图22 "树木"形象(作品P02)　　图23 "树木"形象(作品P01)

 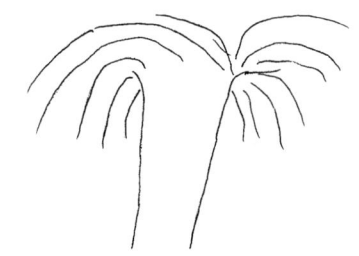

图24 "树木"形象(作品P03)　　图25 "树木"形象(作品P06)

3.树木种类多为落叶类

除了无法区分品种的单线状树木外,作品中也有部分具有区分度的树木形象,依据作品和成员口述,此类多为落叶类树木,如图25和26,而图27是一棵柳树。落叶类的树木提示成员在生活中有较多的悲观情绪,或者存在较大的压力事件,心情不佳(见图25、26、27)。

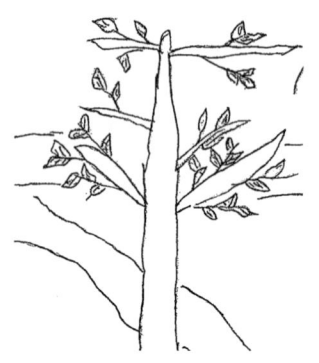 

图 26 "树木"形象(作品 P10)　　图 27 "树木"形象(作品 P04)

4. 树木细节表现失真

膜拜成员作品中树木形象的许多细节与现实情景并不相符,如图 28 呈"倒心形"的树木,图 29 呈"扫帚状"树根等。树木形象中细节的失真提示他们可能存在观察力和理解力不足的问题,或者无法分辨现实与想象,容易陷入虚幻之中(见图 28、29)。

 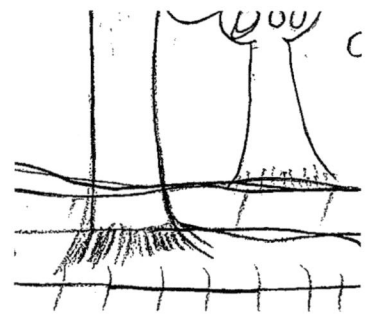

图 28 "树木"形象(作品 P09)　　图 29 "树木"形象(作品 P08)

(三)膜拜成员作品中的"人物"形象特征

1. 人物形象简单化和幼稚化

膜拜成员作品中的人物十分简单,且无五官、无手足、无性别、无体态特征、无服饰细节，头身比例大，类似于幼儿期绘画中的"蝌蚪人"式样（见图33）。幼稚化的人物形象提示了他们可能存在心理发育迟滞、心理年龄较小的现象，或者由于心理功能退行引起的思维混乱和适应困难（见图30、31、32、33）。

图30　"人物"形象（作品P02）　　图31　"人物"形象（作品P03）

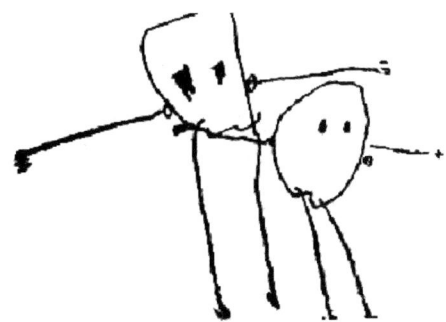

图32　"人物"形象（作品P07）　　图33　幼儿期绘画的"蝌蚪人"

2.人物表情悲伤或者哀怨

膜拜成员作品中的人物眼神空洞、表情呆滞和悲伤，线条虚弱，投射出较为低落的情绪状态（见图34、35）。

图 34　"人物"形象（作品 P01）　　图 35　"人物"形象（作品 P09）

3. 人物缺少下肢或不全

膜拜成员作品中的人物缺少下肢，说明对自身的认知缺陷和缺乏行动能力。图 36、37 中的人物处于画面的下半部分，呈现下肢切断的状态，投射了他们内心有强烈的冲动感。图 38 画了简单的双腿，但仍然没有画出双足，说明缺乏自主探索生活的勇气（见图 36、37、38）。

图 36　"人物"形象（作品 P05）　　图 37　"人物"形象（作品 P10）

图 38　"人物"形象（作品 P01）

4.人物无同伴也无互动

作品 P01、P02、P03、P04、P05、P09 中的人物形象均为单独一人,没有同伴。在"有同伴"的作品 P08 和 P10 中的人物也无互动,只有作品 P06、P07 中的人物形象有同伴和互动特征。该特征投射了成员不关注生活中的其他人,也不能与他人进行良好人际互动的状况。

(四)膜拜成员房 – 树 – 人绘画作品整体形象特征分析

1.作品中存在错误的空间表达和透视关系

膜拜成员作品中的形象有较多的变形、夸张、省略等特征,在透视表达上多以平面呈现,较少见到对描绘对象立体维度的表达。空间的表达存在许多错误,如在作品 P08 中运用了平视和俯视两种视角,来描画同一画面中的"房""树""人""小路"等形象,在表现空间关系时,苹果树被画成了"透明"状,位于构图前端的苹果树和后面房屋之间的"遮挡"关系未得到体现。以上绘画特征常见于幼儿期或儿童期的作品中,作品中错误的空间表达和透视关系,提示成员可能存在心理发育迟滞或现实认知混乱的特征。

2.作品中存在表达与言语表述的矛盾

在膜拜成员绘画结束后,研究者请成员对作品进行简要表述,发现他们的表述存在许多相互矛盾的地方。例如,在作品 P04 中,受测者将作品描述为一个较为愉快的场景,作品中的人物在看新房,人物心情是愉悦的,环境幽美,人际关系良好,然而在作品画面中表露的却是绘画笔触极轻,反复描画,画面偏纸张的下半部分,投射出抑郁和焦虑的情绪;在作品 P05 中,成员对作品中人物的描述是"平静、悠闲、温和",对社会关系的描述是"家庭幸福、邻居友好",然而作品中的人物形象却是远离房屋,体态倾斜,截断下肢,显示她与家庭成员之间存在一定的距离感。结合她的实际情况,她的口头描述与实际生活存在较多的矛盾之处。这些特征体现了成员对现实生活境遇的否定,对理想中自我及某种人际关系的向往。

3.作品中较少出现添加的内容

在多数膜拜成员的作品中仅包括规定的"房""树""人"几个基本形象，较少出现添加内容。作品P05、作品P10中添加了太阳，象征着自我的权威性，也象征着光明和热情，反映了成员内心积极的美好愿望。作品P07中添加了一条小溪和一座桥，桥的形象投射出成员潜意识中的自我与现实自我之间的互通，以及对于人际关系的依赖性。在作品P04的画面下方添加了一些花朵，提示对美好事物的向往及未来期待，这些添加内容在10幅膜拜成员的绘画作品中仅占到40%。

图39　房－树－人绘画作品（P04）　　图40　房－树－人绘画作品（P05）

四、讨论

由于膜拜成员有强烈的排他性，对"圈外群体"有强烈的抵触情绪，且伪装性极强，传统的心理测验方法并不能达到真实效果。房－树－人绘画测验是非言语、无结构式的测验，使不能说话、不想说话、不愿意交谈、有抵触情绪的人，有了表达无意识思想和情感的渠道，它较少受到掩饰和说谎的影响，成员"在绘画的过程中，不仅表达潜意识的内容，还能有意识地表达自己的观念和情感，两者的相互作用可能一致，也可能相互冲突，当两者相矛盾时，会产生种种扭曲和变性"①，这种扭曲和变性的特征成为解释房－树－人作品的核心内容。我们在分析膜拜成员的绘画作品时发现，他们的潜意识冲突较为明显，几乎处在防御状态，画面通常是寥寥几笔完成，无法叙述一个完整的故事，因此在讨论中还要结合绘画过程的访谈内容和行为表现，对成员的潜意识和意识内容进行分析，以明确其心理活动状态。

成员作品中的每一个符号都包含对生活、家庭和亲密关系的想象和期待，依照其特征描绘为：功能属性、社会属性与本能感受。功能属性是事物用途的体现，如房子、栅栏代表"保护"，太阳代表"温暖与权威"等；社会属性是人赋予事物的社会意义，如房子是家庭的代表，人物形象是自我的象征；本能感受则是成员对于事物的情绪状态，这一点可以通过笔触、距离等细节进行分析，如距离较远代表抵触情绪、笔触较轻可能存在抑郁状态等。当成员"内心的冲突感不明显时，可以看出绘画作品中的和谐统一，画面中的事物与现实相符合，不会存在过度夸张和变形"②，而当意识和潜意识之间的冲突较大时，画面中的失衡状态则较为明显，画面内容较少，不愿意提供更多的完整信息，并且事物之间缺少联系。此时，通过分析成员画面中潜意识的内容可以探寻其心理特征。

下面结合膜拜成员的作品表现与访谈内容进行讨论。

（一）房－树－人投射膜拜成员的心理特征

1.膜拜成员存在情绪焦虑的特征

一般而言，房－树－人绘画测验的完成时间在 30 分钟左右。测验中有 7 名受测者完成时间在 10 分钟以内，完成时间过短提示他们内心敏感，有快速完成绘画的情绪。10 幅绘画作品中随意的线条显露他们有焦虑感，其中 4 名受测者有轮廓线重（P02、P03、P07、P08）的表现，也意味着焦虑情绪。另有 2 名

---

① 王世明:《房树人投射测验的分析与解释》，载《闽南师范大学学报》（哲学社会科学版）2016年第2期。
② 王世明:《房树人投射测验的分析与解释》，载《闽南师范大学学报》（哲学社会科学版）2016年第2期。

受测者（P01、P09）的作品只用到了画面的上半部分，提示他们对自我存在有不确定感，以致出现焦虑不安的情绪特征。画面中封闭的门窗与成员想和他人建立亲密关系的愿望形成了冲突，是焦虑情绪的又一种表现，他们在现实中害怕面对家庭，恐惧与他人交往，但在画中又表达出渴望寻求支持的态度，在这种矛盾和纠结中形成了焦虑情绪。这使得他们心理稳定性差，有强烈的不适感。以往研究发现，膜拜成员比普通人员更容易罹患各种心理问题，其总体健康水平较低、自我和谐程度不足，特质焦虑水平高，人际关系敏感，敌对情绪较为明显。[①]

2. 膜拜成员存在情绪抑郁的特征

有7名受测者（P01、P02、P03、P04、P05、P06、P09）的画面表现的内容不完整、不详细，只用简单几笔来描绘房、树、人三个部分，这提示他们性格内向、防御性强，有自我封闭和抑郁情绪的倾向。画中的树木多为落叶树木且缺乏生命力，提示受测者正在被压力事件困扰，无法很好的自我调节。有6名受测者的笔迹压力较轻（P01、P04、P05、P06、P09、P10），提示他们的精神动力低，自卑和抑郁情绪明显。有研究表明："膜拜成员有严重的情绪问题，神经质得分也高于常模水平。"[②] 这些负性情绪主要源于他们长期受到膜拜信仰影响。从作画顺序分析，10名成员在描绘房屋、树木、人物三部分时，与正常的顺序有所不同，提示了他们内心冲突强烈，存在情绪不稳定现象。从线条来看，10名受测者的线条大多随意凌乱且没有规律，提示其情绪处于抑郁状态，他们现实生活状况与内心美好生活的想象不一致，在遭遇负性事件后情绪耐受性就会降低，容易出现抑郁情绪。

3. 膜拜成员存在心理成熟度低的特征

有5名受测者（P01、P02、P06、P08、P09）的作品中明显缺少空间感，

---

① 陈青萍、周济全：《膜拜危害的心理学预警思考》，中国社会科学出版社，2016年，第77—95页。
② Walsh, Y., Russell, R. J. H., and Wells, P. A., "The Personality of Ex-cult Members", *Personality and Individual Differences*, 1995, 19（3）, pp.339-344.

提示他们心理成熟度较低，缺乏调整能力，难以对问题的内涵进行深入思考。6名受测者（P01、P02、P03、P06、P07、P08）的人物均为简笔画，缺少人物的基本特征，无法分辨性别。有4名受测者（P04、P05、P09、P10）所画的人物头身比例大，缺乏空间感、透视感、细节处理不足，好似儿童画的表达方式，提示心理年龄滞后于生理年龄，心理成熟度较低，存在认知幼稚的倾向。其中有一半的受测者（P01、P04、P05、P07、P09）的画面偏左，提示他们关注过去，看待事物比较消极，心理功能不足，在遇到问题时不能面对。这些因素可能是他们困囿于膜拜团体而难以自拔的原因之一。马西娅·里奇（Marcia L. Rich）等人研究发现："膜拜成员的心理功能有不同程度的损害，他们认知灵活性和适应性偏低，情感麻木迟钝，经常采用否认、投射等防御机制，出现退行性的心理障碍。"① 2017年的一项研究发现："膜拜成员存在认知偏差现象，他们采用任意推断、过度引申、情绪推理等认知方式，关注负性信息，导致抑郁情绪，从而强化了认知偏差程度，最终导致膜拜意识和膜拜行为强化。"② 此外，研究还发现："长期加入膜拜团体的成员，其理性决策能力和自由意志均有不同程度的受损，自我概念也受到损害，发生了很大程度的变化。"③ 由于心理成熟度低，一些成员难以以合理的方式适应外界环境。

4. 膜拜成员存在自卑的心理特征

几乎所有膜拜成员在房－树－人作品中，均表露出对家庭生活的美好期望，描绘了一幅幅理想的境况，画面中的家庭和睦、生活幸福，但美好期望与现实生活有所冲突，他们缺少家庭的温暖和关爱，缺少同辈的亲密关系，内心情感的渴望无法满足，因此愿望与现实不满足的冲突十分强烈，又因解决问题的能

---

① Rich. M. L., "Integrating Shamanic Methodology into the Spirituality of Addictions Recovery Work", *International Journal of Mental Health and Addiction*, 2012, 10（3），pp.330-353.
② 郭海锟、周济全、陈青萍等：《膜拜成员认知偏差特征与抑郁情绪关系的研究》，载《心理学进展》2017年第10期。
③ 黄海波：《当前西方新兴宗教研究中的三大争议性主题》，载《新疆社会科学》2011年第2期。

力不足而难受。有 4 名成员（P01、P03、P04、P09）作品中的房、树、人三部分内容分离较远，代表了回避现实的心理特征，他们因怕遭到轻视不愿意表露内心的真实感受，因而建立了明显的界限或防御以保护自己。作品 P02 和 P04 的两名成员在作画过程中出现反复擦拭修改的情况，这提示他们内心有强烈的冲突，想要表达对美好生活的向往，又感觉到无动力去实现。所有成员在绘画过程中均出现过停顿和反复思考的情况，这也反映了他们不够自信，缺乏对自我的掌控力，这种情况在绘画开始时表现得尤其明显。

5.膜拜成员存在积极心理期待的特征

膜拜成员对家庭情感的渴望和对美好事物的期待，在其作品中有所流露，这是他们潜意识中隐藏的重要资源，也是他们当下缺失的现实体验。10 名成员的房－树－人作品中多多少少都有一定的积极因素。如 4 名成员（P01、P03、P06、P10）的作品中代表潜意识自我形象的"树"都集中在画面右侧，提示他们对未来有所期待；6 名成员（P02、P03、P04、P06、P08、P10）都描述画面中的人物开心愉快、家庭和睦、生活快乐，这是他们自我理想的投射；3 名成员（P02、P04、P08）在作画过程中表现出愉悦的情绪，这是他们在作品人物美好生活构建基础上表现的情感愿望。从某种程度而言，这也是他们对自我期待的一种投射，通过实现自己想象出来的愿望达到情感满足和慰藉。这些积极因素在后续干预中将成为激发转变的重要动力。

上述心理特征成为他们加入膜拜团体的心理易感性因素。

（二）膜拜成员的干预对策建议

根据房－树－人绘画作品所测验的成员心理特征，建议相应的干预对策如下。

1.采用房－树－人绘画疗法重建膜拜成员的自我概念

房－树－人绘画疗法用于临床心理实践的成功案例很多，通过绘画解读来访者的心灵密码，透析深度困扰人们的症结，从而对症解决问题。如有学者[①]以房-树-人绘画疗法对 72 名服刑人员进行干预，发现在干预后其焦虑状况明显好转，且作品较前表现出积极的变化，如房屋有所规整、树木杂乱现象减少、人物形象更加清晰等。同时，成员在绘画中可以使潜意识内容上升到意识层面认识，只有意识到问题，才能判断自己的言行是否合理，是否应该改变，从而促进自我概念和立场改变，以达到自我康复的目的。

2. 采用房-树-人绘画疗法消减膜拜成员的不良情绪

房-树-人绘画疗法看似微不足道，但是一笔一画都把内心深处隐藏或被压抑的情绪释放了出来，它以自由挥洒和宣泄的方式消除抑郁或焦虑等不良情绪，而且在纸上不断地涂抹线条这一动作本身就有解压和安定情绪的作用，同时利用绘画转移注意力排遣精神不安也可以稳定情绪。另外，房-树-人画出了现实，也促使画者接触并面对现实、解决问题，由此提升了积极因素及现实存在感和责任感，这些价值感都与人的心理满足有关，必然能促进情绪的好转。

3. 采用房-树-人绘画疗法改善膜拜成员的人际关系

采用房-树-人这种新颖独特的绘画团体疗法，为成员提供欣赏和愉悦的精神享受，可以调整成员的社会生物节律和人际关系模式，使他们将情感和人际交往联系起来。通过团体绘画方式进行共同的赏画和评画活动，引导成员开展各种人际交流，快速度过没有互动的单向注意阶段，再跨过浅层互动的表面接触阶段，很快进入分享信息和感情互动的深入交流阶段，改善人际关系，才能提高社会生活的适应性及社会人际亲和性。

4. 采用房-树-人绘画疗法促进膜拜成员的家庭感情

有句话说：要传达思想观念，语言是最好的手段；而要传达感情，绘画则

[①] Yu.Yu. Zhan, Yu Ming Cong, Yue Ma, et al. "House-Tree-Person Drawing Therapy as an Intervention for Prisoners' Prerelease Anxiety", *Social Behavior & Personality: An International Journal*, 2016, 44（6）, p.987.

是最好的方法。房－树－人绘画疗法不限年龄，老少皆宜，是最自然的内心情感流露。一家人可以借助绘画活动使心灵柔软并融合，在绘画中将关注点集中在对方的优点和家庭现实生活中，继而调整心态以修复感情创伤。成员获得了家庭情感支持也就会自动走出膜拜信仰的空幻情感了。

（三）研究结论

1. 房－树－人测验方法可以有效投射膜拜成员的心理特征

房－树－人测验突破了成员的言语防御，避开意识的筛查，使潜意识内容得以展现，较为准确地揭示出膜拜成员的心理特征，作品中的特殊意象和内容反映了他们情绪不佳、心理成熟度低、自我效能感低、社会适应性低、内心冲突和对情感渴望的心理特征，这些特征与访谈中所述说的内容高度吻合。

2. 膜拜成员心理特征与长期的膜拜生活控制有关

膜拜成员在绘画中表现出一定的消极情绪，在绘画作品中也有潜意识浮现出的残缺不全，这是他们在现实生活中的缺失，这些缺失与长期的膜拜生活经历有关。

3. 膜拜成员心理特征中也表现出积极的期望

膜拜成员的绘画作品中含有对家庭生活和感情的渴望，也是他们对未来生活的美好期望。这些积极的因素可以作为后续干预中激发转变的关注点。

4. 根据膜拜成员的心理特征可制定干预对策

根据成员房－树－人绘画测验所投射的心理特征及其"症结问题"所在，可采取深入的房－树－人绘画疗法进行干预，同时配合其他疗法。

本研究主要目的在于探讨膜拜成员的心理活动特征，为其回归社会生活提供干预思路和方法。研究结果证实了房－树－人绘画测验的可行性，但是由于被试群体的特殊性，未能进行长期的绘画疗法，做纵向的跟踪干预，此项缺憾将在后续的研究和临床心理实践中进行思考和补充。

膜拜成员认知特征、偏差产生机理及对行为影响之解释

陈青萍　郭海锟　张利明

【摘要】 本研究采用认知偏差问卷调查法和深入访谈法，对18名膜拜成员和50名非膜拜人员进行比较研究，探讨膜拜成员认知偏差类型及与抑郁情绪之间的关系，揭示膜拜行为的不良后果。结果显示，膜拜成员在非抑郁－歪曲、抑郁－歪曲、抑郁－非歪曲三个维度上得分显著高于非膜拜人员，说明他们存在认知偏差，由此引发抑郁情绪，再加重认知偏差，导致膜拜行为强化。针对膜拜成员的认知偏差采用理性情绪疗法进行干预证实有效。

【关键词】 膜拜成员；认知偏差；抑郁情绪；理性情绪疗法

本研究从膜拜成员的认知角度出发，探究其认知方式的特征，并与非膜拜人员进行对比分析，同时制订相应的临床心理干预措施，进而改善成员的心理功能，提高社会生活的适应能力。

一、认知理论的解释框架

认知理论兴起于20世纪50年代中后期,随着系统论、控制论、信息论以及人工智能兴起于美国,而后兴盛于全世界。"认知即人对客观事物认识的简称,是指个体的知觉、注意、记忆、思维、想象、信念等心理活动,认知活动可以理解为人脑对信息的加工过程、人脑对符号的处理过程以及问题解决过程。"①认知是一个人对世界的认识和看法,包括对过去事件做出评价,对当前事件加以解释,对未来事件进行预测,主要有三个基本过程,即信息接受和评价决策;产生应对行为和解决问题的能力;对行为后果做出预测和评估。人会在不同场合表现出不同的思维特征,人脑利用存储的经验内容来评价和理解事物,依据已有的认知方式对事件进行解释和处理,倾向于选择与经验一致的信息,忽略无关的和不一致的信息。人在认识世界的过程中形成了自己独特的思维和评价事物的方式,这是长期生活经验积累形成的认知方式,是理解事物和解决问题的基础,决定着信息选择、信息区分、信息加工、信息过滤、信息评估以及对新信息进行推理判断,并赋予信息主观意义和情绪色彩。认知是决定在条件刺激下引起情绪和行为反应的主导因素,对情绪、情感、意志和行为具有很强的调控作用,并由此构成整个心理活动的"反应链",使人产生这样或那样的心理活动和行为方式,形成了对自己、他人和世界的认识。

认知理论强调理性作用,重视人的思维、推理、判断等内在过程,它抓住了思维活动的本质特征,为解决问题找到了一条有效的分析途径,尤其主张运用内在的理性思维方式保护心理健康,它的一个基本观点是:在一个人的认知表现中,既有好的和理性的力量,也有自损健康的负性想法,维护合理的认知方式才能保证健康。美国认知心理学家阿尔艾伯特·艾利斯(Albert Ellis)

---

① 梁宁建:《当代认知心理学》,上海教育出版社,2003年,第4页。

提出了著名的"ABC 情绪理论":A 代表诱发事件(Activating events);B 代表信念(Beliefs),是对 A 的认知和评价;C 代表情绪和行为反应结果(Consequences)。艾利斯认为,人的问题不是来自事件,而是来自认知偏差产生不合逻辑的非理性信念导致心理不适应,这是产生情绪困扰和适应不良的主要原因,认知不当就会产生各种心理问题。如此,只要改变不合理的或偏差的认知方式,对事物从不同角度重新认识,就能改变态度、情绪和行为,从而解决心理问题以适应社会生活。

二、膜拜成员认知偏差研究

(一)采用《认知偏差问卷》

1. 认知偏差问卷调查

采用《认知偏差问卷》(Cognitive Bias Questionnaire,CBQ)[①]对西安市 18 名膜拜成员(实验组),其中女性 12 名,男性 6 名,非膜拜成员 50 人(对照组),男性 28 人,女性 22 人,进行了两组人员认知方式的比较研究。CBQ 是为测量假定与抑郁有关的负性认知偏见而设计的一种量表,主要测定两个维度:认知歪曲和抑郁情绪。CBQ 所表示的"抑郁"是指抑郁情绪,而不是包含所有相关症状的抑郁症。认知歪曲被定义为就已知的事实看显然是不正确的推理,如绝对观念、断章取义、武断臆测等。该量表代表了歪曲与抑郁两个维度的四种可能组合:非抑郁-歪曲、抑郁-歪曲、非抑郁-非歪曲、抑郁-非歪曲,要求被试回答自己处于某种境遇时的体验方式。计分方法是将上述四种组合的得分值分别相比,分值范围为 0—23 分。分值越高代表认知偏差越严重。该量表的重测信度为 0.60,内部一致性系数为 0.69。

[①] 汪向东、王希林、马弘:《心理卫生评定量表手册》,载《中国心理卫生杂志》1999 年增刊,第 175—181 页。

2. 膜拜成员认知偏差问卷结果

认知偏差问卷得分显示：膜拜成员在非抑郁－歪曲维度上得分高于非膜拜人员，二者之间存在统计学显著性差异（$t=2.980$，$p<0.05$）；膜拜成员在抑郁－歪曲维度上得分高于非膜拜人员，二者之间存在统计学显著性差异（$t=4.873$，$p<0.001$）；膜拜成员在抑郁－非歪曲维度上得分也高于非膜拜人员，二者之间存在统计学显著性差异（$t=3.413$，$p<0.01$）；在非抑郁－非歪曲维度上，二者之间未见到显著性差异。由此数据并结合访谈内容可知，膜拜成员更容易产生认知偏差，其认知偏差与抑郁情绪之间存在一定的关系（见表1）。

表1 膜拜成员与非膜拜人员的认知偏差比较分析

维度	实验组 膜拜成员（N=18） M±SD	对照组 非膜拜人员（N=50） M±SD	t
抑郁－非歪曲	5.7±3.1	2.8±2.3	3.413***
抑郁－歪曲	6.2±4.1	1.5±1.8	4.873***
非抑郁－歪曲	5.5±3.2	2.5±2.1	2.980**
非抑郁－非歪曲	5.4±3.7	3.7±2.3	1.527

注：* $P<0.05$，** $P<0.01$，*** $P<0.001$

3. 结果讨论

从认知偏差问卷中"非抑郁－歪曲""抑郁－歪曲"和"抑郁－非歪曲"项目得分可知，抑郁与否并非完全决定认知歪曲，而应该是认知为先，情绪在后，是认知决定着抑郁情绪，因为"认知是形成情绪经验的原因"[①]。膜拜成员的"非抑郁－歪曲""抑郁－歪曲"和"抑郁－非歪曲"分值明显高于非膜拜人员，他们存在认知偏差现象，倾向于关注负面信息，容易产生或者加剧抑郁情绪，而抑郁情绪会再次强化认知偏差程度，这之间形成了互为因果的双向循环关系。

---

① 张春兴：《现代心理学——现代人研究自身问题的科学》，上海人民出版社，1994年，第547页。

认知具有信息处理和情绪指向的功能，抑郁则是一种情绪低落的现象。乔尔曼（Joormann）等人对抑郁被试和对照组进行了判断情绪面孔的实验，发现抑郁被试判断负性面孔的强度高于对照组，同时提示"抑郁者更容易将中性面孔解释为负性含义，他们存在解释偏向现象"[1]。卡什丹（Kashdan）等人研究认为："抑郁者很难从正性事件中体验到正性结果，这种对正性体验的缺乏，在某种程度上加剧了其抑郁感。"[2] 前人的研究反映了"抑郁－歪曲"现象，这是情绪不良者所具有的认知特征。

（二）深入访谈研究方法及其结果

采用深入访谈法是为了了解膜拜成员的认知偏差特征，同时与问卷测量结果相印证，帮助解释定量分析以增强结论的可靠性和说服力。访谈结构内容主要有：①你是因为什么原因加入这个团体的？②你是通过什么途径加入这个团体的？③你所获得的物质支持和精神支持是什么？④你怎样看待自己的未来？上述内容分别对应为加入原因、加入途径、支持来源和自我认知。人们的生活经验不同、需要不同、期望不同，想法也有所不同，但所思所想都含有认知的意义。通过加入原因了解膜拜成员的认知经验，通过加入途径了解成员接受的易感信息，通过支持来源了解成员的情绪体验，通过未来评价了解成员的自我认识情况。成员的加入时间多在3—10年；加入原因主要是消灾祛病、精神寄托、相信膜拜团体说教、受到家人和好友鼓动；加入途径以亲朋好友介绍为多，其次为书籍和影像资料的影响；在支持来源方面，得到"功友"支持的比率较高；在自我评价方面，他们存在虚幻的自信。

在访谈中发现，膜拜成员对客观现实存在解释偏向现象。他们认为："如

---

[1] Yoon, K. L., Joormann, J., and Gotlib, I. H., "Judging the Intensity of Facial Expressions of Emotion: Depression-related Biases in the Processing of Positive Affect", *Journal of Abnormal Psychology*, 2009, 118（1）, pp.223-228.

[2] Kashdan, T. B., Weeks, J. W., Savostyanova, A. A., "Whether, How, and When Social Anxiety Shapes Positive Experiences and Events: A Self-regulatory Framework and Treatment Implications", *Clinical Psychology Review*, 2011, 31（5）, pp.786-799.

果我练功不精进,大师就会抛弃我""如果我功力不长,就不能实现圆满""如果我不舍弃常人情感,就不能成神成佛",这些"长功""精进""去情"的认知标准在现实生活中无法实现,影响心境而出现抑郁情绪,甚至有的成员认为自己"心性"不够,而出现自罚、自虐和自杀事件。① 由此可见,对于膜拜成员而言,认知偏差是抑郁情绪发生的基础,他们存在"非抑郁-歪曲"现象和"抑郁-歪曲"现象。练功本身并不含有负性因素,不会直接引发抑郁情绪,而是通过成员特定的认知方式,对抑郁情绪起到促发作用,而认知偏差+抑郁情绪最终增加膜拜行为的强度,因为"认知偏差产生了抑郁情绪进而导致不良行为"②。可以说,"认知偏差"是建立膜拜观念并形成心理定势的过程,"抑郁情绪"是对膜拜行为产生心理依赖的推手,正是这两方面的相互促进作用,导致膜拜意识和膜拜行为强化。

三、膜拜成员认知偏差类型及其原因分析

认知双加工理论认为:人们存在"经验-直觉"式和"理性-分析"式两种基本信息加工模式。③ 这两种信息加工模式具有本质区别。膜拜成员习惯于根据过去的经验和直觉,凭借细微和局部的信息快速做出判断并采取行动,而不是在全面知晓信息的情况下进行理性分析,因此,会出现认知偏差现象。认知偏差是指对事物理解、概念使用、逻辑推理以及包括自我认知在内的偏差与歪曲,采取错误的思维方式解释问题。国外一些学者研究认为,膜拜团体活动会损害人的认知能力,如克拉克(Clark)研究发现加入膜拜团体的大学生,他们

---

① 陈青萍:《从心理学视角探讨膜拜教徒自杀类型及其归因机制》,载《世界宗教文化》2013年第5期。
② Abramson L. V., Metalsky G. I., and Alloy L. B., "Hopelessness Depression: A Theory-based Subtype of Depression", *Psychological Review*, 1989, 96 (2), pp.358-372.
③ Jonathan St. B. T. Evans, "Dual-processing Accounts of Reasoning, Judgment, and Social Cognition", *Annual Review Psychology*. 2008, 59 (1), pp.255-278.

的认知能力明显降低，语言表达、文字表达、记忆等方面都受到不同程度的损害，智力水平也有所下降，不能进行自我思考。玛西亚·L.里奇（Marcia L. Rich）研究发现："膜拜成员受到不同程度的精神损害，出现认知灵活性和适应性降低，情感麻木迟钝，行为退化等心理障碍。"[①] 从本研究结果也能够看出一些膜拜成员不善于逻辑推理，不能客观全面地理解事物、分析事件和解决问题。他们以否定或悲观的方式解释一些信息，由此带来抑郁情绪。认知加工源于大脑，大脑只能加工所接受的一部分信息，如果以歪曲的认知方式诠释所接受的信息，带来的只能是情绪抑郁和烦恼。

（一）膜拜成员常见认知偏差类型

1. 绝对化思维

绝对化思维又被称为极端思维，是指对事物抱有必定如此的信念，实行的是全或无、好或坏、非黑即白的认知方式，认定的观点不轻易改变，即"认死理""一根筋"现象。部分成员由于文化水平的局限性，认知范围比较狭窄，缺乏辩证思维方式，在接受了"教义"之后，对所谓的"真理"不加思考，全盘接受，头脑里除了"最高真理"之外装不进其他的内容。

2. 选择性概括

选择性概括是指仅仅依据个别细节而不考虑其他情况便对整个事物下结论，这是一种盲人摸象式的、以点带面、以偏概全的认知方式，其注意力只集中在单一信息源内，只对符合自己观念的信息加以接受，而拒绝接受与其观念不一致的内容。有的膜拜成员常常抱怨他人和社会，对于自己看不惯的事情竭尽全力攻击，看不到他人优点和社会进步之处，导致其人际和谐水平较低。

3. 过度引申

膜拜成员常因一些小错误而对人生价值做出消极负面的评价。一些成员将

---

① Marcia L. Rich, "Integrating Shamanic Methodology into the Spirituality of Addictions Recovery Work", *International Journal of Mental Health and Addiction*, 2012, 10 (3), pp.330-353.

自己遇到的困难归因于命运、他人和客观环境,他们在面对困难时缺乏解决技能,或者不做任何努力,或者选择不适当的解决方式。比如"炼功"不够"精进"便"向内找",认为是自己在"修炼"中怀有杂念所致,对自己展开了过度引申的批评,而更加"自虐"地进行"修炼"。

4. 夸大和缩小

这是一种以比实际大或小的感觉来感知事情,这种方式容易过分夸大某项困难而缩小解决问题的能力。一些膜拜成员为了获得他人的重视或赞许,凸显自己的价值,夸大自己"练功"或"祷告"的感受,不现实地希望在短时间内能获得某种成功,而在解决实际问题时缺乏耐心,降低了主动处理问题的能力。

5. 应该倾向

此类认知偏差者常用"应该""必须"要求自己和别人。"这件事必须这样""我应该这么做""我必须通读'大师'的书""我一定要跟着'大师'走"。一些成员认为,自己应该"长功",应该"精进",应该"去情",如果做不到就是"心性"不够,就会加倍惩罚自己"练功"。这样的认知方式只有一种标准,如果没有达到标准就会内疚或自责。如果有人没有按照标准去做,就会遭到他人怨恨或指责。

6. 个人化

这是一种没有根据地将一些外部事件与自己联系起来的倾向,主动将别人的问题归咎于自己的过失而引咎自责。有一位成员的丈夫生病了,她不是协助丈夫积极求医,而是"向内找",认为是自己的思想有动摇而使亲人遭到报复,由此产生内疚感和恐惧感,心理压力变大。

7. 消极注视

这是指选择一个消极的细节,并总是记住该细节而忽视其他方面,以至于整个情绪都染上了消极色彩。有些成员可能遭受过一些生活挫折,他们便从消极的角度看问题,只关注自己不幸的一面,比如身体不适、人际不顺、社会适应不良等。这种消极注视的信息选择倾向容易产生烦恼。

8. 任意推断

推断是一种根据事实或前提进行推理判断事实的思维活动，它需要严谨的态度、严密的逻辑思考和可靠的前提才能得出可信赖的结果。任意推断是在缺乏事实依据的情况下草率得出结论。有的膜拜成员在转化之后将身体不好、工作不顺、家人生病、生活困难等负性事件归因为自己的转化惹怒了"神灵"，从而降罪在自己和家人身上。这种武断的推论使他们容易反复而再次走上膜拜道路。

9. 乱贴标签

这是一种随意下结论的认知方式，是膜拜团体经常使用的标签式管理方式，他们将人分为"好的"或"坏的"，"虔诚的"或"邪恶的"，给符合要求的人贴上"维护真理"，给转化的人贴上"叛徒"，给阻止其行为的人贴上"邪魔"的标签。有时候，"标签"具有定性导向的作用，会使成员做出印象管理而导致不客观的事物判断。

10. 情绪推理

这是一种"跟着感觉走"的非理性现象，以自己的情绪感觉认识事物，影响对事物的正确了解。有的成员依赖于情绪体验解释现实，表现不成熟甚至偏激。比如，有的成员认为"只要我虔诚'练功'，师傅就会保护我，就什么危险也没有了"。这显然是依赖主观情绪来臆想现实问题。

上述 10 种类型的认知偏差比较常见，有时候在一个成员身上可能同时存在几种类型的认知偏差。人的认知方式是引起情绪反应和行为指向的主要因素，如果以偏差的认知方式诠释信息，就无法正确理解事物，其行为结果必然会出现问题。

（二）膜拜成员认知偏差原因分析

膜拜成员认知偏差的形成与其人口学因素、人格倾向以及膜拜团体教育等因素有关，具体分析如下。

1. 人口学因素分析

其一是性别因素。本调查成员中女性居多，占66.7%，这与女性普遍存在感性、敏感、脆弱，易接受暗示、容易从众和依赖心理强，以及对自身处境不满等特征有关，尤其是面对感情生活困境时，便将某种寄托作为保护自己的手段。正如调查所显示的，"男性更倾向于祖先信仰，而女性更倾向于神灵信仰"①。其二是年龄因素。50岁以上中老年成员为多，占55.5%（详见本书第一篇文章表1数据），他们多处于"空巢期"，生活单调，客观的生理机能逐渐老化，慢性疾病增多，主观的健康需求增加，而健康资源不足，容易被包装的"健康"误导。其三是文化因素。成员中高中及以下文化程度者居多，占84.1%（详见本书第一篇文章表1数据），他们因为文化程度的局限，认知范围较为狭窄，生存手段较为单一，技术含量低，容易相信"圆满""天堂""拯救"之类的虚幻说法，把膜拜的内容看作是"实用"知识，当作摆脱现实生活困境的途径。虽然个人进入膜拜团体的原因和途径各有不同，但是根本性的原因是认知偏差，不能支持他们正确解读事物，不能有效地进行社会人际交流。

2. 人格特征与认知偏差形成交互作用

人格是全部心理特征的综合，决定着个体采用的认知方式，人格特征对认识活动发挥着直接或间接的交互作用。当一个人在知情该团体为膜拜团体的情况下仍然执着于服从时，就需要考虑人格层面的问题了。本研究发现，膜拜成员具有一定的人格倾向，其多见：①依赖性人格，在生活中缺乏主见，意志力薄弱，容易与膜拜团体建立病态的依附关系，导致观念失察而出现认知偏差；②焦虑性人格，总感到紧张、忧虑、敏感、不安全，在遭遇挫折时容易引发困惑而导致认知偏差；③冲动性人格，情绪易冲动，不计后果，一旦爆发行为便

---

① 高梦琪：《探索宗教与社会秩序的关系，推进宗教与社会的良性互动——第六届宗教社会学论坛综述》，载《世界宗教研究》2019年第3期。

难以自控易走向非理性的极端；④偏执性人格，敏感、猜疑、好斗、不相信他人，固执己见并偏听偏信地追随"教主"，表现为非黑即白的绝对化认知方式；⑤癔症性人格，心理脆弱且不成熟、易受暗示，善于用想象代替现实，相信虚幻的内容，就像吃了淀粉片安慰剂的效应一样，以为是服用了有效药品缓解了症状而入迷于某项活动；⑥神经质人格，不自信、缺乏肯定、容易紧张，情绪消极，习惯于从悲观角度认识问题，总是希望得到别人帮助，会抓住一个自认为能改变命运的机遇而过分服从于"教主"的意志；⑦反社会性人格，无视社会准则，对他人和社会有抵触或仇恨情绪，只从自己的角度考虑问题。基于这些人格倾向导致的认知偏差，膜拜成员会经常恐惧自己的健康，感到无助、无能、无奈并缺乏精力而附属于所依赖的膜拜团体。

3. 精神控制致膜拜思维而形成认知偏差

膜拜团体有严密的组织体系，上线对下线严格控制，并擅长利用某些心理操作和精神控制，使成员与团体之间形成较强的人身依附关系。多米尼克·D.科茨（Dominiek D. Coates）指出："成员留在团体中的决定因素是受到成员身份的'直接奖励'及其领导者控制水平的影响。"[1]膜拜团体是一个以鼓动成员排他性而发展起来的团体，强调成员对本团体的认同与归属，营造相互模仿和感染的气氛，建构一致性的心理定式和认知结构，正如古斯塔夫·勒庞（Gustave Le Bon）所说："聚集到一起的人，他们先前的个性不知不觉地消失了，他们的思想和感情变得一致，他们开始用同一种方式思考……"[2]让成员产生心理连接感，使成员相信在获得了足够"功力"时，"教主"会将他们带向"圆满"的世界。为了实现这一目标，成员每天勤奋、单调而重复地念诵着"教义""经文""大师语录"，在这些"文化"启发下，成员进入一种新的意识状态，说着"常

---

[1] Dominiek D. Coates, "Cult Commitment from the Perspective of Former Members: Direct Rewards of Membership Versus Dependency Inducing Practices", *Deviant Behavior*, 2012, 33（3），pp.168-184.

[2] ［法］古斯塔夫·勒庞：《乌合之众：大众心理学研究》，江苏人民出版社，2011年，第10页。

人""女基督""业障""消业"等特殊词语,切断与社会、朋友和家庭的关系,交流局限在内部团体的小范围内,同时膜拜团体制造一些"见证""神迹""灾难",刺激成员的好奇和恐慌,摧毁他们原有的判断力、理解力、自主性、逻辑性、伦理道德和批判精神,把这些理性能力在"修炼"过程中从头脑中抹去,他们被诱导接受"教义内容",在每天的重复程序中进行着思想改变,不断强化着膜拜信念,固化了膜拜思维模式,由此产生一系列的认知偏差。

总之,认知偏差方式的持续积累会导致成员抑郁情绪发生,抑郁伴随着悲伤、沮丧、无望感、无价值感以及某些躯体化症状,反过来又加重了认知偏差,损害或削弱了他们应对策略的正确性及有效解决问题的能力。

四、膜拜成员认知偏差的矫正方法

认知偏差对人的言行具有系统性影响,认知偏差不去除,言行就不会改变。换句话说,认知这一前提改变了,具体言行才会发生相应的改变。每一个人都希望幸福、健康、活得轻松,动机没有错,但如果执行的是"教主"指令,置社会规范于不顾,那就是认知偏差了,是"走了弯路",这种行为不被社会认可,也就不能适应社会生活,那么就需要调整,心理愿望要与行为价值匹配才能生活得好。因此,针对膜拜成员的辅导采用理性情绪疗法,缩小或消除其认知方式的偏差,使其学会信息分析并能理性地看待事物。

(一)理性情绪疗法的理论依据

理性情绪疗法(Rational Emotive Therapy,RET)强调的是人们并非被不幸事件困扰,而是被他们如何评价事件的看法困扰,强调引起个体困扰的是认知因素,应该处理消极的认知体验和不良的行为。该疗法具有理性说服力、直截了当的特点。膜拜成员经历过一些负性事件,如失去亲人、婚姻破裂、健康不良、下岗待业、人际关系紧张等,这些事件只是"导火线",使他们在危机情况下感到困惑,但事件本身并不引起情绪和行为失调,而是导致刻板、极端、不合理的信念或认知方式,这种对事物的认知偏差才是心理或行为问题发生的根本原因。理性情绪疗法的辅导目标就是,帮助成员改变其沉迷于膜拜信仰的认知偏差,用新的健身活动替换膜拜活动,形成他们参加正确行为的动机,以及灵活和理性的思考方式,达到心理健康和行为的转变。比如,询问成员:"你'祷告'了4年,血压有好转吗?如果你4年前就规律服用降压药的话,也不至于现在心脏扩大和出现多发性脑腔梗了。"有时候,人是在受到损害之后才能做出认识的反应。

ABCDE理论是理性情绪疗法的基本理论。A指的是触发事件,即外部事件。B是触发成员的内在信念或认知方式。C是指由认知方式导致的情绪和行为结果。人们误以为是A引起了C,其实是B认知方式对事件所持有的信念、看法和评价,才是引起C的因素。如果认知方式是不合理的、不现实的,就会产生不健康的情绪和适应不良的行为。咨询者从不合理的认知方式入手,对成员进行引导和干预就是D,重新用理性的观念代替非理性的观念,触发成员对事件进行合理的思考。当干预产生效果时则是E,产生积极的情绪和正确的行为。简言之,理性情绪疗法就是引导成员与不合理的信念进行辩论,建立合理的认知信念之后,就可以有效控制不合理的认知方式,从而改善行为了。

(二)理性情绪疗法操作技术

在获得知情同意后,依照自愿原则选出10名成员,将他们分为两组,每组各5人。实验组(膜拜成员)给予理性情绪疗法干预,对照组(非膜拜人员)不加干预,为期一个半月,共6次干预,采用心理学专业人员一对一的咨询形式,每周1次,每次50分钟。总体情况归纳如下。

1.了解成员需求并说明理性情绪疗法

了解膜拜成员的基本情况和主要问题,以及他们对问题的认识和感受,以尊重、理解和同理心等咨询技巧建立良好关系。我们了解到成员对目前的状况不太满意，感觉抑郁和烦躁，但是他们又都抱有一种隐隐的期望，特别是对身体健康寄有期望，一些成员倾向于将膜拜团体看作有医治作用的"救星"。以语言说明或者画图的方式向成员解说理性情绪疗法的基本原理，尤其是ABCDE理论，让成员能够接受并有意愿和决心改变。

2. 检查膜拜成员的非理性信念

认知偏差是个体在无意识条件下，自动选择并已经习惯化的认知方式，一些成员并不能意识到它所带来的后果。因此，帮助成员识别认知偏差极有必要。比如从人际关系入手，帮助成员分析原因。我们问一位成员："你对读'经文'投入时间很多，说明你比较勤奋，而参与其他活动的时间很少，与外界人际交流极为不足，感觉孤独和封闭而引起情绪不振。如果花一些时间改善人际关系，你一定能做好。你说呢？"他点点头表示认同。接着问："那你需要做些什么才能得到改变呢？"他说："我想试试看，改变一下自己，多与外界接触。"再问："很好，具体怎么做？"他说："减少参加膜拜活动的时间，多与社区的人员接触，参加社区的活动。"

识别不合理认知信念的方法如下：

A. 分析个人心理发展史，在成长过程中是否存在产生认知偏差的基础。

B. 分析理解现实问题时是否存在误解或者错误的评价。

C. 分析在记忆中是否存在持久性不良事件的印记。

D. 分析对人、对事是否存在偏见的事例。

E. 分析思维方式是否存在反逻辑思维或者不良的归因倾向。

F. 分析经验系统中是否存在不利的影响因素。

G. 分析在深层次的价值观方面是否存在问题。

H. 分析是否存在心理问题等因素。

3. 与不合理信念辩论

采用质疑和辨析的技术方法，挑战和质疑膜拜成员的不合理信念或不良认知方式。可以质疑:"有什么证据支持你的这一信念?""你这样想的理由是什么?""膜拜活动给你带来了什么好处?"紧紧围绕成员信念中的非理性特征,抓住他们信念中违反逻辑、不合常理、与事实相悖之处,以撼动他们对膜拜团体的非理性信仰。其技术还包括语意精确法、替代性选择、去灾难化等。

A. 语义精确法。思维规定着语言,语言反过来也塑造思维。因此,帮助膜拜成员以合理、现实的方式界定自己面临的情境或问题,让其明白"练功"可以作为一种锻炼身体的补充,但若以锻炼身体为幌子做一些违反社会规范的事情则不行。幻想不能代替现实生活,健康只能在正确锻炼中得到实效,现实生活中的挫折也必须在现实中争取解决,虚幻中体验到的成就感终究是虚无的。

B. 替代性选择。膜拜成员的非理性信念常常有极端化的特点,他们容易钻牛角尖,看不到其他的可能性和多样的选择,引导他们探讨其他可能的解释和可行的办法解决问题。

C. 去灾难化。膜拜成员常常有"糟糕至极""消极注视"或"夸大和缩小"的认知方式,总是有把事情的后果往坏处想的灾难化认知。使用"去灾难化"方法,让成员设想最坏的可能性是什么,使其不合理的信念暴露出来。任何事情都是相对的,可以换一个层面去思考,所担心的"糟糕至极"事件概率太小了,事实上不可能出现,过度忧虑是多余的。

采用自助表的形式,给膜拜成员布置家庭作业,让他们与自己的非理性信念进行辩论,由此检查自己认知方式的偏差并进行自我矫正(见表2)。

表2 非理性信念进行辩论的自助表内容

自助表内容
(A)诱发事件(感到情绪困扰或产生膜拜行动之前发生的事件或感受):我的身体不是太好,慢性哮喘病总是缠绕着我……让我很沮丧,我希望寻求解决办法
(B)信念(导致产生情绪困扰或自损行为的诱发事件的非理性信念):如果能有一种"神"能来拯救我,该多么好……

续表

(C) 后果或情况（在自己身上出现的情绪困扰或膜拜行为）：我的情绪一直很抑郁，不想工作，也不想做家务活……
(D) 辩论（与非理性信念辩论）："为什么我要一直抱怨？""医院并没有诊断我是个病人？""我怎样才能避免不良感觉的缠绕？""膜拜活动帮我解决问题了吗？"
(E) 有效的理性信念（以正确认知取代非理性信念）："我希望身体很好，但并非求神不可……""我是个转变比较慢的人，但我不是不明事理。""尽管我追求健康，但并不是必须'修炼'此功不可，改换其他健身方式也是可以的。"

还可与下述常见的认知偏差进行辩论： 1. 我必须"修炼"，使疾病好转。 2. 如果我不"精进"，我的病就不会好。 3. 我必须要受到"功友"的赞赏。 4. 如果我被人拒绝，我就是个失败的人。 5. 人们应公平待我，满足我的"练功"要求！ 6. 反对我的人应该是"坏人"。 7. 我不能停止"练功"，否则会遭报复。 8. 我的愿望必须"圆满"，不能受到阻碍。	9. 对反对我们的人，我不能忍受。 10. 当疾病加重时，那是自己"修炼"得不够好。 11. 生活中若遇到不公平，我不能忍受。 12. 我必须被我看重的人所爱。 13. 我必须心想事成，否则会感到伤心。 14. 我一定去掉"常人"感情，一心练功。 15. 只要虔诚练功，就会走向"圆满"。 16. 我病了，肯定是思想动摇遭到的报复。 17. 我不能背叛"大师"。

(F) 感受和行为（获得理性认知之后感受到的）：其他健身方式对我都很有效，健康取决于自己的规律性锻炼，而并非"神"或"大师"所赐予的。我要作出更大努力，对自己重复有效的理性信念，减轻情绪困扰和去除膜拜行为

举例：有一位韩姓成员在第3次咨询干预时，通过自助表内容辩论，开始重建认知，她报了模特表演培训班，参加喜爱的模特训练去转移抑郁情绪，我们鼓励她多参加有益的活动，加强对自己情绪的调控，她听进去了，主动与我们分析了今后可能遇到的问题和应对措施。在第4次咨询时，韩某说在模特培训学习中很有收获，我们请她表演了模特动作，她很兴奋。在第5次咨询时，她的认识有了很大转变，认为自己浪费了许多光阴，为一些不现实的事情很不值得。她的情绪基本恢复正常，给她做一般自我效能感测试较前有所提升，这种提升对于她的转变大有好处。在第6次咨询时，帮助她总结了阶段性的成功

经验，明确了今后的注意要点，告知她戒除膜拜信念是一项长期的任务，需要克服认识上存在的问题，强化新建成的健身行为。

在韩某认知改变后，我们采用了三种认知技术继续巩固以防止反复。

A. 理性情绪想象技术。该技术主要是通过自我想象体验的练习，找出合理认知以代替原有的不合理认知，并获得稳定的情绪。请韩某放松，深吸一口气，想象一下自己曾经面临的心烦意乱的情境，并重新体验困惑烦乱的情绪。问："你怎样做才能在情绪上有改善？"她说："我关注家庭生活，有时间参加模特活动、进行户外运动、参加社区组织的集体活动，不外出传教了。""很好，按照你说的去做。"她又说："有时候碰到'功友'劝说，自己也很迷糊，不知道如何是好。"告诉她："回归正常生活是理性的体现，去掉虚无的念头，与社会联系才是真实有效的生活。"鼓励韩某每天做一次理性情绪想象技术的练习，以巩固新的信念和行为方式。

B. 角色扮演技术。赫特（Hirt）和施罗德（Schroeder）等人提出，理性情绪疗法中的角色扮演技术可以增进自我陈述改变的效果，这种方法类似于将心比心的分析方法，让韩某认识到怎样做才是合理的，一步步地去除认知偏差，发展理性认知方式以修正膜拜信念。我们希望韩某每天能够总结自己的情况，反思自己一天的心理活动和行为表现，遇到事情探究原因，该自己反省的地方加以改变，归于膜拜团体的责任大胆批驳，将新的认识和体会记录下来激励自己。

C. 负性情绪宣泄技术。韩某在转化过程中时而出现不安和抑郁情绪，这种情况可以理解，因为对于各有利弊的事物做出选择需要一个较长的认知过程，有些事物在她心中的价值可能大致相近，这也是心理纠结与矛盾之处，同时也说明认知观念尚未完全转变。我们帮助韩某把目标细分为一个个小步骤，依次积累转变效果以摆脱抑郁情绪。还可以让她写出困扰的事件来宣泄情绪，阻止负性情绪启动膜拜行为。问："你在抑郁时有'练功'的冲动念头怎么办？"她回答："拉弹手腕上的橡皮筋警示自己，看看自己种的花草转移注意力，参加感兴趣的模特社团活动调节情绪。"经过一段时间学习,韩某能创造一些方法调节情绪转移膜拜观念了。

(三)理性情绪疗法干预效应机理探讨

1. 理性情绪疗法重在认知的触动

理性情绪疗法是以矫正认知偏差,继而改善不良情绪为核心,强调运用内在理性认知方式维护心理健康。本研究发现,给予理性情绪疗法的实验组与不给予干预的对照组比较,其干预具有显著的效果,并可以维持较长一段时间。"练功实现圆满"是成员的一种负性认知偏差标记,而认知方式又是思想和行为的驱动力,因此帮助成员形成理性思考,正确认知事物是一种根本性的帮助。我们在第一张纸上显示:你继续跟随膜拜团体走,结果会是什么样的?在看完这个问题后,要求成员闭上眼睛冥想3分钟,思考正在发生或者将可能发生的事情。然后,请他们在纸上写出思考之后的想法。再在第二张纸上显示:现在教你太极拳锻炼身体,你愿意吗?这是为了给成员提供机会去做一些能够中和膜拜行为的事情。接着请成员思考:"大师"既然是佛,为什么把他的书超过成本价的几倍卖给你们?"大师"让你们在家里节欲,为什么又让你们在外面"男女双修"呢?"大师"让你们爱教,为什么他连国都不爱呢?一次次的认知点击心扉使其原有的认识脱敏。在完成了这些"认知触动"之后,成员的态度和立场会发生改变并做出新的选择。当人在思想犹豫难以决断时,都会有某种"触发器"触发心灵深处的敏感之处以促动转变,每个人的触发原因可能不同,但共同点是为了实现某种目标而努力,如果事实结果与原有目标不一致时,就会触发转变而反戈一击。有一个单位把爱党爱国教育作为"触发器",组织膜拜成员观看《厉害了我的国》影视节目,这对他们触动很大。邱某说:"以前对党的伟大和建设中国特色社会主义的信念没有明确的认识,现在我明白朝哪个方向走了。"膜拜成员在改变认知以后,对自己以前沉迷膜拜活动感到愧疚,认识到与膜拜活动相比,更应该做一些有意义的事情。

2.理性情绪疗法提升了自我效能感

心理学家阿尔伯特·班杜拉（Albert Bandura）对自我效能感的定义是"人们对自己能否利用所拥有的能力去完成某项行为的自信程度"。其功能是：①决定人们对活动的选择及对该活动的坚持性；②影响人们在困难面前的态度；③影响新行为的获得和习得行为的表现；④影响活动时的情绪。认知方式与自我效能感密切相关，也是心理健康的保护性因素。我们在第6次咨询时，采用成本-效益分析法，让成员写出他们原有信念的结果，他们表示膜拜活动使家庭失和并影响人际关系交往；再让他们写出现有信念的成本和效益是什么，他们正性的想法为多，否定了膜拜观念，认为那些"圆满"都是不可能实现的虚假期盼而已，而实实在在的是选择正确的健身方法，与社会需要保持一致，不再惹事，才能让自己过得顺畅。我们绘制了一份表格，让他们在表的左边写出当前信念的有利之处，右边写出不利之处，结果是有利之处远远多于不利之处，这说明他们认知改善提升了自我的效能感，自我能力和活力激发了，有能力并有主见把控自己了。

3.理性情绪疗法能够对抗抑郁情绪

抑郁情绪的产生是多重复杂因素交互作用的结果，认知偏差是抑郁情绪的易感性因素之一，二者之间存在循环关系，负性认知的持续积累会引发自卑而导致抑郁情绪，而抑郁情绪又会强化认知偏差，伴随消极思考、无望感、无价值感的自我参照又会削弱心理功能而降低情绪调适能力。因此，认知方式是引起膜拜成员抑郁情绪的重要原因之一。膜拜成员在经过理性情绪疗法改善认知方式之后，有效管理情绪的能力得到提升，能够调动自身能力积极寻找解决问题的方法，即便是抑郁-非歪曲、非抑郁-歪曲的成员也倾向于积极的应对，有能力从抑郁情绪中尽快康复，使情绪向好的方向转化。

认知疗法运用于膜拜成员，这是一次有益的尝试，我们在此过程中关注三个方面：一是建立关系。在咨询过程中与成员建立良好的咨询关系，分析抑郁的深层次原因，弄清楚引起抑郁情绪反应的原因在于自己的认知方式而非其他。二是识别偏差。帮助成员认识存在的认知偏差类型，鼓励他们采用质疑、自查和辩论等方法挑战认知偏差并验证其存在的不良后果，找出貌似真实却经不起现实和逻辑检验的想法。比如，询问成员：加入膜拜团体给你带来了什么实际好处吗？你有病不服药只祈祷能阻止病情发展吗？你一门心思外出"传功"，孩子的成长会受到影响吗？鼓励他们积极思考和主动改变。三是合理替代。学习以合理的认知方式代替偏差的方式，建立良好情绪反应的途径。转化是否成功最终还是通过成员自身的探索，对自身存在的问题有更好的理解，才能做出正确的选择和决定。随着认知偏差的消除，抑郁情绪也会随之缓解，进而放弃不合理的膜拜行为，产生积极的行为方式。

4. 结论

A. 膜拜成员存在认知偏差，主要表现特征是任意推断、选择性概括、过度引申、夸大或缩小、绝对化思维和个人化，其形成原因与成员文化程度、膜拜团体影响以及个人心理因素有关。

B. 膜拜成员认知偏差是发生抑郁情绪的基础，抑郁情绪又会加重认知偏差程度，其关系是认知偏差—抑郁情绪—加重偏差—更为抑郁，这是一种相互影响的双向循环关系，其结果是增加膜拜行为的强度。

C. 采用理性情绪疗法对膜拜成员的认知偏差进行咨询干预，技术操作要领是领悟原理、识别偏差、合理替代、辅助技巧，最终削弱认知偏差，提升自我效能感，缓解抑郁情绪，转变膜拜行为。

一例膜拜成员的心理轨迹分析
——从精神分析视角

李汉婕

【摘要】 采用精神分析方法对1例成员加入膜拜团体的心理轨迹进行分析，揭示与其原生家庭形成的生活经历、性格及情绪特点以及成年后的重要事件等因素有关。这些因素导致其采取不正确的方式逃避现实。干预方法主要运用基础性方法、支持性方法和揭露性方法。

【关键词】 膜拜成员；心理轨迹；案例分析；精神分析

一、基本信息

韩某，女，57岁，出生于小业主家庭，长女，有两个弟弟。高中文化，离异，育有一子在外地工作。

二、基本情况及生活经历

韩某在县城的一家工厂负责仓库保管工作，退休后发现丈夫有婚外恋愤而离婚，告知儿子，但儿子对此事反应淡漠。韩某内心痛苦不堪，感觉自己心高气盛却命运多舛，自尊心受到了极大打击，她认为自己被抛弃了，认为男人都是骗子，认为自己的人生太失败了，因此情绪低落、烦恼沮丧，不论做什么都提不起兴趣，并常常失眠。

在情绪低落的这段时间，韩某经人介绍加入了一个膜拜团体，"练功"一段时间后觉得情绪有所好转，能够转移注意力，不去想前夫和儿子的烦恼事，自此她便开始投入全部精力"练功"。她常与"功友"比较，看到有的"功友"能背诵教义、有的有连续打坐几个小时的"本事"，激发了她的好强之心，她连吃饭的时候，都眼睛不眨地盯着经文，饭后一有时间就练习打坐，同时每天坚持听"练功带"，读"经书"。有时候，读着读着，她感觉自己身体变得轻盈，"经书"上的文字也变成了"金色的字"，她认为这是"功力"赋予的特异功能，表现得十分兴奋，买来"大师"图片贴在墙上每天早晚都要叩拜。她觉得自己有了精神，对别人说："离开了丈夫，我照样过得好。"之后，她被提拔为辅导站的"站长"，以"领功人"的身份自居，感到很神气。当国家取缔该膜拜团体时，她想不通，情绪激昂、愤怒，领着"功友"去有关部门抗议。她认为自己的捍卫越"勇敢"，就会越早日得到"大师"的"超度"和"圆满"。

三、性格及情绪特点

韩某个性要强，做事认真，争强好胜，也很能干，在家里比较强势。她在生活和工作中与人交往不多，听不进别人意见，只关心自己的主观体验，常常会忽略丈夫、儿子和他人的感受，人际关系一般。韩某经常情绪不稳定，当事情不如她的想法时，会非常的执拗、偏执，甚至跟人大吵或者摔东西。

四、个人成长史

韩某的原生家庭"重男轻女"观念严重，父母在第一胎生下女儿韩某后，便交由奶奶抚养。韩某的早年成长史有以下两点值得关注。

1. 成长经历充满忽略

韩某出生后，全家一直很失望，奶奶嫌弃母亲没有生出男孩，母亲感到委屈和愤怒时，会用批评孩子的方式表达情绪，言语中常带有失望的表述，对她唉声叹气，抱怨她为什么不是个儿子。同时，家人对她的情感和生活的需求较为忽视，后来有了两个弟弟，全家的气氛才有所好转。韩某自述童年的生活很孤单、紧张，时常觉得家人重视弟弟超过自己。

2. 凡事都想做好证明自己的价值

韩某在家中处于被忽视和贬低的状态，小时候跟奶奶生活不敢提自己的要求，很"乖"和服从。每天要把家务活做好，把两个弟弟"管理"好，父母才会对她露出笑脸，却并没有实质性的关心，甚至对她的学习也不在意，韩某初中毕业就被要求帮家里操持家务。这让韩某觉得只有自己拼命地干活才有价值，只有满足父母的需求才能得到认可和爱，否则自己就一点价值都没有。

五、与重要他人的关系

1. 与丈夫的关系

婚后丈夫不管家庭，总是出去玩，她对丈夫很失望，不满丈夫缺乏上进心和责任心，不够成熟，认为自己必须强硬起来，只有这样才能管理好家庭，才不会被欺负。她一有不满就会在家中吵闹，夫妻关系逐渐冷淡。

2. 与儿子的关系

韩某潜意识里对自己小时候"重男轻女"的经历感到不公平,无意中会用她父母对待她的方式对待儿子,对儿子要求严苛,缺乏情感。她反复对儿子抱怨自己有多不容易,告诉儿子,你爸爸没有良心,要求儿子一定要争气,要对妈妈好,让儿子不胜其烦,上大学后放假也不愿意回家,毕业后留在外地工作。儿子对她的不认可让她一直情绪不振,痛苦无人述说。

3. 与父母的关系

韩某与父亲沟通很少,自述对父亲没有太多的情感连接。母亲每次与父亲吵架之后就把愤怒投射到韩某身上,对她很挑剔。韩某为父母的家庭付出很多,但父母总是要求她从人力和经济上帮助两个弟弟。她想维持好姐姐的形象,但一回到家后又很有怨气,会把不满撒到老公和孩子身上。

六、重要事件及其影响分析

1. 退休

韩某自认为工作认真负责,却没有得到重视,认为单位的人瞧不起她,与同事关系不亲密。退休后在家很不适应,感到失落、空虚,找不到自己的价值和定位。

2. 丈夫出轨

韩某与丈夫关系紧张,几年前发现丈夫有婚外恋,极其愤怒,认为这伤害了她的自尊,感到自己老了不被人需要,没有人爱自己。

3. 儿子远离

五年前儿子大学毕业,韩某一直期待儿子能够回家,而儿子却远离她。韩某向儿子控诉丈夫出轨,儿子的冷漠让她失望,她意识到儿子与丈夫都嫌弃自己,感到被彻底否定了。

4.加入膜拜团体

韩某的生活里发生了一系列事件——失去工作、失去老公、失去儿子之后,她失去了所有可以维持她自尊的东西,隐藏在她脆弱的自尊背后被忽视、无价值感的体验浮现了出来。她需要有一个新的方式避免让自己再体验到痛苦。她进入膜拜团体初期感受到被接纳、被关怀,在膜拜团体中不需要有多么强的能力,只需要能够"背诵""打坐""虔诚",就很容易获得"认可",这让她的自信极大的提升,满足了她的需要,"练功"成功地缓解了她生活中的失败感。在膜拜团体中没有人忽视她,她被提拔为辅导站的"站长",升到了"领功人"的位置,潜意识中认为在膜拜团体中体现了她的价值。她通过这种方式安慰自己,再也不用去管自己身上发生的痛苦事情。她采用这种方法对抗自己身上由来已久的被忽视的体验,加入膜拜团体似乎是她实现价值的捷径和出路,因此她逐渐地痴迷于其中。

七、理论依据

精神分析理论假设:潜意识的心理活动可以影响有意识的思想、情感和行为。潜意识的动机、驱力、需求和冲突之间相互作用、挣扎与妥协,展现出问题的行为,即长期的心理问题来自于潜意识的心理活动,这些因素之间会呈现出动力式的变化。同时,通过心理治疗可以促进来访者对潜意识的心理活动、思维方式进行觉察、理解,并且有机会进行改变。

八、心理分析

1.用"练功"来逃避和否认真实的体验

退休后,韩某的生活发生了很多转变,尤其是丈夫出轨事件让韩某的自尊、自信和自我体验都受到极大打击，她出现了典型的抑郁状态：情绪低落、兴趣丧失、烦躁焦虑并伴随失眠等躯体问题。面对这些"坏"的体验，她没有能力理解出现问题的原因，也不能寻找解决这些冲突的方式，而是继续把这些感觉隐藏起来，甚至使用了一些消极的防御方式，如隔离、压抑、否认、反向形成、合理化、分裂、投射等，这让她的内心体验更加糟糕。她需要借助别的形式，即加入膜拜团体来帮助自己体验到"好"的感觉。她刚接触膜拜团体时，"练功"可以转移注意力，让她不再沉浸于真实生活的难题中，同时也回避了痛苦的体验。在这样的团体中，她发现只要自己"虔诚、努力"就可以获得"好"的感觉，拥有"超能力"和"被崇拜"，虽然这种"好"的感觉是不真实的，只是存在于想象与期待中，但是她使用了这种偏激的方式让自己体验到"好"，而这种"好"是以放弃真实的生活和感受、放弃真实的人际关系为代价的。

2. 不稳定的自我脆弱体验和夸大的自尊

韩某的童年没有发展出健康的自尊，父母的养育方式导致她对自己不自信，虽然她在生活和工作中表现强势，但实际上内心极为脆弱，很难忍受无法完成目标的失望。她把生活和情感的失败归因于外部，认为自己比别人都强，不愿承认自己的问题。有时她展现出过度的自信，但是当自尊受到威胁时，例如丈夫出轨、膜拜团体被取缔等，她会感到焦虑、愤怒、精神被压垮。在膜拜团体之中，韩某感到非常自信，成为"领功人"提升了她的自尊，使她逃避直面现实的痛苦，进入良好的自我感觉中。

3. 情绪调节出现问题

一个人早期与养护者的依恋类型，往往会成为成年后对他人的依恋类型，早期依恋经历对人的影响是"终其一生"的。在早年经历中，人们从抚养关系中得到的安全感，能够帮助他们发展出处理各种经历的情绪调节系统。小时候，父母对她的忽视和严苛，使她缺乏安全情感不能很好地回应现实，无法形成良好的情绪调节模式，以至于她成年后也缺乏有效的方式调节情绪，做事情冲动，稍有挫折和不如意就会情绪不稳，无法有效调整痛苦和愤怒的体验，转而采取膜拜活动的方式。

4. 为满足自己心理的虚幻安慰而形成膜拜行为

韩某从小未得到家庭重视，母亲严苛和父亲情感缺失，家人并不关心她的内心世界。父母对她的情感回应，只限于她帮家里做家务和照顾弟弟时。这样的方式使她的人格出现偏差，她会把理想中的目标（有能力、能干、得到父母赞赏）当成了动力，她会使用防御方式去避免一些负面的感受：得不到家庭重视的挫败感、自己对他人的羡慕等。在她成年后，她在工作和生活中无法感受到真正的快乐和满足，也会使用这样的方式去对待别人，利用他人或团体来促进自尊调节。在加入膜拜团体后，她常拿自己与"功友"比较，看到别人能背诵"教义"，有打坐几个小时的"本事"，这激发了她的好胜心，也开始背诵"经文"和练习打坐。她害怕别人比她做得好，这会让她担心自己无法获得他人的喜欢和认可，被贬低和被抛弃。这时候"大师"变成了她理想化的父母，她认为只要"虔诚"，就会早日得到"大师"的"超度"和"圆满"，得到她期待的一切：强大的能力、被关怀和认可与被爱，因此一步一步地走向膜拜行为的偏执。

5. 难以调和的心理冲突

童年期不安全的依恋模式，导致韩某与他人的关系出现了很多问题，心理存在很大的冲突，她极其渴望他人的爱和重视，但是当与人相处时（丈夫、儿子、父母、他人），她却又无法真正展现自己的需求和想法，要么"伪装"，要么吵闹。这些都给她带来了明显的失落感和孤独感，使她转而在膜拜团体中寻求归属和认同。"练功"让她成为想象中的形象：有能力、被大家认可推选为领导，但是她却无法真正面对自己被忽视带来的痛苦与挫败的体验。这样的冲突存在于她生活中的各个方面，尤其是低自尊，却表现得自我中心，表现出强势和固执的特点，并落实在膜拜行动上。

九、干预技术及方法

短期目标是解决痴迷膜拜活动的问题,长期目标是改善人际关系并促进人格转变。可以采用以下三种方法对韩某进行干预,也可以同时并用。

1. 基础性干预

收集韩某的问题和信息,引导和教会她利用心理干预方法,表达对困难问题的理解,为其提供相应的指导和心理教育,表达共情的话语,等等。目的是帮助韩某更好地接受心理干预,缓解她的抗拒心理,提升面对真实问题的勇气,为进一步干预提供信息和动力。

2. 支持性干预

在心理干预中需要支持韩某有缺陷或薄弱的自我功能,需要用接纳、尊重的态度,理解她的困境。"授人以鱼不如授人以渔",通过鼓励、解释、安抚、关怀和共情、保护、劝解、示范、指导、合作等方式,帮助她利用自己薄弱的自我功能,运用自己的能力和动力做到自力更生。

3. 揭露性干预

这一类干预目的是探查韩某的潜意识思想和提升情感意识,帮助她处理潜意识的事件,并评估其应对该问题的能力,通过对质、澄清、解释等方式与她一起应对潜意识中的不良内容。探索韩某早期人际关系和生活经历与感受,并与现在的膜拜问题相联系,认识到她的不稳定情绪、脆弱自尊和不良人际关系是如何形成的,并分析这些问题与膜拜行为之间的关系,讨论膜拜活动对于她的心理伤害,探究如何让她用更适应性的方式去生活。

理论与实践：动机式访谈疗法对膜拜成员心理干预效果研究

梁 颖　陈青萍

【摘要】目的：探究动机式访谈法对膜拜团体成员心理问题的干预效果。方法：采用罗德岛大学改变评估量表（URICA）和一般自我效能量表（GSES）进行前后测对比研究，并对两组（均8名）膜拜成员进行差异比较。结果：进行动机式访谈后：①实验组处于行动阶段的人数显著多于对照组（χ^2=3.571，p<0.05）；②实验组成员动机显著高于对照组（t=3.907，p<0.01），实验组成员动机水平得到显著提高（t=4.447，p<0.01）；③实验组成员自我效能感显著高于对照组（t=2.490，p<0.05），实验组成员一般自我效能感也得到显著提高（t=4.744，p<0.01）；④参与动机式访谈的膜拜成员在平时工作表现、与人相处、行为转化方面均有所进步，心理功能恢复良好。结论：动机式访谈法可以显著提高膜拜成员行为改变的动机和自我效能感。

【关键词】动机式访谈法；膜拜成员；心理问题；干预效果

一、动机式访谈法概述

20世纪90年代,美国学者威廉·米勒(William R Miller)和史蒂芬·罗尼克(Stephen Rollnick)创立了动机式访谈技术(Motivational Interviewing Techniques,MIT),最初用于酒精依赖综合症的治疗。赫特玛、斯蒂尔、米勒(Hettema、Steele、Miller,2005)回顾了动机式访谈法的72项研究,发现其中51项(71%)针对的是酒精依赖和其他药物成瘾。一项对酒瘾患者的干预研究表明,动机式访谈比传统的认知行为治疗效果更好,所需时间更短。[1]现在,该方法运用到较为广泛的领域,如戒烟、增加体育锻炼、控制体重、促进健康行为等方面。安吉拉·L.斯托茨(Angela L. Stotts)研究发现,接受动机式访谈的孕妇,戒烟行为显著增加。[2]梅兰妮·韦克菲尔德(Melanie Wakefield)采用动机式访谈使癌症患者的戒烟率从18%升至29%。[3]简·哈兰德(Jane Harland)等人使用动机式访谈法帮助成年人锻炼身体,结果显示接受该方法的被试坚持锻炼的人数,显著多于未接受该方法的被试人数。[4]在对慢性病的干预方面,动机式访谈也取得了成效,如控制疼痛、控制糖尿病等。[5]史密斯(Smith)对糖尿病患者采用了动机式访谈,发现患者的治疗依从性和对血

---

[1] Mattson M E, Allen J P, Miller W R, et al., "Project MATCH: Rationale and Methods for a Multisite Clinical Trial Matching Patients to Alcoholism Treatment", *Alcoholism: Clinical and Experimental Research*, 1993, 17(6), pp. 1130–1145.

[2] Stotts A L, Diclenstein C C, and Palrcia D M., "One-to-One: A Motivational Intervention for Resistant Pregnant Smokers", *Addictive Behaviors*, 2002, 27(2), pp. 275–292.

[3] Wakefield M, Oliver I, Whitford H, et al., "Motivational Interviewing as a Smoking Cessation Intervention for Patients with Cancer: Randomized Controlled Trial", *Nursing Research*, 2004, 53(6), pp. 396–405.

[4] Harland J., White M., Drinkwater C., et al., "The Newcastle Exercise Project: A Randomized Controlled Trial of Methods to Promote Physical Activity in Primary Care", *British Medical Journal*, 1999, 319(7213), pp.828–832.

[5] Harland J., White M., Drinkwater C., et al., "The Newcastle Exercise Project: A Randomized Controlled Trial of Methods to Promote Physical Activity in Primary Care", *British Medical Journal*, 1999, 319(7213), pp.828–832.

糖的控制都有所提高。[①] 斯汪森（Swanson）等人使用动机式访谈法治疗精神病患者，也显著提高了患者治疗的依从性以及出院后的复诊率。[②] 目前，国外使用较多的是动机式访谈简短模式，治疗时间仅为30分钟，它可以作为一种独立的疗法，与其他疗法配合则效果更好，更持久。动机式访谈法的咨询形式除了传统的面对面咨询外，电话、微信、网络咨询等形式也有广泛的应用。

国内关于动机式访谈法的研究和应用尚不多，仅有几篇文章介绍其理论和实践。许少英、刘婧等人采取动机式访谈法对痴呆患者的照顾者进行干预，结果显示在干预的第3个月、6个月时，干预组的正性情绪、积极应对、自我效能感均高于对照组。[③] 杨成莲研究发现：动机式访谈法有助于改善大学生的强迫症状，降低被试的焦虑水平。[④] 李小云研究（2011）发现，动机式访谈法可以缓解冠心病患者的焦虑和抑郁情绪，改善他们生活质量和身体功能。罗子超等人研究发现，动机式访谈法更利于认识到吸烟对身体的影响，更容易成功戒烟。[⑤] 近年来，将动机式访谈法应用于膜拜成员心理问题的干预也引起了关注，赖运成提及在对一些膜拜痴迷者心理干预工作中，有必要引进国外新兴的动机式访谈技术，并提出了一些动机式会谈应用于转化工作的具体干预策略。[⑥]

综上所述，动机式访谈法的研究经历了从物质依赖到心理问题干预，证实了其有效性。从理论角度和技术层面思考，这种方法应该适用于膜拜成员这一

[①] Smith D. E, Heckemeyer C. M, Kratt P. P, et al., "Motivational Interviewing to Improve Adherence to a Behavioral Weight-control Program for Older Obese Women with NIDDM: A Pilot Study", *Diabetes Care*, 1997; 20（1），pp.52-54.

[②] Swanson A. J., Pantalon M. V., and Cohen K. R., "Motivational Interviewing and Treatment Adherence among Psychiatric and Dually Diagnosed Patients", *Journal of Nervous and Mental Disease*, 1999, 187（10），pp.630-635.

[③] 许少英、刘婧、冼志莲等：《动机访谈对居家痴呆照顾者情绪、应对方式及自我效能的影响》，载《中华护理教育》2010年第12期。

[④] 杨成莲：《动机性会谈对亚临床强迫倾向的干预研究》，首都师范大学硕士学位论文，2009年。

[⑤] 罗子超、温煜赞、杨咏瑶等：《动机性访谈的戒烟治疗效果之研究》，第六届两岸四地烟害防制交流研讨会论文集，2012年11月。

[⑥] 赖运成、王国强：《"法轮功"痴迷者心理干预研究进展》，载《中国健康心理学》2009年第10期。

特殊群体。但截至目前，我国应用动机式访谈法干预膜拜成员心理问题的实证性研究还极为缺乏。本研究采用动机式访谈法对膜拜成员的心理问题进行干预，考察该方法干预的实际效果，进行理论和专业技术的建设，将动机式访谈法的干预手段具体化、技术化、可操作化，弥补该领域研究之不足，为我国膜拜成员的教育转化工作提供有效的方法。

二、动机式访谈法的理论基础

动机式访谈法的理论基础主要有詹姆斯·D.普罗查斯卡（James D. Prochaska）的跨理论模型、卡尔·R.罗杰斯（Carl R. Rogers）的人本主义理论、利昂·费斯汀格（Leon Festinger）的认知失调理论。一般而论，来访者在行为改变过程中或多或少会出现一些矛盾和阻抗，可以借助上述理论激发其改变的内在动力。同时，借助阿尔伯特·班杜拉（Albert Bandura）的自我效能理论，采用增强自我效能的策略，增加来访者行为改变的信念，使他们将改变持续下去。

（一）动机式访谈法的基本阶段

目前较为流行的是借鉴普罗查斯卡的跨理论模型，认为行为转变是一个逐渐改变的过程，有前意向阶段、意向阶段、准备阶段、行动阶段和维持阶段五个阶段，[1]需要根据来访者所处不同阶段对症下药，既不可操之过急，也不能滞后于改变。重点介绍该理论的基本阶段如下。

1. 前意向阶段（Precontemplation）

来访者在前意向阶段并没有意识到自己的问题，缺乏改变的动机和意图。当他们听到被劝说改变时，会找出许多借口以维持现状而拒绝改变，即使迫于某种压力接受干预，也不是出于主动的意愿。

---

[1] Mattson M E，Allen J P，Miller W R，et al.，"Project MATCH: Rationale and Methods for a Multisite Clinical Trial Matching Patients to Alcoholism Treatment"，*Alcoholism: Clinical and Experimental Research*，2010，17（6），pp.1130-1145.

2. 意向阶段（Contemplation）

来访者在意向阶段意识到自己存在的问题，开始思考改变方向了，但是还没有实际行动，他们会权衡改变与不改变所带来的结果。由于此时内心有较多的矛盾冲突，他们会犹豫不决很长时间。在此阶段主要是帮助来访者认识问题，认识行为和社会规范的冲突，增加行为改变的动机和自我效能感。

3. 准备阶段（Preparation）

来访者在此阶段已经有改变的意念了，但是不知道如何去做。此时，咨询者与来访者共同商讨计划，做好行为改变前的准备工作。

4. 行动阶段（Action）

来访者从此阶段开始有真正的改变，他们愿意改变不良的认知方式，并采取实际行动达到行为改变。

5. 维持阶段（Maintenance）

此阶段主要是维持已经改变的行为和避免问题行为复发。如果在此阶段没有足够的意志力，有可能回到最初的状态。因此，为了维持行为改变的效果，避免问题行为的复发，咨询者和来访者都需要做出努力，需要不断地激发来访者改变的内在动力，需要有足够的支持以巩固转化效果。

（二）动机式访谈法的基本原则

动机式访谈法的基本原则包括表达共情、发展差异、化解阻抗和激发自我效能。

1. 表达共情（Express Empathy）

"共情是指分享和理解他人的感受并对他人的处境做出适当反应的能力"[①]；"共情代表了对自己情绪系统和察觉他人情绪体验的协调"[②]。这是一

---

① Jean Decety, Inbal Ben-Ami Bartal, Florina Uzefovsky and Ariel Knafo-Noam, "Empathy as a Driver of Pro-social Behaviour: Highly Conserved Neurobehavioural Mechanisms across Species", *Philosophical Transactions of the Royal Society B: Biological Sciences*, 2016, 371(1686), pp.1-11.

② ［英］马尔科姆·吉夫斯、［美］沃伦·布朗：《神经科学、心理学与宗教——人性的迷幻与现实》，刘昌、张小将译，教育科学出版社，2014年，第81页。

种调节关系的人际情绪和驱动力，咨询者要积极进入来访者的内心世界，理解他们内心的矛盾与冲突，引导他们认识自己的内心状态。共情并不是纵容来访者的行为，也不是对他们持批判态度，而是非主观色彩地看待问题，理解并帮助他们改变行为。

2. 发展差异（Develop Discrepancy）

"共情并不足以解释所有个体的选择，共情水平相似的个体也会做出不同的选择。"[①]所以，也要关注发展差异，让他们认识目前状态与理想追求之间的差异，认识自己的问题与主流价值观之间的差异，引导他们思考不良行为的代价和改变行为的益处。咨询者帮助来访者认识到改变行为的重要性，由此产生改变行为的自发动机。

3. 化解阻抗（Roll with Resistance）

阻抗是行为改变中的一种常见现象。此时，来访者内心会有矛盾的两面性，他们能认识到行为改变带来的好处，但同时也会有一种未知感和恐惧感，这些不良感受会阻碍他们继续改变。发生这种情况时切忌争论以避免抵触情绪，可以采用理解和接纳的方式，让来访者坦率说出想法，并帮助他们积极寻找相应的解决办法。

4. 激发自我效能感（Support Self-efficacy）

此时，来访者激发了行为改变的自我效能感，产生了行为改变的动机，意识到自己具有能力改变不良行为。需要注意"咨询者在激发来访者自我效能的过程中，不能代替他们做决定，而是为其提供指导或建议，所有的决定都由来访者自己做主，这也是动机式访谈法提高自我效能感的意义之所在"[②]。

---

① Yingjie Liu, Lin Li, Li Zheng, et al., "Punish the Perpetrator or Compensate the Victim? Gain vs. Loss Context Modulate Third-party Altruistic Behaviors", *Frontiers in Psychology*, 2017, 8, p.11.

② Harland J., White M., Drinkwater C., et al., "The Newcastle Exercise Project: A Randomized Controlled Trial of Methods to Promote Physical Activity in Primary Care", *British Medical Journal*, 1999, 319 (7213), pp.828-832.

(三)动机式访谈法的主要技术

动机式访谈法的实用技术主要包括开放性提问、反馈性倾听、肯定、概括、诱发改变式谈话等。

1. 开放性提问（Open-ended Questions）

这是借鉴来访者中心疗法的一项技术，开放性提问使来访者成为咨询的主体，引出他们对于行为改变的观点。提问一般使用"是什么""为什么""怎么办"等词语，可以促使来访者自我剖析，给他们更多空间去表达观点和感受，便于了解行为改变中的困惑，获得更多的信息。

2. 反馈性倾听（Reflective Listening）

反馈性倾听的目的是降低阻抗，增强来访者行为改变的动机，这是动机式访谈法中一项重要而有难度的技术之一。"反馈性倾听是咨询者有根据地推测来访者谈话的意图"[①]，帮助他们了解自己的问题所在，并愿意修正自己的问题。心理学家罗杰斯说："我在倾听每一位来访者的自我表述时都会尽可能的小心、准确和敏感。"因此，在使用该项技术时，要认真倾听他们所叙述的事情，让他们感受到被尊重、被倾听、被接纳。咨询者对他们所释放的信息进行整理，帮助他们从新的角度认识问题。

3. 肯定（Affirmation）

这一项技术是咨询者对来访者的表现给予肯定和赞赏，由此营造一种无条件接纳的气氛，使其说出内心的真实想法，从中发现行为改变的关键因素。同时，肯定也是一种激励方式，让来访者更加开放地探讨自己的问题。在使用肯定技术时要避免空洞的赞赏和刻意讨好或者敷衍。

---

① Smith D, Heckemeyer C, Kratt P, et al., "Motivational Interviewing to Improve Adherence to a Behavioral Weight-control Program for Older Obese Women with NIDDM: A Pilot Study", *Diabetes Care*, 1997, 20 (1), pp.52-54.

4. 概括（Summary）

这是指咨询者把来访者提供的信息进行整理后，从谈话的内容中概括出明确的问题再反馈给对方。同时，通过概括让来访者了解自己的优点，增加改变的积极动机。概括不是重复，而是针对谈话内容进行反馈，找出关键问题并触动对方。

5. 诱发改变式谈话（Change Talk）

这是动机式访谈法中最有特色的技术，[1]诱发来访者描述自己在行为改变中的动机状态，具体有四个方面：来访者改变当前行为的原因；行为改变的迫切程度；是否有能力改变行为；改变当前行为的需求性。通过诱发改变式谈话反映来访者行为改变的动机，促使更好地巩固改变的信念而不动摇。该项技术有助于克服来访者行为改变中的矛盾心理，促使他们进入行为改变的准备阶段或行动阶段。

（四）动机式访谈法的基本内容

动机式访谈法基本内容包括相关、风险、益处、障碍和重复。[2]

1. 相关（Relevance）

相关是帮助来访者认识到自己的问题与人格特征、认知方式、行为表现等因素密切相关，咨询者要结合实际情况使访谈内容更具针对性。

2. 风险（Risks）

风险是指帮助来访者认识其行为对身体健康、心理健康和人际交往等方面造成的危害，引导他们认识到目前的行为对自己可能产生的风险，激发自我效能感并树立改变的动机。

---

[1] Harold E. S., Joan Kub, "The Art of Motivating Behavior Change: The Use of Motivational Interviewing to Promote Health", *Public Health Nursing*, 2001, 18（3）, pp.178-185.

[2] Wilcox V. L., Kasl S. V., and Idler E. L., "Self-rated Health and Physical Disability in Elderly Survivors of a Major Medical Event", *Journal of Gerontology: Series B: Psychological Sciences and Social Sciences*, 1996, 51（2）, pp. s96-s104.

3. 益处（Rewards）

益处是指帮助来访者认识到行为改变将带给自己潜在的或直接的益处，引导来访者明确与其相关的益处，如改变行为将带来家庭关系和谐与获得社会的认同等。

4. 障碍（Roadblocks）

障碍是让来访者做好心理准备以应对挫折，了解到在行为改变的过程中会遇到很多困难，帮助他们制订克服困难的计划，协助他们战胜挫折。

5. 重复（Repetition）

重复是指在干预过程中，当来访者改变停滞不前或不愿意改变时，咨询者应该重复上述内容，让他们重新认识到风险和收益等。在实际干预中针对处于不同行为转变阶段的来访者，重复的重点也有不同。比如，对处于前意向阶段的来访者应该重点重复"相关"，对处于意向阶段的来访者应该重点考虑"风险"和"益处"，而对处于准备阶段的来访者则应该重视"障碍"的存在和解决。

三、动机式访谈法针对膜拜成员心理问题的干预机理

动机式访谈法是一种"以来访者为中心的心理治疗技术，通过探索和处理来访者的内心矛盾和冲突，增加行为改变的内在动机，进而促进行为的改变"。[①] 该方法重在唤醒改变动机，告诉来访者为什么要做出改变、要改变什么以及如何改变。这种方法是从不良心理背景入手，消除抗拒改变的因素，从内心激发改变的动机，帮助成员做出观念转变以及行为改变。基于这些特点，再结合膜拜成员的心理与行为特征，运用该方法让成员主动意识到行为改变之意义，行为改变过程中可能存在的问题，以及行为改变带来的益处，激发他们改变的动机，

---

① Harold E. S., Kub J., "The Art of Motivating Behavior Change: The Use of Motivational Interviewing to Promote Health", *Public Health Nursing*, 2001, 18（3）, pp.178-185.

促使其行为向积极方向转化。

动机式访谈法干预膜拜成员的主要依据如下。

（1）动机式访谈法干预成瘾性心理障碍者有效

动机式访谈法最早用于酒精依赖症的治疗，在干预物质性依赖方面取得了很好的效果。研究者认为："膜拜行为是一种心理性依赖，即指个体对某种行为、物质或组织存在心理渴望，个体必须从事某种活动才能获得心理的满足感。"[1]"心理性依赖同物质性依赖的成瘾机制相同，都是通过某种强迫的、习惯性的行为以满足需求。"[2]由此，针对膜拜成员也可以采用动机式访谈法进行干预。

（2）动机式访谈法调动个体内在动机的决定性作用

动机式访谈法有别于其他的咨询方法或治疗技术，强调人的内在动机在行为改变中具有的决定性作用，如果膜拜成员缺乏转化动机或者动机不强，只是表面现象或者是应付性的改变，这种情况很容易反复。因此，采用动机式访谈法对膜拜成员进行干预，着眼点在于提高其心理改变的主观动机，立足于内源性改变，以减少膜拜行为的复发。

（3）动机式访谈法的良好咨访关系本身就具有治疗性

动机式访谈法强调在咨访过程中创设以人为中心的氛围，让来访者感受到无条件的接纳与肯定，这种氛围有助于来访者改变态度。膜拜成员经常被认为是"怪异""神经""有病"，他们在社会上较为孤立，很容易产生抵触情绪而不利于改变。而动机式访谈法所创设的接纳氛围，让成员感受到被理解，被尊重，被信任，从而愿意倾诉、宣泄和交往，这种良好的咨访关系本身就具有

---

[1] ［美］丹尼斯·库恩：《心理学导论——思想与行为的认识之路》，郑刚等译，中国轻工业出版社，2004年，第277—278页。

[2] Rollnick S., Heather N., and Bell A., "Negotiating Behaviour Change in Medical Settings: The Development of Brief Motivational Interviewing", *Journal of Mental Health*, 1992, 1(1), pp.25-37.

治疗作用。

（4）动机式访谈法强调以循序渐进的方式深入人的内心

动机式访谈法强调行为改变不是一时性的，而是一个渐变过程。膜拜成员长期受到膜拜团体的"洗脑"，其行为转变不可能一次性完成，他们在每个改变阶段都会有相应的心理变化，要完成观念和行为的转化需要一定的时间。动机式访谈法在每一个阶段都有具体的针对性，会采取不同的技术方法，激发成员的内在动机，帮助他们逐步地改变膜拜行为。

综上所述，采用实用性强的动机式访谈法，对膜拜成员的心理 - 行为问题进行干预具有可行性，可以有效促进心理动机改变和膜拜行为的转化。

四、动机式访谈法的实施程序

采取以下访谈流程：开场白——引入讨论（讨论与膜拜行为相关话题，并对其感受表示理解，鼓励配合访谈）——切入正题（针对膜拜心理和行为改变设计访谈内容）——结束语（总结干预效果，对成员进行正面肯定，提醒他们下次参加干预活动的时间）。

（一）访谈准备

本研究遵循自愿参与原则，并签署知情同意书。采用动机式访谈干预技术，在某地选取膜拜成员16人，按照人口学资料基本匹配的原则，随机分为实验组和对照组，每组各8人。两组被试均接受《罗德岛大学改变评估量表》《一般自我效能感量表》和《自评健康评定量表》等的测量。实验组进行动机式访谈干预，对照组不进行任何干预。为了保证干预效果真实可靠，干预组和对照组在此期间不接受其他的心理干预技术。

（二）入组标准如下

干预组：探究动机式访谈法对膜拜成员心理问题的干预效果。入组标准：

①加入膜拜团体并热衷于其活动,有散布谣言、散发传单、拉人入伙等活动;②对教主极端崇拜,个人生活被控制,为教主捐钱、捐物者;③个性有变化,不接受社会认可的价值观,认识问题局限者;④感情变化,对家人和朋友情感淡漠,执着于膜拜活动,一周参加活动10小时以上者;⑤无严重躯体疾病、精神疾病和阅读书写障碍者;⑥本人知情同意并愿意配合者。干预组参加为期两个月的动机式访谈干预技术(具体流程见图1)。动机式访谈法采用一对一的形式,每周一次,每次40分钟,共8次;在操作过程中严格遵循四大原则:表达共情、化解阻抗、发展差异、激发自我效能;使用五大技术:开放性提问、反馈性倾听、肯定、概括和诱发改变性谈话。为了避免干预组和对照组成员之间的相互影响,干预之前与干预组成员签订保密协议。

对照组:在人口统计学基本匹配的原则下,选取8名膜拜成员作为对照组,不接受动机式访谈干预,为了保证干预效果,严格控制其他变量的干扰和影响。

动机式访谈法干预流程如图1所示。

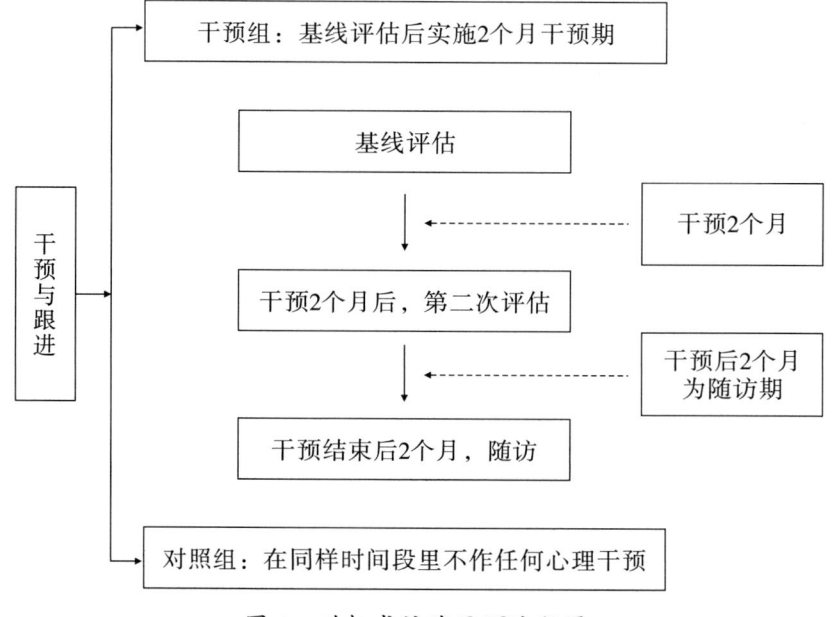

图1 动机式访谈干预流程图

(三) 研究工具

1.《罗德岛大学改变评估量表》(University of Rhode Island Change Assessment Scale, URICA)

该量表由罗德岛大学教授麦康瑙希(McConnaughy)等人于1983编制。本研究采用中文修订版,有27个项目,分为4个分量表,分别用于评估行为改变的四个阶段:前沉思阶段(PC);沉思阶段(C);行动阶段(A);维持阶段(M)。该量表采用5点计分法。分量表分数可评估个体在行为改变各阶段的准备性及动机水平,总分可用于评估个体对改变的整体准备性及动机水平。

2. 一般自我效能量感表(General Self-efficacy Scale, GSES)

该量表由德国心理学家拉尔夫·施瓦泽(Ralf Schwarzer)等人编制,本研究采用国内王才康于2001年修订的中文版。量表共有10个条目,用以测量个体遇到困难时的自信心。该量表采用四级评分,得分越高说明个体的自我效能感水平越高。其内部一致性系数为0.87,重测信度为0.83,分半信度为0.82。

3. 自测健康评定量表(Self-rated Health Measurement Scale, SRHMS)

该量表测量生理健康、心理健康、社会健康三个方面内容,量表得分越高说明健康状况越好(详见本书第一篇文章介绍)。

4. 自我和谐量表(Self-consistency and Congruence Scale, SCCS)

该量表包括3个分量表:自我与经验的不和谐、自我的灵活性、自我的刻板性(详见本书第一篇文章介绍)。

5. 人际信任量表(Interpersonal Trust Scale, ITS)

该量表主要用于测量个体在多种处境下的人际信任,涉及不同的社会角色(详见本书第一篇文章介绍)。

6. 状态—特质焦虑量表(State Trait Anxiety Inventory, STAI)

该量表有40个项目,前20项是状态焦虑量表(S-AI),后20项是特质焦虑量表（T-AI），分数越高反映个体的状态或特质焦虑程度越高。

（四）访谈程序

1. 第一单元：建立关系

动机式访谈法借鉴了人本主义来访者中心疗法的理论和技术，强调咨询者在干预中创设一种无条件接纳的氛围，形成良好互信的咨访关系，以平等身份对待成员并耐心倾听叙述。

（1）开场白

咨询者向成员详细说明此次干预的目的，征得他们知情同意并积极配合。由于成员长期受到膜拜团体"洗脑"，戒备心理很强，不愿意坦露心声，可以使用言语或者躯体语言如目光、身体姿态、面部表情等表达共情和理解，咨询者鼓励成员思考而不代替他们思考，营造安全和谐的访谈环境。

（2）引入讨论—介绍理论

咨询者为了使成员便于理解动机式访谈的方法，先简要介绍该方法的相关知识和术语，尽量客观、通俗、清晰，不对成员有所误导，避免产生反感情绪而影响行为改变的动机。

（3）切入正题—订立契约

为了避免干预组和对照组相互影响，与干预组成员订立共同契约，包括守时、保密、积极参与等，同时要求干预组成员在接受动机式访谈干预期间，不与其他成员交流、透露干预内容的信息。

（4）结束干预—基线评估

本研究为小样本实验，干预对象只有8名。在实施动机式干预之前，对所有成员进行问卷调查并实施基线评估，了解他们对膜拜行为转化的心理准备、动机水平以及自我效能感，在此基础上进行针对性的心理技术服务。

2. 第二单元：介入期

动机式访谈法分为四个阶段：介入期、评估期、干预期和评价期。[1] 此单元干预目标是了解成员的相关背景信息，并将干预焦点集中在"为何不愿意改变膜拜行为？"这一问题上。

（1）开场白—放松训练

采用呼吸放松法是为缓解成员的紧张情绪。带领成员练习放松方法：深吸一口气，屏住呼吸，心中默数1到5，慢慢地将气呼出，全部呼尽为止，反复3次。

（2）引入讨论—了解背景

重点了解成员加入膜拜团体的原因及目前的感受，通过共情、开放式提问、反馈性倾听等技术，全面了解成员的背景资料，为行为改变寻找有效途径。咨询者尊重成员，不对其进行道德评判，让他们被压抑的自我得以释放。

（3）切入正题—认识"相关"

干预目标是让成员认识到自己的心理问题与膜拜行为相关，使用的技术为开放式提问和引导性谈话，如询问"能不能具体谈谈你现在的感受？""你认为是什么原因造成自己目前处境的？"等，这些问题可以促进成员自我分析。还可以提问"你觉得自己是怎么样的人？""在别人眼中你是什么样的人？"等，引导成员进行自我探索。一方面了解他们存在的问题，另一方面促进他们对自我的认识，为以后的行为转变做好信息准备。

（4）结束干预—概括与鼓励

干预结束时采用概括技术，首先将成员提供的信息整合后反馈给他们；其次向成员分析目前的困境与膜拜行为的关系；再次使用肯定技术促进他们自我分析；最后给成员布置家庭作业，引导他们思考下一步干预可能改变的程度。

---

[1] Swanson A. J., Pantalon M. V., and Cohen K. R., "Motivational Interviewing and Treatment Adherence among Psychiatric and Dually Diagnosed Patients", *Journal of Nervous and Mental Disease*, 1999, 187 (10), pp.630-635.

示例：有的成员在切入正题环节时，并没有认识到自己存在的问题，依然坚持自己的"行为"。咨询者采用开放性提问技术引导他们认识问题。比如，一位成员坚信"练功"不但能"消业治病"，还能"学会做好人"，最后能走向"圆满"。咨询者询问："为什么你会这样认为呢？"他并不能直接回答该问题。咨询者再问："能具体说说吗？"他就会顾左右而言他，这种矛盾心理正是使用动机式访谈的切入点。

3. 第三单元：评估期

（1）开场白—放松训练

采用渐进式放松法舒缓成员的焦虑情绪："以舒适的方式坐好，像我这样，握紧右手，感受右手和右前臂肌肉的紧张，停6秒，放开拳头，放松右手，右手变得松弛。"按照这种方法依次放松以下的肌肉群：手掌、手腕、手臂、肩部、面部、头颈部、背部、胸部、腹部、腿部和脚部，最后全身放松，在心里默数1到20，睁开眼睛。"请评估放松程度，0代表完全放松，5代表非常紧张，你的放松感觉是多少？"这一环节使成员的身心处于舒适状态。

（2）引入讨论—重复"相关"

反馈家庭作业，让成员说出希望得到的帮助，多数成员希望得到他人理解，这反映了以动机式访谈法形成的咨访关系有益于成员倾诉，但也有少数成员仍然不愿意改变自己的行为。因此，再次强调"相关"，让成员认识到目前处境与膜拜行为之间的关系。技术手段是采用开放式提问，引导成员进行自我分析，以便于发现问题之所在。

（3）切入正题—评估"益处"和"风险"

这一环节使成员评估当前行为风险和改变行为后带来的益处。当成员认识到目前处境与膜拜行为相关时，再引导他们评估益处和风险，使用技术为绘制代价／收益分析图①，由咨询者和成员共同完成，运用开放式提问、肯定等技术，鼓励成员详尽、全面考虑改变带来的益处并绘制成图（见图2）。只有当改变行为带来的获益大于代价时，才有可能改变当前行为。此时要注意两点，一是尊重成员感受；二是鼓励他们考虑改变所带来的益处。

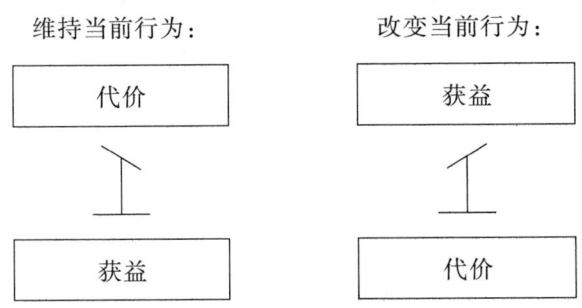

图2　代价／收益分析样图

（4）结束干预—概括、鼓励

干预结束时使用"概括"技术，反馈给成员所绘制的代价／收益图，总结此次干预取得的成果。复习巩固渐进式放松训练，每日放松1至2次，最后布置家庭作业。

4.第四单元：干预期

（1）开场白—放松训练

反馈家庭作业。让成员自行渐进式放松，咨询者给予指导和纠正动作。一些成员的特质焦虑明显，让其采用放松方法缓解焦虑情绪，进而改善焦虑的人格特质。

（2）引入讨论—重复评估"益处"和"风险"

在第三次干预的基础上，重复评估益处和风险。采取开放式提问和肯定技术，鼓励成员说出真实的想法。咨询者引导成员行为改变的动机，评定改变的

---

① ［美］Sherry Cormier，Paula S. Nurius，Cynthia J. Osborn：《心理咨询师的问诊策略》，张建新等译，中国轻工业出版社，2009年，第603页。

重要性,并探讨促进改变的因素。

(3)切入正题—诱发性谈话

为进一步鼓励成员改变问题行为,启发他们改变目前的思维方式,让他们认识到当事情陷入困境时,如果换一种角度思考,也许会出现意想不到的结果。

(4)结束干预—概括、鼓励

干预结束时使用概括技术,将成员积极的变化反馈给他们,并表达对后面行为改变的期待。最后布置家庭作业,鼓励成员学会使用诱发性谈话,当出现消极思想时尽量使用诱发性谈话,以便于找出积极的内容。

示例:有的成员在进行益处和风险评估时,即使认识到改变膜拜行为会带来益处,但是也不愿意改变,其原因是他们缺乏行为改变的自我效能感。一些成员反映:"我已经这样了,我不知道自己还能不能改变",或者"我现在无法做出决定,以后再说"。对此,可以引导他们变换一种思考方式。比如:"你此刻正站在一个十字路口,自己以前选择的道路不对,应该换一条道路尝试一下",或者"你是谨慎的人,应该考虑对自己有益的决定",或者"你这样走下去会怎样呢,考虑一下有什么不利的后果吗?"这种诱发性谈话引导成员看到积极的方面,加强行为改变的效能感。

5. 第五单元:干预期

(1)开场白—放松训练

教给成员想象放松法。按照以下步骤进行放松:以舒服的姿势坐好,闭上眼睛,放松身体每部分肌肉;想象自己身处高兴或喜欢的场景,如大海或草地,内心宁静美好;想象自己逐渐融入美丽的环境,成为场景中的一部分,十分轻松,然后想象景象渐渐远去;放松活动后睁开眼睛,回到现实。询问成员的感受,评估放松程度:"从0到5的刻度中,0代表完全放松,5代表非常紧张,你现在的感觉是多少?""刚才的过程对你来说是容易还是困难?"这种想象放松法与之前的呼吸放松、肌肉渐进式放松法一样,都能够舒缓和放松情绪。

（2）引入讨论—如何改变

此阶段主要是探讨行为改变的途径，制订行为改变的计划。咨询者采用开放式提问的形式，与成员共同探讨膜拜行为改变的途径，并对成员提出的方法进行评估，注意不是代替成员做决定，而是诱导他们进行自我探索，提出解决问题的可行性方法。

（3）切入正题—制订改变计划

咨询者与成员共同制订行为改变的途径和计划。首先，让成员设计一个塑造自己一周的方案，内容包括："我目前的行为状态如何？怎样改变这种行为？我想要达到什么样的状态？""我怎样通过放松方法控制焦虑情绪？""我怎样关心他人，做到与人和谐相处？"等等。咨询者使用开放式提问帮助成员澄清问题，自我探索，设计改变的计划方案。其次，商定奖励措施，若成员遵守行为改变的计划，则给予奖励满足其合理要求。需要注意的是开放式提问与概括技术共同使用，引导成员进行自我思考。

（4）结束干预—概括、鼓励

干预结束时使用概括技术，将此次制订的行为改变计划反馈给成员，表达信任和期待。布置家庭作业，鼓励成员做好每日记录以备自我督促。

6.第六单元：评价期

（1）开场白—放松训练

使用想象放松法引导成员进入放松状态。步骤如下：引导成员闭上眼睛自由呼吸；想象两年后的自己，尽可能详细描述自己的生活和工作状态；采用开放式询问："有什么事情让自己体验到积极的情绪？""保持积极情绪环顾四周，自己和谁在一起，在做什么，周围的人在说什么？""集中精力想象自己可能看过的一个美好情景""仔细感受一下自己放松的状态"。想象放松法可以让成员进入自己希望达到的状态，从中获得身体休息和心理调节。

（2）引入讨论—评估"问题"

检查成员的家庭作业，对遵守计划的行为予以奖励，对未能遵守计划的行为也给予理解，这是动机式访谈法表达共情的原则之一。采用开放式谈话探讨成员没有遵守计划的原因，具体技术有"展望"和"关键问题提问"。"展望"是引导成员想象继续保持膜拜行为或改变膜拜行为，未来分别会是什么状况？而"关键问题提问"是引导成员深入思考，如询问成员："对于改变行为，你是在担心哪些事情或者是在害怕哪些人吗？"通过关键性提问，帮助成员解决可能遇到的问题。

（3）切入正题—解决问题

成员已经处于行为改变阶段了，可能出现膜拜行为反复或者阻抗行为。动机式访谈法把阻抗看作改变过程中的常见现象，在帮助过程中不直接与阻抗硬碰硬，但也不能忽略阻抗。解决阻抗的技术包括：①找出矛盾要点，探查成员的矛盾心理；②寻找现有问题的例外情况（如过去成功的经验），并把这些例外反馈给成员；③重构，将成员提供的负面信息重新建构，找到新的意义并作出合理解释。咨询者指导成员列出困难，再探讨有效的解决办法，最后共同制订一份问题改变计划表。

（4）结束干预—概括、鼓励

干预结束时概括内容，将成员的变化反馈给他们，再次重复问题改变计划表，表达对克服困难的期待。布置家庭作业，鼓励成员按照计划表执行并做好行为记录。此阶段是行为转化的重要时期，若成员出现思想和行为反复，则返回到上述阶段，重复相关的内容。

7. 第七单元：结束干预

（1）开场白—放松训练

指导成员选择呼吸放松法、肌肉放松法或者想象放松法进行放松，咨询者只是发挥陪伴作用。

（2）引入讨论

首先，检查家庭作业。结合前两周制订的自我设计一周计划及问题改变计划表，让成员主动分析在改变中遇到的不适应和取得的收获。其次，咨询者采用概括技术回顾整个干预过程，将成员取得的收获反馈给他们。最后，让成员列出改变的行为表现。

（3）切入正题

通过"开放式提问"让成员说出干预过程中的体会和感悟，咨询者肯定成员的努力和心理成长，鼓励他们继续保持干预效果，远离膜拜团体，很好地适应社会生活。

（4）结束干预—概括、鼓励

总结整个干预过程，重复"相关""益处""风险"等部分内容，强调共同制订的行为改变计划，使用问卷调查法和访谈法进行后测，以检验动机式访谈法的干预效果。

8. 第八单元：随访

在结束干预两个月后，对成员进行随访，通过深入访谈法或者心理测评法进行干预效果的评估。

（五）访谈评估

本研究采用多种评估方法进行分析，以判断动机式访谈法用于膜拜问题干预的效果。

1. 采用标准化量表进行前后测比较

采用《罗德岛大学改变评估量表》《一般自我效能感量表》《自评健康评定量表》《自我和谐量表》《人际信任量表》《状态－特质焦虑量表》，进行动机式访谈干预前和干预后的比较，采用SPSS19.0进行分析统计。

2. 成员参加干预后的自我评估

成员在干预结束后自评心理健康状况、动机水平以及行为改变情况。

3.后期跟踪反馈效果

在动机式访谈法干预结束2个月后,对成员进行追踪评估,通过观察其认知方式、情绪状态、行为表现、人际关系以及他人评价等方法进行效果的综合评估。

五、动机式访谈法的效果分析

(一)动机式访谈法能够改善膜拜成员的行为动机

本研究在动机式访谈法进行之前,对成员行为改变动机和自我效能感进行测查,发现他们的动机水平较低,处于动机改变的前意向阶段和沉思阶段。处于前意向阶段的成员还没有认识到自己的问题,缺乏行为改变的动机;处于沉思阶段的成员开始认识到自己存在的问题,考虑改变但还没有实际行动。经过动机式访谈之后,干预组有6名成员进入了行为改变阶段,他们下定决心采取行动了。

由表1可知,干预组有5名成员在动机式访谈之前,处于前意向阶段,占62.5%;3名处于沉思阶段,占37.5%。而对照组有4名成员分别处于前意向阶段和沉思阶段。经过动机式访谈干预之后,干预组只有1名成员处于前意向阶段,占12.5%;1名成员处于沉思阶段,占12.5%;剩余6名成员均处于行动阶段,占75.0%。而对照组成员的动机没有变化。进一步卡方检验结果显示,在进行动机式访谈之后,干预组处于行动阶段的人数显著多于对照组(χ^2=3.571,p<0.05),其他条件下则未见到显著性差异(见表1)。

表1 干预组、对照组动机变化的比较分析

阶段划分		干预组	对照组	χ^2
前意向阶段($\leq$8)	前测	5(62.5%)	4(50.0%)	0.111
	后测	1(12.5%)	4(50.0%)	1.800

续表

阶段划分		干预组	对照组	x^2
沉思阶段（8-11）	前测	3（37.5%）	4（50.0%）	0.705
	后测	1（12.5%）	4（50.0%）	1.800
行动阶段（11-14）	前测	0（0.00%）	0（0.00%）	3.571*
	后测	6（75.0%）	0（0.00%）	

注：*$p<0.05$

干预组、对照组成员行为改变的动机，在前测的基线水平上不存在显著差异；在进行动机式访谈后，干预组和对照组成员行为改变的动机存在显著差异，干预组成员动机显著高于对照组（$t=3.907$，$p<0.01$）；对干预组调查发现，其成员在经过动机式访谈之后，动机水平显著提高（$t=-4.447$，$p<0.01$），而对照组成员的动机水平则没有显著变化（见表2）。

表2 膜拜成员干预前后的动机比较分析

		干预组	对照组	t
行为改变评估量表	前测	6.23±2.81	7.38±2.64	-0.846
	后测	12.18±2.40	7.50±2.39	3.907**
	t	-4.447**	-0.684	

注：**$p<0.01$

（二）动机式访谈法改变膜拜成员心理行为的程序

1. 前意向阶段

在前意向阶段，成员通常没有认识到自己存在的问题，仍然迷恋于膜拜团体，认知上存在严重的偏差，主要表现是不愿意面对现实、认同膜拜身份、拒绝帮助，情感冷漠、焦虑、易冲动，自我封闭、难以沟通、情绪抵触等。处于这个阶段的成员是在被动情况下接受访谈，并没有从内心产生改变的动机。

2. 意向阶段

在意向阶段，成员逐渐认识到问题的存在，他们开始认识到膜拜行为给自己带来的危害，多数成员都提到膜拜活动给家庭带来争吵，影响了自己工作、耽误了孩子学习、辜负了父母期望等。此时，他们的内心存在强烈冲突，既希望摆脱膜拜团体又顾虑重重，此阶段成员的主要表现是反复多变、情绪焦虑。

3. 准备阶段

在准备阶段，成员逐渐思考一些问题，能够主动接受帮助，愿意接受所制订的心理转化计划。

4. 行动阶段

该阶段的成员已经具备行为转化的动机，用实际行动证明自己开始转化了，其表现是情绪积极起来，能接受一些其他信息，主动谈论一些有认识意义的话题。

5. 维持阶段

在此阶段，成员的行为改变还不太稳定，会出现反复，他们需要更强的动机来维持改变，希望得到咨询人员、家人和朋友的理解与支持。

（三）动机式访谈法有助于提高膜拜成员的自我效能感

成员在开始接受干预时，存在强烈的心理矛盾和冲突。一方面，他们认识到膜拜行为所带来的危害，希望有所改变。另一方面，又恐惧改变带来的不确定性和可能的风险，如害怕"业力消退"、报复和惩罚等，如果再出现一些失眠、焦虑、躯体疾病等不适反应，或者发生一些意外事件，更会加剧心理恐惧。这是因为他们的自我效能感还不够强。动机式访谈法的重点，就是提高成员的自我效能感，自己解决问题。

本研究在前测的基线水平中，干预组和对照组的一般自我效能感没有显著差异；在经过动机式访谈后，干预组的自我效能感明显高于对照组（$t=2.490$，$p<0.05$）；干预组的一般自我效能感后测得分也有显著提高（$t=-4.744$，$p<0.01$），而对照组则没有明显变化。由此说明，动机式访谈法有助于提升成

员改变行为的自我效能感,而自我效能感是关系到膜拜行为能否改变的一个重要因素(见表3)。

表3 膜拜成员一般自我效能感的检测比较分析

		干预组	对照组	t
一般自我效能	前测	26.50±6.85	27.00±3.30	-0.186
	后测	31.88±4.02	27.50±2.93	2.490*
	t	-4.744**	-0.552	

动机式访谈法能提高成员自我效能感的原因如下。

(1)动机式访谈法体现了人本主义观念

膜拜成员在家庭和社会环境中都不被理解,被认为是"怪异"和"危险"人物,其行为遭到否定。动机式访谈法在操作中使用共情和肯定,创设一种无条件被接纳的氛围,在干预过程中充分尊重成员,理解其诉说的主观感受。这种共情和肯定是一种心理支持,提升了成员的自我效能感。

(2)动机式访谈法提升了行为改变的认知动力

动机式访谈法是基于认知理论,帮助成员认识当前不良认知与心理问题以及膜拜行为之间的关系,帮助成员认识自己追求的价值、信念与现实之间存在的矛盾之处,膜拜行为不可能实现他们所追求的健康价值。成员在提高认知能力之后,才能从心理矛盾中走出来,建立行为改变的内在动机,走向正确行为的发展方向。

(3)动机式访谈法使成员获得改变行为的益处

我们在动机式访谈法实施过程中,启发成员思考膜拜行为带来的风险以及改变行为带来的益处,通过成员主动思考而产生的改变让他们增加信心,从而进一步促进积极改变行为的自我效能感。

(4)动机式访谈法的概括技术利于接受

在整个干预过程中采用概括技术,概括成员所取得的进步并及时反馈给他们,也进一步增加了行为改变的效能感。

(四)动机式访谈法有助于矫正膜拜成员的心理问题

1. 动机式访谈法能够改善成员的心理健康水平

本研究显示,干预组和对照组在前测的基线水平上,自评健康总分及各项因子没有显著差异。在经过动机式访谈后,干预组在自评健康总分及各项因子得分上均有明显提高($t=-3.843$, $p<0.01$; $t=-4.277$, $p<0.01$; $t=-3.105$, $p<0.05$; $t=-5.114$, $p<0.01$);他们在心理健康、社会健康和健康自评总分方面明显高于对照组($t=3.650$, $p<0.01$; $t=3.029$, $p<0.01$; $t=3.656$, $p<0.01$),而对照组的前、后测没有明显变化。这说明动机式访谈能够改善成员的心理健康水平(见表4)。

表4 膜拜成员自评健康各因子前、后测比较分析

		干预组	对照组	t
生理健康	前测	114.75±18.51	120.12±26.96	-0.465
	后测	130.38±11.89	121.75±19.93	1.051
	t	-3.843**	-0.314	
心理健康	前测	90.75±9.46	91.75±24.26	-0.003
	后测	120.00±8.40	91.53±20.42	3.650***
	t	-4.277**	-0.287	
社会健康	前测	77.88±10.15	83.38±11.57	-0.670
	后测	96.38±9.35	83.50±7.56	3.029**
	t	-3.105*	-0.056	
总分	前测	310.62±19.82	324.02±32.57	-0.503
	后测	377.50±19.46	326.25±34.54	3.656***
	t	-5.114**	-0.281	

注:*$p<0.05$, **$p<0.01$, ***$p<0.001$

2. 动机式访谈法激发成员的内在力量促进自我和谐发展

在对成员的自我和谐调查中发现,干预组和对照组自我和谐各项因子前测

的基线水平不存在差异。经过动机式访谈之后,干预组的自我与经验的不和谐项目得分显著低于对照组($t=-2.707$,$p<0.05$),这说明动机式访谈法有助于提升膜拜成员的自我和谐水平(见表5)。

表5 膜拜成员自我和谐各因子前、后测比较

		干预组	对照组	t
自我与经验的不和谐	前测	51.63±6.99	46.63±7.23	0.766
	后测	38.75±7.11	46.88±4.64	-2.707*
	t	3.363***	-0.084	
自我的灵活性	前测	41.88±4.94	42.50±3.83	-0.283
	后测	41.25±5.12	42.13±3.56	-0.397
	t	2.376*	1.426	
自我的刻板性	前测	23.50±4.34	22.00±4.31	0.693
	后测	17.75±2.12	21.13±4.62	-1.881
	t	5.675***	1.825	

注:*$p<0.05$,**$p<0.01$,***$p<0.001$

机理分析:膜拜成员的自我和谐水平较低,源于他们的自我认识不客观。自我分三个部分,即现实自我、理想自我和社会自我,这三者存在不一致的倾向。他们理想的自我是追求"圆满""灵魂永存"和"进入天国",而现实的自我无法达到这种境界,他们偏执、不易变通,固守"信仰",迷恋于膜拜团体。当他们的膜拜行为遭到亲人不理解、社会不认同等挫折之后,自我概念与现实经验不一致而发生矛盾冲突,而成员的社会自我调节功能又不足,无法调节这二者之间的差距,导致自我的不和谐状态。动机式访谈法从矛盾入手,帮助成员解决问题。人本心理学家罗杰斯认为:"如果对个体进行无条件积极关注,个体就可以在自然情境中形成和谐的自我概念。"[①]动机式访谈法对成员共情与肯定,创造无条件积极关注的环境,激发他们的内在力量,尽可能促进他们自

---

① Rogers, Carl R A., "A Theory of Therapy, Personality and Interpersonal Relationships, as Developed in the Client-centered Framework", *New York Cancer Research*, 1959, 65(9), pp.3958-3965.

我与经验和谐一致。

3.动机式访谈法有利于提升人际信任水平

在对膜拜成员人际信任的调查中发现,干预组和对照组在前测的基线水平上,人际信任没有明显差异,而在经过动机式访谈之后,干预组人际信任总分明显提高($t=-4.744$,$p<0.01$),其人际信任得分显著高于对照组($t=2.756$,$p<0.05$)。而对照组的前、后测均无明显变化,这说明动机式访谈法有利于提高膜拜成员的人际信任水平(见表6)。

表6 膜拜成员人际信任前、后测比较分析

		干预组	对照组	t
人际信任总分	前测	72.25±12.67	72.00±12.96	0.039
	后测	83.00±5.29	73.63±8.03	2.756**
	t	-4.744***	-0.552	

机理分析:人际信任反映个体与他人之间的相互信任,这是一种普遍的心理功能。人际信任与不愉快、不信任、易受伤害等特征联系在一起。学者米勒认为:在动机式访谈过程中,咨询师与来访者良好的人际沟通与合作,是提高来访者人际依从性的可能原因之一。[①]"人际信任程度高的个体在交往中表现出更多的信任行为,也容易得到他人信任,因此更容易产生合作行为。"[②] 动机式访谈法给成员提供了良好的人际支持,人际信任得到的支持越多,改变的可能性就越大。

4.动机式访谈法有助于缓解焦虑情绪

干预组和对照组在前测的基线水平上,状态焦虑和特质焦虑均未见到明显

[①] Miller WR, Rollnick S., *Motivational Interviewing: Preparting People for Change*, New York: Guilford Press, 2002, pp.25-26.

[②] Michael, K.D., Curtin, L., Kirkley, D.E., et al., "Group-based Motivational Interviewing for Alcohol Use among College Students: An Exploratory Study", *Professional Psychology: Research and Practice*, 2006, 37(6), p.629.

差异。而在干预之后,干预组成员的状态焦虑得分明显降低,并低于对照组人员,两组之间差异具有统计学显著性意义($t=-2.543$,$p<0.05$)(见表7)。两组在特质焦虑项目上则无明显差异。

表7 膜拜成员状态-特质焦虑前、后测比较分析

		干预组	对照组	t
状态焦虑	前测	46.13±10.67	46.88±4.97	-0.180
	后测	42.13±6.99	46.38±3.42	-2.543*
	t	2.733**	0.280	
特质焦虑	前测	51.88±8.08	46.88±6.88	1.333
	后测	47.75±4.83	44.88±4.29	1.258
	t	2.146*	0.569	

研究揭示成员存在特质焦虑现象,动机式访谈法并没有降低其特质焦虑。分析原因如下:特质焦虑是一种人格倾向,本次干预只有7次,时间较短,人格特征在短时间内难以改变。而状态焦虑则具有情境性,动机式访谈法降低了成员的戒备心理,由此降低了状态焦虑。心理学家查尔斯·D.斯皮尔伯格(Charles D. Spielberger)认为:"当个体始终处于一种危险环境中时,状态焦虑就会转化为特质焦虑。"[①]动机式访谈法缓解了膜拜成员的状态焦虑,也就防止了状态焦虑转化为特质焦虑的发展趋势。由此认为,动机式访谈法对于降低成员特质焦虑也具有一定意义,若将动机式访谈法继续进行,可能出现由量变到质变的情况,由缓解成员的状态焦虑直至缓解特质焦虑。

(五)动机式访谈法的效果评估

参与动机式访谈法的成员有8名,在接受与对照组同样的问卷评估外,还

---

① Spielberger, C. D., Gorsuch, R. L., Lushene, R. E., *Manual for the State-trait Anxiety Inventory*, Palo Alto, California: Consulting Psychologist Press, 1970.

采用自编《干预效果反馈表》进行效果的自我评估，评估反馈情况见表8。

表8 膜拜成员干预效果反馈表

项目	自我了解	人际信任	情绪控制	行为改变	总体满意度
有所改善	7（87.5%）	5（62.5%）	7（87.5%）	7（87.5%）	7（62.5%）
没有改善	1（12.5%）	3（27.5%）	1（12.5%）	1（12.5%）	1（12.5%）
χ^2	4.500*	2.000	4.500*	4.500*	4.500*

干预效果反馈表反映出多数成员对本次干预效果满意，总体满意度为62.5%，且差异显著（χ^2=4.500，$p<0.05$）。他们认为动机式访谈法干预在了解自己、缓解焦虑情绪和改变行为方式等方面都有明显效果（χ^2=4.500，$p<0.05$）。可见，该方法对于成员的内部动机改变，膜拜行为的改变都具有效果。动机式访谈法是从成员的内心动机入手引导改变，这是一种内在的改变，能够有效提高膜拜行为的转化率。

六、动机式访谈法的个案举例

对一例破坏性膜拜团体成员抑郁问题实施动机式访谈法的方案。

（一）膜拜成员背景资料

王某，女性，55岁，汉族，高中学历；育有一子，家庭环境不和睦，离异；企业单位退休人员，经济状况良好；无重大疾病史和家族精神病史。王某加入膜拜团体10年，近一年经常参与所谓的传教活动。

咨询者观察印象：王某表情淡漠，情绪消沉，谈吐有一定条理，戒备心较强，说话时偶与研究者进行眼神交流，对研究者的提问只回答只字片语，不问不答，很被动，多数情况下低头不语，只是在提到自己的信仰和婚姻生活时，情绪出现波动，除此之外并没有太多情绪反应。

（二）心理诊断

根据王某主诉、观察与问卷测验结果（见表9），可知其存在一般心理问题，属于抑郁情绪问题。

（三）干预过程

1. 第一次：建立关系

（1）王某主诉

在加入某膜拜团体之前的几十年总觉得是在混日子，浑浑噩噩，自己没有主宰感，生存得没有价值和意义，生活没有奇迹，太平凡。10年前，自己的身体不是很好，腰部做过一次手术，恢复时，一直在练气功的丈夫介绍了某膜拜团体，送给自己一本书并帮助"练功"。当时出于强身健体的目的开始锻炼。此后，因与丈夫性格不合而离婚，不太恨丈夫，但是心情一直很沮丧。进入膜拜团体后，和"功友"并无太多交流，所以谈不上信任。退休前，自己经常在家里"练功"，偶尔参加"功友"举办的家庭聚会。退休后，生活非常无聊，为了摆脱孤独寂寞，参加了膜拜团体的活动，渐渐地感觉对自己和世界了解得更为深刻，自我价值感更加强烈，与其他"功友"关系变好，越来越愿意融入膜拜团体了。

（2）澄清干预目的

王某表现出很强的戒备心，一直告诉咨询者自己现在很好，根本不需要任何改变。从王某的经历来看，她加入膜拜团体已有10年，思想认识较为固执，若咨询者一开始就劝说其改变行为，一定会遭到阻抗。因此，向王某澄清干预目标，帮助她缓解不良情绪，过得开心一些。之后，王某稍微放松，但是一直让咨询者保证不会要求她做一些事情，也不能将谈话内容告诉他人。

（3）介绍理论、订立契约

为了打消王某的顾虑，咨询者与她一起拟定治疗契约并共同签署保密协议。同时，向王某讲述动机式访谈法的相关理论。王某很聪明，理解能力很强，听完后对该方法很好奇，希望研究者给她一些相关书籍，便于更好地了解。

（4）结束治疗

干预结束时，咨询者总结整个干预过程，再次明确帮助目标。

通过第一次干预，咨询者观察到王某的理解能力很强，情绪较淡漠、对自己比较满意，有些自恋倾向，但她对于知识水平较高的人很崇拜。在与王某访谈之后，她的表情缓和了许多，并对下次干预表现出期待。以此为切入点，建立了良好的咨访关系。

2. 第二次：介入期

（1）放松训练

王某刚进入咨询室时，情绪稍微有些紧张，教给王某放松情绪的方法：尽力深深吸入一大口空气，然后屏住呼吸，心中默数1至5，接着再慢慢把气呼出，直到呼尽为止。这样反复几次后，王某的紧张情绪有所缓解，评估放松状态为2分，并询问该放松疗法的具体作用。

（2）引入讨论—了解背景

咨询者采用共情、开放式提问、反馈式倾听等技术，细心、具体了解王某的个人背景，归纳出其加入膜拜团体的两点原因：一是身体不太好，加入膜拜团体是为了锻炼身体；二是退休后情感空虚、生活寂寞，希望在膜拜团体中充实生活、获得情感支持。

（3）切入正题—认识"相关"

咨询者询问王某，目前生活中有哪些不如意的方面。在反复使用开放式提问技术后，王某告诉咨询者，她从来没想到自己会陷入目前的处境，她感到最难过的是不被理解。咨询者以此为出发点，引导王某认识到她"不被理解"与加入膜拜团体有关。王某在此过程中发生过多次阻抗，咨询者遵循动机性访谈"表达共情"的原则，肯定其体会，不作评判。

（4）结束干预

结束干预时，王某陷入沉思，她告诉咨询者以前从来没有认为目前的处境是因为加入膜拜团体，现在她也想不明白。因此，咨询者布置两项家庭作业：一是继续思考她所感到疑惑的问题；二是在平时生活中进行放松训练，保证每天做两次。

3. 第三次：评估期

（1）放松训练

教给王某渐进式放松法，她感觉心身更为舒适。

（2）引入讨论—重复"相关"

王某学习能力很强，能够自己进行呼吸放松法训练。询问王某家庭作业情况，她对于所考虑的问题依然是疑惑不解和半信半疑。采用开放式提问询问王某："你为什么觉得这种膜拜行为会让身体健康？""能不能举例说明？"这种开放式提问可以引导她进行自我探讨，王某意识到最初加入膜拜团体的出发点是好的，只是在过程中偏离了自己最初的目的。

（3）评估"益处"和"风险"

接着，让王某绘制代价/收益分析图（如图3）。

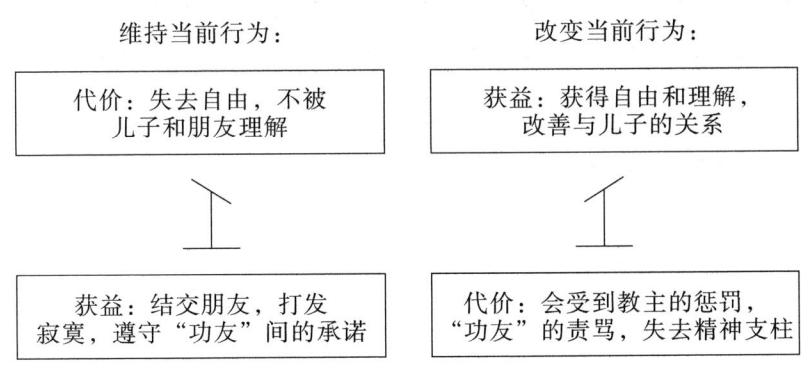

图3 王某代价/收益分析样图

从图中可以看出，王某维持当前膜拜行为的获益大于代价，并且改变当前行为的代价大于获益，这说明她目前还没有做好改变的准备，只有当维持当前行为的代价大于获益时，王某才有可能改变当前行为。代价/收益分析图为咨询者提供了未来工作的方向,即从王某的矛盾点出发,帮助她消除或减少维持当前行为的获益,增加改变行为的益处。

(4)结束干预

使用概括技术澄清王某内心的矛盾,并且表达理解。最后,布置家庭作业:复习渐进式放松训练,建议每天放松1至2次,严格按照顺序进行放松。通过这三次干预,了解到王某加入膜拜团体是希望身体健康和得到他人关心。因此,咨询者确立了干预思路,让王某自己判断通过膜拜行为是否能够达到目标,然后与她共同制订达到健康目标的行为计划,学习正确的行为以替代膜拜行为。

4.第四次:干预期

(1)放松训练

在咨询者指导下,王某反馈放松方法很有效果,改善了睡眠。

(2)重复评估"益处"和"风险"

拿出咨询者和王某共同绘制的收益/风险分析图,采用开放式提问,让王某思考维持目前行为是否能带来那么多益处,以及改变行为还会带来哪些益处。此时,王某出现一个矛盾心理。她最初加入膜拜团体是希望锻炼身体、打发时间,随后结交了许多"功友",这是她很需要的情感安慰。当咨询者询问:"如果有其他的方式也可以得到这些,你愿不愿意尝试新的方式?"王某又出现矛盾,此时的矛盾正是动机式访谈法发挥干预效果的切入点,继续使用开放式提问、反馈式倾听和肯定以鼓励王某,就这些问题进行深入思考和自我探索。

(3)诱发性谈话

使用诱发性谈话引导王某改变目前的思维方式,比如王某说:"我就是很自私,不想考虑我儿子的感受,就想自己活得高兴。"咨询者使用诱发性谈话回答:"我能理解你的心情,我认为这不是一种自私,而是你懂得自我照顾,我相信你可以找到更好的方式得到自己想要的。"王某听后,沉思了很久,落泪了。她说别人都指责她不是一个好母亲,没有人理解她。她的态度有了很大改变,愿意尝试一些新方法，通过其他锻炼活动达到健康目标。此次是整个干预过程的转折，咨询者分析了王某心理特征，保护了她的自尊，获得了她的接纳。

5. 第五次：干预期

此次干预主题是探讨如何改变，王某已有明显的行为改变动机。咨询者通过"自我设计"，让她设计一个塑造自己一周的方案，内容包括："我怎样改变膜拜行为？""我怎样通过放松方法控制焦虑情绪？""我怎样关心他人，以自己的经历帮助其他成员？""我想达到什么状态让自己生活得更好？"，等等。王某制订的行为计划包括：每天进行两次放松训练以代替"练功打坐"、练习太极拳锻炼身体、身体不适及时就医、积极参加社区集体活动丰富生活等。咨询者和王某共同商定"奖励措施"，如果她遵守行为改变的计划，则送给她一个礼物。最后，布置家庭作业，鼓励王某遵守行为改变计划，并做好每日记录。

6. 第六次：评价期

此次干预主题是评估行为改变计划的可行性，包括可能遇到的困难、如何处理，确定可实施的行为改变计划。让王某再制订一份一年后的行为计划。对此，她充满了期待。制订的行为计划包括：和儿子住在一起享受天伦之乐、每天进行放松训练、学习正规的方法锻炼身体、参加社区老年活动等。布置家庭作业：继续实施"一周行为改变计划"。

7. 第七次：结束干预

引导王某再进行放松活动，此时，王某的表情丰富了很多，没有了最初的淡漠，她基本能够遵守行为改变计划。咨询者采用开放式提问，询问王某认为自己发生了哪些变化。王某说觉得又找到了精神寄托，不再害怕离开膜拜团体后会受到惩罚。咨询者引导王某进行想象放松时，她看到一年后的自己和儿子一家在一起吃饭，每一道菜都是她精心烹制的，饭桌上每个人都很幸福。最后她说，她并不后悔这一段经历，知错改过、吸取教训，好好跟儿子过日子，寻求更好的健康养生方式，参加不涉及思想控制的身体锻炼活动。

（四）治疗总结

王某在经过了7次动机式访谈干预后，各项量表得分都有所好转。王某自评现在心情开朗了很多，能安稳入睡，和其他人的关系缓和了许多。王某朋友评价她参加社区活动的积极性提高了，整个人不像以前那样紧张、固执，变得随和开朗了。

王某的转变明显开始于第四次干预，当咨询者对其表达共情时，王某的态度发生了很大转变。随后帮助王某澄清矛盾、分析问题，更加促进了其行为的转变。王某的改变验证了动机式访谈法的干预效果，特别是在提高改变动机和自我情绪方面的功效（见表9）。

表9　王某自评健康评定、自我和谐、人际信任、状态-特质焦虑测验结果分析

项目	内容	前测	后测
自评健康	生理健康	101	121
	心理健康	82	123
	社会健康	71	92
	自评总分	291	376
自我和谐	自我与经验的不和谐	47	36
	自我的灵活性	36	40
	自我的刻板性	20	17
人际信任	人际信任总分	68	82
状态-特质焦虑	状态焦虑	49	38
	特质焦虑	50	46
改变评估水平	改变动机水平	6.36	12.11
	一般效能	25	31
	所处阶段	前意向阶段	沉思阶段

（五）动机式访谈法应用于膜拜成员干预的启示

1.动机式访谈法有助于提高成员行为改变的动机和自我效能感

这是基于该方法体现人本主义观念、干预技巧易于被接受的基础上。该方法对于促进成员行为转化具有指导性和可操作性，干预效果可靠，该方法可推

广至膜拜成员心理问题干预的实际工作中。

2. 应考察动机式访谈法对于膜拜成员心理问题干预的长期效果

运用动机式访谈法干预膜拜成员的心理问题，这在我国是一项较新的研究方法，尚没有详细的、系统的干预模式可供借鉴。本研究的干预对象仅有8人，且干预周期较短，所得结论多是分析性的归纳以及阶段性的效果，期待今后研究能够扩大样本量并加长研究周期，以更加严谨地考察、检验该方法干预膜拜成员心理问题的长期效果。

3. 动机式访谈法结合其他干预方法效果会更加可靠

动机式访谈法作为独立干预方法使用有效，也可与其他方法结合使用。因此，在面对各种成员的不同问题时，以动机式访谈法为基础方法结合其他干预方法以增强效果。

4. 动机式访谈法可以扩展使用

本研究已证实动机式访谈法适用于膜拜成员，可以改善心理问题，提高他们的心理健康水平、自我和谐程度、人际信任水平，并降低焦虑程度，由此减少膜拜心理和对膜拜行为的依赖。但是目前，我国尚未编制出系统性的动机式访谈法的干预手册，希望在今后的研究中，编制一套可操作性强的动机式访谈干预手册，以便将该方法更科学、规范地应用于教育转化工作中。

焦点解决短期疗法：膜拜成员"三低一高"症状的心理康复方法

周 娟　李培培　陈青萍

【摘要】 本研究针对膜拜成员低心身健康水平、低自我和谐程度、低人际信任关系和高焦虑水平的"三低一高"症状，采用焦点解决短期疗法给予康复，证实有效。其效应机理是：以解决问题目标为导向，运用重新架构、追踪介入、因应询问以及赞美鼓励等技术，建立具体可行的正向目标，配合立即可行的小目标，小目标积累逐渐实现大改变。其方法根本在于挖掘成员内在资源，重塑自我力量以提升心理康复能力，消除膜拜行为以回归正常社会生活。

【关键词】 膜拜成员；三低一高症状；焦点解决短期疗法；心理康复

近年，焦点解决短期疗法的运用正在逐渐趋于成熟，国内外用于学校学生心理问题和临床病人等群体的干预内容较多且效果明显，但用于膜拜成员缓解心理问题的干预研究尚未见到。本研究在对膜拜成员的实证调查基础上，将焦点解决短期疗法技术介入其中进行干预，并结合认知行为疗法，形成一种认知焦点解决短期干预方法，为缓解膜拜成员心理症状提供有效的方法，争取做到"转化一人，教育一批，稳定一片"的点面辐射效应。

一、焦点解决短期疗法的基本原理

20世纪80年代初,焦点解决短期治疗(Solution-focused Brief Therapy,SFBT)由美国心理咨询者史蒂夫·德·沙泽尔(Steve De Shazer)、茵素·金·柏格(Insoo Kim Berg)等人共同发展起来,这是一种致力于在短期内"建构解决之道(Solution-building)",以寻找解决问题方法为核心的短程心理治疗技术。SFBT是短期咨询、系统观、后现代哲学观等文化背景相结合的产物,与传统的以问题为导向的治疗模式不同,其基本精神是:强调解决问题,而非纠结于原因,以正向的、朝向未来的、朝向目标的积极态度促使改变的发生。[1]其特点是积极探寻来访者自身资源,聚焦于问题的解决,短期省时、高效且操作性强,这种以解决问题为导向的治疗,是把来访者看作解决自身问题的专家,在治疗过程中注重改变何以发生以及改变的可能性,注重小改变的叠加效应,并探讨来访者的目标、资源、例外的正向经验与未来愿景。该方法以可描述、可评量、可执行的行为作为导向目标,其基本原理如下。

(一)相信来访者具有改变的力量

来访者有其自身独特的资源与力量,SFBT重视帮助来访者开发及运用资源与力量,将"不干涉""不代替""不做主"原则贯彻于整个干预过程,在解决方法的探讨过程中,咨询师只是引导来访者发现自身的积极经验资源,尽可能开发潜能量,鼓励、支持他们做出积极的改变。

(二)治疗目标由来访者制订或者商议制订

SFBT理念强调,干预目标的确立和评定是在咨询师引导下,由来访者自主完成,每个人最了解自己的情况,问题解决的目标应该由来访者制订或者协商制订,咨询师只是解决问题过程中的引导者,引导来访者运用自己的资源、经验和力量达到自助,能够决定改变的主要因素是来访者自己。

---

[1] 许维素编著:《焦点解决短期心理治疗的应用》,世界图书北京出版公司,2009年,第7页。

（三）寻找"例外"状况

"例外"也是一种问题解决时采取的技巧和方法，无论问题多么糟糕，多么棘手，都会有"例外"情况存在，任何事情都不是绝对不变的，并不是每一件事情都是负面的，事情可能没有预想的那么严重，凡事都有"例外"。这个观点坚持问题的影响总是暂时的和过去的，每个人都不可能永远处于问题之中，坏事也可能变成好事，需要寻找事情具有正面作用的"例外"意义。

（四）治疗追求"滚雪球"效应

SFBT 的整体架构包括一系列连续的、可控的内容组合，只要其中某个环节发生积极的变化，将引起连续推进式的多米诺骨牌效应发生，继而改变全局。SFBT 的建构模式是设置一系列小步骤，微小的变化能带来希望和动机，当小变化变为成功的经验时，这些小小的变化会产生滚雪球式的积累效应，引发连锁反应有助于来访者行为的变化。因此，在实际情况中，一些被忽略的有意义的细微环节能够发挥作用，有助于帮助来访者有条不紊地达到预期目标和效果。

（五）事情无绝对因果关系

传统的心理干预技术注重探索症状的根源，认为只要把握了症状因果关系，问题就能迎刃而解。SFBT 则更加关注问题结束后的结果，当问题没有解除时，尝试建构解决之道，咨询师和来访者共同探讨情况，分析问题来源、他们发生的变化、是在哪个阶段发生的变化、怎样做才能达到预期效果，这些才是最重要的内容。同时，强调方法有效就多做一些，无效则改用其他方法，如果问题已经解决，就无须再采取进一步的干预措施了。

（六）促进来访者未来的发展

咨询的任务之一是增进来访者的自信和对生活的希望感，每个人都是自己命运的建筑师，使用重新架构技术使来访者的行为正常化或被赋予新的意义，同时发现其背后的闪光点以指导未来，给自己人生做一个很好的规划，而不是简单地给一些行为贴上某种标签。

二、焦点解决短期疗法应用于膜拜成员的依据

（一）前人研究经验

在国外，焦点解决短期疗法的应用实践已有许多年，多用于青少年的病态行为或干预心理症状。辛西娅·富兰克林（Cynthia Franklin）等人[①]综述了焦点短期解决治疗的过程及其有效性，他们曾将焦点解决短期心理咨询运用在学生的危机干预中，证明SFBT可以有效减少学生的消极情绪，预防自杀行为以及防范产生新的问题。黛布拉·埃伦斯威格·泰伯（Debra Ellensweig-Tepper）[②]以SFBT技术干预心理应激障碍的一组少女，发现其在情绪、行为、自我和谐与认知方面有了显著提升。Kvarme等人（2013）采用焦点解决短期疗法，对在学校遭遇霸凌的小学生进行干预，3个月后受欺凌的学生反映他们在学校的生活变得更有安全感、更快乐、也乐于交朋友了。

在国内，沈黎等人[③]运用SFBT干预青少年网络成瘾问题，证实可以明显降低网瘾行为。万其容、胡亚荣等人[④]将该方法用于工伤患者的心理康复中，证实可以有效克服他们的抑郁和焦虑情绪，并提升劳动能力与生存质量。王秀芝等人[⑤]发现，采用SFBT可以明显改善大学生学习困难与社会交往的问题。王梦娇[⑥]研究发现，抑郁障碍患者在临床路径下联SFBT能显著提升其心理弹性并降

[①] C Franklin, A. Zhang, A. Froerer, S.Johnson, "Solution Focused on Brief Therapy: A Systematic Revew and Meta-Summary of Process, Research", *Journal of Marital & Family Therapy*, 2017, 43 (1), pp.16-30.

[②] Ellensweig-Tepper, D., "Trauma Group Psychotherapy for the Adolescent Female Client", *Journal of Child and Adolescent Psychiatric Nursing*, 2000, 13 (1), pp.17-28.

[③] 沈黎、刘斌志：《焦点解决短期治疗模式在青少年网络成瘾中的运用——后现代主义社会工作理论的介入视角》，载《青年探索》2009年第3期。

[④] 万其容、胡亚荣、汪志宏等：《焦点解决短期疗法对工伤患者心理康复和生存质量的影响》，载《中国康复医学杂志》2014年第12期。

[⑤] 王秀芝、李志峰：《焦点解决短期心理咨询在大学新生适应中的应用研究》，载《理论导刊》2015年第1期。

[⑥] 王梦娇：《焦点解决短期心理疗法（SFBT）对抑郁障碍患者心理弹性的影响研究》，2016年，山西医科大学硕士论文。

低抑郁水平。关京[1]分析了 SFBT 在高三学生考试焦虑辅导中的具体应用及其适用性。杨艳丽[2]发现,焦点解决取向的团体辅导可以提升中学生的自我效能感、自我价值感和自尊,降低学习焦虑。综上所述,SFBT 疗法作为一种快捷高效的心理干预技术,在学校、职场和医疗等领域被证实是一种有效的方法。

(二)SFBT 用于膜拜成员的探索

SFBT 重视生命的正向作用,强调积极肯定与鼓励来访者,并且看重来访者自身的能量,让他们探索内外部的资源,用建设性的眼光重新诠释生命中的创伤,并且把关注点放在未来。该疗法的机理对于膜拜成员具有较强的适用性,一是开发膜拜成员压抑的心理潜能,挖掘他们以前成功的例子,利用成功的自我效能经验克服膜拜行为,并关注未来的发展;二是膜拜成员的焦虑情绪偏高,而 SFBT 心理干预技术是以"解决问题"为导向的方法,干预过程主要探索个人的目标、资源以及正向经验,激发成员以自身力量控制焦虑情绪,这种干预并不是消灭或压抑焦虑情绪,而是提高对抗焦虑情绪的能力。焦点理论认为,人们所呈现的不良情绪和膜拜行为,暗示他们对于自身的一部分不能接纳,对事物认识是负面的,而选择了退化或者消极的行为,压抑了自身资源和有潜力的部分。焦点解决短期疗法帮助成员看到"例外",建立具体可行的正向目标,从小变化起步,配合立即可行的小目标,一步步形成对问题的认识,不断进行自我力量重塑,逐渐建构出有变化的自我以实现大改变。

三、研究方法

本研究对 63 名膜拜成员和 69 名非膜拜人员所做的自评健康量表、自我和谐量表、人际信任量表以及状态-焦虑量表测量的结果进行比较,筛选出 4 项测量得分高的膜拜成员,按照知情同意并自愿参与的原则,用焦点解决短期疗

---

[1] 关京:《焦点解决短期治疗技术在中学生考试焦虑辅导中的应用》,载《中小学心理健康教育》2019 年第 32 期。

[2] 杨艳丽:《基于自尊提升的焦点解决取向团体辅导对高中生学习焦虑的干预研究》,2020 年,华中师范大学硕士论文。

法进行康复干预,以一个案例给予疗法技术的详细说明。康复干预在心理活动室进行,时间为每周六下午,每次时长 50 分钟,根据个人情况及效果进度可以有所调整,基本为 4 次。

(一)访谈法及其内容提纲

①最近什么事情让你感到困扰?
②你在遭遇什么问题时会引发一些情绪?
③你是否感到身体因素对自己的影响很大?
④你经常选择什么样的健身方法锻炼身体?
⑤你一般情况下怎样表达自己的意愿?
⑥你愿意主动与他人进行交往吗?
⑦你认为自己的长项是什么?
⑧你认为自己的不足是什么?
⑨你觉得自己处理问题的能力如何?
⑩你认为可以通过哪些努力提升自己今后的生活质量?

干预前,了解成员核心问题和症状,评估情绪症状特点,观察其需求,确定干预目标,形成合适的干预方案。

(二)心理测量工具

① 自测健康评定量表(Self-rated Health Measurement Scale, SRHMS)
②自我和谐量表(Self-consistency and Congruence Scale,SCCS)
③人际信任量表(Interpersonal Trust Scale, ITS)
④状态-特质焦虑量表(State-trait Anxiety Inventory,STAI)(4 项研究工具详见第一篇文章)

观测 SFBT 团体干预效果。统计方法采用 SPSS.17.0 对数据进行分析和处理,使用独立样本 t 检验分析法。

(三)研究结果

膜拜成员总体健康水平、自我和谐、人际信任、焦虑水平现状分析如下。

①自测健康量表各维度及其总分,实验组(膜拜成员)得分明显低于对照组(非膜拜人员)($t=-3.22, p<0.01; t=-4.18, p<0.01; t=-3.49, p<0.01; t=-4.66, p<0.01$),两组之间的差异具有统计学显著性意义。

②自我和谐量表项目得分,实验组的自我与经验不和谐水平高于对照组,且得分差异显著($t=2.11, p<0.05$),而在自我灵活性维度得分又明显低于对照组($t=-2.34, p<0.05$),两组之间的差异具有统计学显著性意义,但自我刻板性维度得分无显著性差异($t=0.92, p>0.05$)。

③人际信任量表项目得分,实验组在人际信任总分上明显低于对照组($t=-3.67, p<0.01$),两组之间的差异具有统计学显著性意义。

④状态-特质焦虑量表项目得分,实验组的状态焦虑得分与对照组相比未见到显著性差异($t=1.15, p>0.05$),但在特质焦虑得分上差异显著,实验组得分明显高于对照组($t=5.67, p<0.01$),两组之间的差异具有统计学显著性意义(见表1)。

表1 膜拜成员自我和谐、人际信任、焦虑水平得分与对照组的差异比较分析

项目	实验组 膜拜成员(N=63) M±SD	对照组 非膜拜人员(N=69) M±SD	t
自评健康总分	310.33±45.65	353.36±60.02	-4.66**
自我的灵活性	41.97±4.66	44.58±7.87	-2.34*
自我的刻板性	21.71±4.40	20.96±4.22	0.92
人际信任总分	73.87±7.69	78.68±7.37	-3.67**
状态焦虑	44.49±8.32	42.58±10.71	1.15
特质焦虑	48.98±7.46	40.87±8.97	5.67**

注:*$p<0.05$,**$p<0.01$,***$p<0.001$

上述结果表明,膜拜成员具有明显的低心身健康水平、低自我和谐程度、低人际信任关系以及高特质焦虑即"三低一高"症状,膜拜信仰并不能治病,安慰作用也极其有限,反而延误健康。临床心理学有自身的价值,也在积极探

讨一些方法针对心因性、功能性、认识性和生活方式性的问题，由此选择焦点解决短期疗法进行康复干预。

四、焦点解决短期疗法的基本架构与技术

（一）针对膜拜成员焦点解决短期疗法基本架构

1. 问题了解阶段

采用摄入性会谈法了解成员的基本情况，包括精神状态、症状特点、求助动机。探明最困扰他们的事情、最想解决的问题、今后发展的方向设计，确定膜拜成员的基本情况。

2. 设定目标阶段

目标是降低成员的"三低一高"症状，使用奇迹式问句扩展干预目标。比如问：如果改善了人际信任、自我和谐、焦虑情绪和健康水平之后，你认为你的生活将会有何不同？自己做了什么会让身边人远离你？你将怎样面对以后的生活？引导成员思考问题所在，探寻自身力量解决问题。布置作业："如果发生变化，你希望自己能发生哪些变化？"

3. 探索例外阶段

由于成员常常采取消极的应对方式，处于症状中容易茫然失措，沉浸在不良情绪中，所以忽略了自己所具有的例外的成功经验，忘却了自身的能力与资源。此阶段集中寻找成员生活中的各种例外经验，激发其"自我能力"的内驱力，探索自身改变的动机和力量。可以询问：你成功的时候是怎么做到的？有什么内在力量激励你？你遇到的问题是靠"练功"解决的吗？你觉得什么方法可以帮助自己成功？鼓励他们积极思考和挖掘潜能。

4. 会谈结束前的反馈阶段

这一阶段主要是评估成员的进步，使用追踪式询问："有什么地方变得好

一些了？""可以再进一步吗？""今后也不能让自己退步啊！"同时运用评估量表了解他们改变的情况，增强他们积极改变和寻求支持的信心。焦点解决短期疗法可以疏导膜拜成员的心理困惑。有一位成员说自己很自卑，没有办法改变现状。告诉她：看来，你还没有找到肯定自己的内容，你的过去有许多成功的经验，现在应该让自己过得更好。引导他反思还需要做什么才能让自己过得更好。结束时对所交流的内容进行梳理总结，评估成员近段时间发生的积极变化，填写《目标回顾量表》，并探讨更为有效的解决途径，干预思路如图1所示。

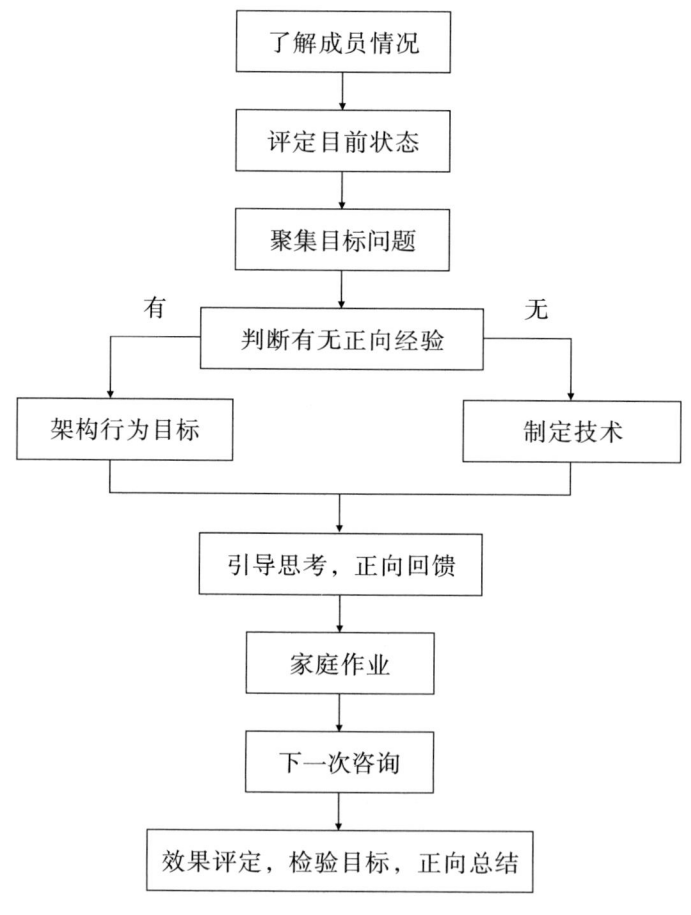

图 1 焦点解决短期疗法干预思路

（二）焦点解决短期疗法团体干预过程与技术要点

1. 干预前准备阶段

（1）团体材料准备

准备需要用到的中性笔、A4白纸、团体道具、便利贴、赠送的小礼物等。

（2）治疗因子与方案准备

根据研究结果，针对膜拜成员确定以下几种治疗目标：①提高自我效能感，改善健身方式，提升健康水平；②强调其存在的价值和意义，促进自我和谐程度，学习现实而灵活处理问题的方式；③情绪宣泄，调节焦虑情绪以提高生活质量；④争取团体支持，建立良好人际关系，克服回避和退缩心理；⑤建立自尊，注入希望，克服膜拜行为。

2. 团体干预设计模式

制订干预方案的事实依据是，成员的挫折体验对自我和谐的影响很大，继而又影响心理健康。因此，干预方案目标是让成员能够客观认识自我，增强自尊与自信，控制焦虑、抑郁、恐惧等负性情绪，强化人际沟通带来安全感和希望感，进而提高心理健康水平，形成和谐的自我统一体。本次团体干预活动分为三个阶段六个单元，即团体形成阶段、团体成长阶段、团体结束阶段。每个单元有一个主题，分别是"相逢是首歌""我思故我在""我的价值""做情绪的主人""漫步人生路""迎接新生活"。

（1）第一阶段，团体形成阶段

主题：建立契约和"相逢是首歌"。

单元目标：建立团员之间良好的信任关系；建立规则、契约；描述事件并锁定问题。步骤如下：

①了解成员基本信息，通过"兔子蹲""棒打薄情郎"等活动让成员互相认识，形成融洽的团体气氛。

②使用水晶球技巧，明确成员参加团体干预的目标，讲解本次团体干预的

主题活动为"迎接明天,塑造一个新的我"。

③制订参加团体干预所要遵守的契约,包括真诚分享、守时、保密、按时完成作业等,并组织成员签订"SFBT 团体干预契约书"。

④讨论使用的技术取向。一是预设式询问技术,如"请大家讨论一下我们本次的团队目标好吗?";二是奇迹询问式技术,如"现在,假如我们每个人都戴上了一个魔幻眼镜,想象一下你能看到些什么?";三是赞许式技术,如"你能来参加这次具有心理成长意义的团体活动,能积极塑造自己的勇气特别值得敬佩"。

⑤填写目标并设定评估量表。

⑥布置家庭作业:经过一周的活动,你感觉自己有哪些变化?请一一记录下来。

(2)第二阶段,团体成长阶段

第一主题:"我思故我在"

单元目标:协助成员认识自己的内在力量。

①引导成员积极架构自己,探寻曾经成功的经验并做出报告,"我思故我在",我成功的经验证明了我很好的存在,其他成员给予赞赏与反馈,让每个人都发现以前忽视的许多"例外",提升自己的积极情绪。

②进行自画像和房-树-人绘画分析,引导成员积极探索"我是谁""我能做什么""我能不能做得更好",分析存在的优点和不足,建立和谐的自我认识,"你能把所绘的图分析得这么深入,说明认识得很到位",在互动中增进彼此间的信任,推动人际关系的发展。

③讨论使用的技术取向。一是重新再架构技术,如"你在经历了一些活动后,自主性和成熟度都有所提升了";二是一般化技术,如"很多人都会经历一段人生的低谷期,你也不例外";三是评量询问技术,如"从 1—10 分评分,10 分代表你目前解决问题的能力非常好,你给自己打几分?";四是振奋鼓舞技术,

如"你的调节能力增强了,大家为你加油"。

④布置家庭作业:你觉得拥有哪些能力和资源,有助于你完成制订的目标?

第二主题:"我的价值"

单元目标:鼓励成员开放表达想法,挖掘自身力量,树立自信心和自尊感。

①检查家庭作业完成情况,就成员的努力进行鼓励。

②通过"包饺子"等热身活动烘托团体气氛,再通过"戴高帽""20个我是谁""价值大拍卖"和"我喜欢大合唱"等内容,提高成员的自信心,促使他们发现自己在应对目标任务时有很多的成功经验,其他学员也积极吸取他人的成功经验,整合自身的内在资源与力量。

③讨论使用的技术取向。一是扩充例外经验。"你认为自己在哪些方面有优势?你认为成功的小秘诀是什么?"二是滚雪球效应。成员通过回顾自己成功的经验及学习他人经验以扩大改变。三是追踪式问句:"你认为还能做些什么改变才能让自己更进一步?"四是鼓励与赞美。"让我们为今天取得进步的人鼓掌好不好?"

④布置家庭作业:下次活动让你当顾问,你有什么好办法让大家看到你的优点。

第三主题:"做情绪的主人"

单元目标:帮助成员认识到自己不是情绪的奴隶,有很多资源可以建设内在能量,控制情绪并做情绪的主人。

①作业回顾与分享。

②通过"共同作画""书生赶考的故事""原谅内心的小孩"等活动进行冥想。在冥想过程中接纳自己的情绪,获得平静的心境,并将冥想技术整合为自己的内在资源,审视产生负性情绪的原因,同时回顾克服负性情绪的成功经验并进行交流,其他成员给予正性评价。

③讨论使用的技术取向。一是滚雪球效应,引导成员扩展活动内容,让变

化由小变大；二是发现"例外"事件，回顾在克服负性情绪过程中的成功经验。

④布置家庭作业：尝试应用一些控制情绪的方法，观察自己的情绪变化。

第四主题："漫步人生路"

单元目标：帮助成员获得安全感和希望感，培养成员解决问题的能力。

①回顾家庭作业，建设自己的新能力。

②通过"脑力激荡""漫步人生路""生命线"等几项活动，协助成员学习建立自我安全感和未来的希望。通过"生命线"的分享交流，让成员认识到一步步成长背后的正性力量，在以后生活中应该使用能带来安全的方法和技巧。通过对未来生活的畅想，激发内心的成长动力。

③讨论使用的技术取向。一是评量询问技术："现在离你的目标还有多远？在解决问题的能力方面，你给自己打多少分（1—10分）？"二是扩充例外经验："当你充满希望感的时候，可以分享一下你是怎样做到的吗？有什么方法或者秘诀吗？"三是赞美技巧："你有着别人少有的反省能力，一定会更好地改变自己。"

④布置家庭作业：反思这次活动后的心理成长，请思考在未来生活中将如何走好每一步。

（3）第三阶段，团体结束阶段。

主题："迎接新生活"

单元目标：总结成长的历程，鼓励成员运用学到的知识与技巧，继续发生积累性的改变；巩固问题解决的资源和能力，将分散的经验整合起来用于指导自己。

①回顾家庭作业，述说收获的经验和发生的变化。

②主要活动包括"一朵花的祝福"，心理剧《未来的我》和《朋友大合唱》，让成员在舒缓的音乐中以冥想方式回顾参加团体活动的整个过程。

③讨论使用的技术取向。追踪式询问技术："你在接下来的生活中会怎样维持这些改变？""在整个团体活动中，你认为自己在哪些方面做的最好？"

评量式询问技术:"回顾自己的目标完成状况,你达到了多少?在1—10中选择一个数字,1表示还很远,10代表已经完成。"赞美式鼓励技术:"在整个团体活动中,大家得到了很大改善,每个人都表现得很积极,你表现得很好。"对成员的成长给予鼓励,并请他们互相道别并祝愿进步。

小结:膜拜成员心理问题基本类似,他们已经习惯于消极式的体验。焦点解决短期疗法从鼓励介入,仪式化家庭作业,促进小步骤的改变,并通过目标设定与评定,让成员坚持朝着大目标走近,进而提升认识问题、控制情绪和把控行为的能力。在焦点主题的团体活动中,咨询者积极引导成员参与,成员在良好氛围下释放负性情绪,分享经验并以积极心态互相感染,体会团体互助的力量和乐趣。本研究表明,焦点解决短期团体干预能够提升膜拜成员心理健康水平。

五、焦点解决短期疗法个案干预研究实例

焦点解决短期疗法的干预理念,是以促进膜拜成员的心理康复为目标,由成员自愿报名,最后选取3人进行个体焦点解决短期疗法干预。在心理咨询室进行,干预时间为每周六下午,每次干预时长50为分钟,根据个人情况及效果进度可以有所调整,基本为4次。此处以一名成员的干预过程为例以微见著。

(一)个案情况介绍

1.个案基本资料

A某,女性,28岁,未婚,进入膜拜团体"练功"5年,身材较矮,肤色较黑,患有慢性支气管哮喘病,性格内向,不爱说话,不善交际,她的主要问题是相信膜拜团体能改善自己的健康状况,改变自己的命运,让自己有精神寄托。她主诉:"我的身体有病,身材较矮,脸上长痘,周围人总是戴着'有色'眼镜看我这个农村娃,在工厂打工,人际关系复杂,与父母的关系也不好,得

不到家庭温暖，经常感到焦虑，总觉得低人一等，怕别人嘲笑自己，内心很压抑。我习惯一个人待着，平时也不大爱说话，跟同事之间联系较少，有时会失眠，一紧张哮喘就会发作，吃药也除不了根，感觉很苦恼。练习了'某功'之后，'功友'对我很关心，身体好像也好了一些，让我不要再练了，也没有道理啊。"

2. 现场观察

在咨询过程中，A某刚开始表现得比较压抑，一直低着头，避免与咨询人员眼神接触，说话断断续续，声音较低，眼神飘忽，在谈到"练功"情况时，表现出明显的烦躁情绪。她不太相信他人，总觉得别人目的不单纯，是来做思想工作的。

3. 问题归纳

A某因为身体原因和人际关系等因素进入膜拜团体，表现自卑、缺乏自信心、人际关系敏感、社交退缩，对健身方式存在认知偏差，但是有较强的自我觉察力，能很好地表述和概括事情。

4. 心理测查结果

A某的自评焦虑量表得分为72分；SCL-90的得分为190分，初步评估考虑存在"严重心理问题"。

（二）焦点短期疗法干预过程

1. 第一次咨询

（1）收集基本资料阶段

采取摄入性会谈技巧，营造共情、积极关注和被尊重的访谈环境，收集A某的基本资料，了解其心理特点，向她提供诉说问题的机会，引导她将混乱的烦恼具体化，确定目前最困扰她的事情是什么，曾经试用过什么方法，尽可能将问题逐步聚焦于参加膜拜活动的影响。然后，鼓励A某认识自己存在的问题，并鼓励她有能力改善这些问题："过去不等于现在和未来，以后的发展可以依靠新的方法和力量。"第一次会谈后，完成目标评定量表（见表2）。

表2 目标评定计划

目前最需要解决的问题是什么？记录下来，从1—10打分，1代表离目标很远，10代表达成目标。	
目标一：希望身体健康，改善哮喘	目标二：缓解焦虑情绪和人际压力自卑感
现在程度 4	现在程度 2
问：曾经采取过哪些方法解决？ 答："练功"，希望通过"练功"消除哮喘，好好工作。 问：你觉得还可以采取哪些方法解决？ 答：除了"练功"外，没有试过其他方法。	
问：请用一个数字表示你解决该问题的能力？（1代表完全无能力，10代表完全有能力） 回答：3。	

（2）设定正确目标的阶段

使用焦点解决短期疗法中的水晶球、奇迹式提问等介入技巧，帮助A某聚焦本次咨询的目标，并与其讨论："现在你面前有一个水晶球，可以看到三个月后的你，你想象那时候如果目标已经达成，你会有哪些变化？"A某回答："如果那样，希望自己的身体变好，有足够的力量，不为哮喘发愁了，可以忘掉所有的不好，接受自己家庭的现状，还可以自信的谈恋爱。"最后，布置本周家庭作业："这一周试着改变锻炼身体的方法，可以尝试一下48式太极拳或者八段锦，体会带给你不一样的感受。"

2. 第二次咨询

（1）探讨家庭作业

A某报告家庭作业完成情况，引导她发现自己面对问题是有力量的，有能力处理和改变自己的不良情况。A某报告：改变了锻炼身体的方法，还是有点不适应，感觉太极拳的节奏有点慢，但是每天早、晚锻炼时与别人围在一起，感觉周围的人并没有歧视自己，而且还很耐心地教自己。另外，过去相处的一位"功友"来看她了,这位"功友"在转变后很阳光,我也没有以前那么自卑了,我会慢慢地改变自己的认识,也会试着与家人沟通关系。

(2)探索例外阶段

帮助 A 某寻找曾经解决问题的例外经验,并及时提供正向的反馈信息,通过一些被忽略的例外资源带动转变发生。此举是进一步探索 A 某自身蕴藏的潜能,询问她:"面对困扰是否采取过一些调节方法?哪些对你是比较有帮助的?"A 某回答:"回忆母亲对自己的关心、剪纸和出去游玩很放松,但是对于身体健康和人际关系还是很纠结。"咨询人员再问:"看来,你现在还没有找到平衡点,没有足够的力量解决这些困扰。"通过梳理交流的内容,肯定剪纸以及与"前功友"交流是 A 某可行的例外方式。

(3)会谈结束前反馈阶段

①综合前述目标与咨询内容,根据 A 某接纳新的健身方法和培养自信心的目标,肯定她的方法和努力,同时讲解 SFBT 中的"滚雪球效应",让其明白以小改变促进大变化的意义。

②"强调改变,忽略问题"。A 某在人际交往方面缺乏技巧,结合实际训练她一些拓展人际交往的方法,如多参加集体任务,多与身边人员交流,多参与社区的娱乐活动,避免只是在原来"功友"的圈子里打转。

③引导 A 某学习控制焦虑情绪的方法:识别焦虑发生的原因;找出没有满足的需求;寻找满足需求的途径并勇敢接受事实,并教给她呼吸放松方法,告诉她当焦虑发生时深呼吸 3 分钟以抑制焦虑情绪。

④布置家庭作业。在这一周继续进行太极拳健身方法,观察身体发生了哪些变化,焦虑情绪发生的频率是否降低了。做自己喜欢的事情,可用剪纸等方法调节情绪。

3. 第三次咨询

①交流家庭作业完成情况。A 某反馈最多的是太极拳健身方法使她与更多

的人接触，建立了和谐的人际关系，缓解了焦虑情绪，与家人关系也有所改善，父亲还向她道歉对她关心不够，这让她感动到痛哭，第一次感受到了父爱，也体会到了家庭的温暖。

②运用追踪式询问和仪式化作业，问 A 某："如今你的困扰少了很多，你是怎么做到的？这段时间你做了很多努力，你的力量来自哪里？"鼓励她进一步建立改变的愿望。

③给 A 某布置家庭作业。让 A 某除了继续太极拳健身外，同时拓展新的社交圈，比如在节假日与社区人员一起去养老院和福利院，一起做一些帮助留守儿童的事情。不断持续正向的良好行为，从而达到期望的目标。

4. 第四次咨询

咨询人员与 A 某交流整个咨询的收获和体会。A 某说："我从以前的经历中走出来了，原来一直是不肯接受现实，怀疑别人。现在我终于认识到'膜拜生活'是在浪费生命，我的人生还有太多的事情要做。"为了解 A 某解决问题的能力、咨询效果和进步程度，请她填写《目标回顾量表》（见表3）。1—10 的评定等级，10 代表目标均实现，1 代表最糟糕的结果。评定分数达到 7 或 8 就可以结束咨询关系，A 某评估结果均已达标，可以结束咨询关系了。

表 3　目标回顾量表

到目前为止，你所设立的目标完成了多少？从 1—10 打分，1 代表离目标很远，10 代表已经完成。	
目标一：希望身体好，改善哮喘	目标二：缓解人际压力和焦虑情绪
现在的程度 7	现在的程度 8
问：你认为自己解决该问题的能力有多少？用一个数字来表示？（1 代表完全没有能力，10 代表完全有能力） 答：7。	

经历了 4 次咨询，A 某的目标一是身体健康，其程度值由 4 升至 7，基本完成预定目标。目标二是缓解人际压力和焦虑情绪，程度值由 2 升至 8，自身解决问题的能力由 3 升至 7，达到较好的水平。最后再给予 A 某鼓励，使其对以后的工作和生活有希望感和控制力，继续运用该疗法的介入技巧更好地完善自己。

A 某在咨询过程中片段示例摘要如下：

咨询人员：你此次咨询最想谈的话题是什么？

A 某：我就是觉得最近情绪比较焦虑。

咨询人员：能具体跟我说一下吗？

A 某：原来一直有点哮喘，现在更加严重了。

咨询人员：能告诉我因为什么原因哮喘加重吗？（解决目标导向）

A 某：嗯，以前是因为身体不好和农村家庭的原因，觉得别人看不起我，现在刚进入新的打工环境，工作强度很大，感觉与周围人格格不入，羡慕其他同事能够一起说话，一起工作，我很想改善但不会改善，为这些事情感到紧张和焦虑。

咨询人员：这种情况存在多久了？有没有在什么时候会觉得好一些？（例外架构介入技术的使用）

A 某：小学的时候就有，那时候跟父亲基本不说话，到初中阶段很严重，现在更加明显了。当我在剪纸的时候心情会好些，稍微能找到一点安慰。

咨询人员：也就是说剪纸能让你释放焦虑的情绪，可以缓解哮喘。那你想过通过剪纸技术让身边的人重新认识你，发现你的长处和能力吗？（重新架构技术）

A 某：我想过，只是一直不喜欢跟人交流，另外这也不算什么大本事，没有勇气实现这个想法。

咨询人员：你有这个想法已经很不错了，下一步可以具体实施了，我们来

制订一个详细的目标计划，分成一个一个小目标去实现可以吗？（滚雪球效应）

A 某：可以。

咨询人员：你的紧张和焦虑是什么原因加重的？（追踪式介入技巧）

A 某：那时候我还没有加入你们说的膜拜团体，生活也很单调，经人介绍我开始"练功"，希望治疗哮喘病，但哮喘病还是一紧张就犯，冬天犯的次数更多，我认为是自己练的程度不够，很紧张，感觉很焦虑。另外，家里人也不支持我"练功"，总是说我，我也很烦。

咨询人员：嗯，"练功"的方法帮助你解决问题了吗？

A 某：没有，所以才来咨询。

（三）个案结果分析

在整个咨询过程中，通过评量式询问、目标回顾量表和家庭作业，见证了 A 某的咨询历程和进步。干预之后，A 某最大的进步是不再把自己束缚在"练功"的依赖心理中，变得自信并发展剪纸艺术，以此为契机与周围人建立良好的关系，A 某在干预后的心理健康总体水平有所提升，焦虑情绪降低，自评焦虑量表得分由 72 分降至 50 分，SCL-90 得分由 190 分降至 158 分。

六、焦点解决短期疗法改善膜拜成员心理行为的效应分析

（一）多项技术合用解决目标问题

焦点解决短期疗法最关键的是正向架构阶段，通过案例示范对正向架构的具体操作过程作以说明，如案例中采用了以解决问题目标为导向、重新架构技术、追踪式介入技术、因应式询问技术以及鼓励赞美技术等手段，聚焦于 A 某的目标问题，促其建立具体可行的正向目标，配合立即可行的小目标，小目标积累逐渐实现大改变。这对于 A 某是不断重塑自我力量的过程，直至建构出有力量的自我，明确了怎样朝着正确方向以利于今后的健康发展。

（二）正向认知方式改善了负性情绪

焦点理论认为，人所呈现的痛苦情绪和不良行为，暗示着他们对于自身的一部分不能接纳，从而选择了退化或者消极行为。这是带有负面偏向的认知方式，压抑了自身的资源和潜能，进而出现低自尊倾向。SFBT催化出来的支持接纳氛围，让成员体会到了共情和关怀，赞美支持技巧的介入，肯定成员的进步以激发解决问题的力量，在这种氛围下突破负性思维，使负性情绪得以释放，并积极寻求问题改变的途径和方法。

（三）架构例外故事促发了解决问题的能力

该疗法中的架构例外技术，重在探索成员自身的内外能量和资源，提供一个新的自我认识和架构自我系统的过程，帮助成员通过架构例外的出现，用建设性的眼光重新诠释自己，并把关注点放到未来。比如发现A某喜欢剪纸，每次会谈时都与其分享剪纸心得，A某会表现出自信和喜悦，发现了过去被忽视的能量，感觉对未来生活有了期待，减轻了自卑感和对立情绪。这种正性情绪积累促发小改变为大变化，每一个小目标的完成和远景想象，激发其用全新的心态进行健身活动，形成对生活的控制感，由此提升了自信心、自我和谐、自我与经验的灵活性以及人际关系，使心理健康水平得到提高，继而改变膜拜行为。

正念疗法：缓解膜拜成员焦虑情绪并提升自我和谐水平的研究

刘 瑶 陈青萍 肖利锋

【摘要】 本研究以正念冥想为操作手段探讨其对膜拜成员的干预效果。采用五因素正念度量表、特质焦虑量表和自我和谐量表等心理测量工具对64名膜拜成员（实验组32名，控制组32名）进行为期12天的正念训练。经过正念训练后，实验组成员的特质焦虑水平明显下降（$t=2.07$，$p<0.05$），自我不和谐度明显降低（$t=2.99$，$p<0.01$），而控制组成员在这两方面的变化均未见到统计学显著性意义。正念疗法对于膜拜成员缓解焦虑情绪，提升自我和谐水平具有重要的实践指导意义。

【关键词】 正念疗法；膜拜成员；特质焦虑；自我和谐

研究显示，膜拜成员具有以下特征[①]：①情绪不稳定伴有焦虑，时常有冲动行为；②认知灵活性低，不能和谐的解决问题；③消极行为方式，惯于

---

① 陈青萍、周济全、梁颖：《探讨膜拜成员反复原因：心理戒断现象分析与干预策略》，载《世界宗教文化》2015年第5期。

采取逃避现实的方式应对困境；④人际关系不良，自我效能感较低。膜拜成员的这些问题一直是临床心理学力图解决的问题。正念冥想（Mindfulness Meditation），源于东方佛教的内观冥想，[①]是指能使个体达到对当下体验进行非评判性觉知（包括感觉、思维、意识、身体状态和环境），同时保持开放、接纳和好奇心理的过程。[②]简言之，"正念就是由正见和正思引导，以三项伦理因素（正语、正业和正命）为基础，其目标是觉悟解脱"[③]。国外研究已证实"正念冥想可以有效降低焦虑水平，提高情绪管理能力"[④]，其作用机制与膜拜成员所具有的情绪焦虑、低自我和谐、消极行为等特点有契合之处。因此，本研究针对膜拜成员的实际表现，尝试运用正念疗法帮助他们改善情绪、和谐心态与调整认知，以主动方式摆脱膜拜行为，为膜拜成员回归正常社会生活提供有效的途径和方法。

一、对象与方法

（一）研究对象

采用方便取样法调查西安市 64 名膜拜成员，其中女性 47 名，男性 17 名，平均年龄 50 岁，受教育程度均为初中或高中。80% 成员的家庭收入水平在人均 2500 元左右。将 64 名成员随机分为两组（实验组和控制组），两组在性别、年龄和受教育程度上均无统计学显著性差异。对实验组进行为期 12 天的正念训

[①] Kang, Y. S., Choi, S. Y., and Ryu, E., "The Effectiveness of a Stress Coping Program Based on Mindfulness Meditation on the Stress, Anxiety, and Depression Experienced by Nursing Students in Korea", *Nurse Education Today*, 2009, 29（5），pp.538-543.

[②] Kabat-Zinn, "Mindfulness-based Interventions in Context: Past, Present, and Future", *Clinical Psychology: Science and Practice*, 2010, 10（2），pp.144-156.

[③] 李燕：《正念疗法：传统与现代、东方与西方的共构》，载《宗教心理学》2017 年第 0 期，第 220—227 页。

[④] Philippe R., Goldin, and James J. Gross, "Effects of Mindfulness-based Stress Reduction （MBSR）on Emotion Regulation in Social Anxiety Disorder", *Emotion*, 2010, 10（1），pp.83-91.

练，对控制组不进行任何干预，并在干预前后对两组成员进行同样的问卷调查。

（二）研究工具

1. 五因素正念度量表（Five Facet Mindfulness Questionnaire, FFMQ）

采用刘兴华等人改编的中文版五因素正念度量表。[1] 五因素包括观察、描述、正念行动、不判断、不反应。量表采用1—5级评分（1＝一点也不符合，2＝较少符合，3＝有些符合，4＝非常符合，5＝完全符合）。量表的内部一致性系数为0.80—0.90。

2. 状态－特质焦虑量表（State-trait Anxiety Inventory, STAI）[2]

该量表由查尔斯·D·斯皮尔伯格（Charles D. Spielberger）等人于1970年编制，1988年被译为中文，共40个条目。前20题为状态焦虑量表（S-AL），主要评定最近某一特定时间内或特定情境中的恐惧、紧张、忧虑等情绪体验。后20题为特质焦虑量表（T-AL），用于评定人们经常有的，习惯性的焦虑体验。计分时分别计算个体状态和特质总分，分数越高说明焦虑体验越高。其中S-AL量表的重测信度为0.88，T-AL量表的重测信度为0.90。

3. 自我和谐量表（Self-consistency and Congruence Scale, SCCS）[3]。

该量表由王登峰于1994年根据罗杰斯（Rogers）的自我和谐理论编制而成，共35个项目，包括自我与经验的不和谐、自我不灵活、自我刻板性3个分量表，量表采用五级记分法，其中关于自我灵活性的部分为反向记分，总分为3个量表直接相加的结果，分数越高表明自我和谐水平越低。各分量表的信度分别为0.85、0.81、0.64。

---

[1] Deng, Y. Q., Liu, X. H., Rodriguez, M. A., et al., "The Five Facet Mindfulness Questionnaire: Psychometric Properties of the Chinese Version", *Mindfulness*, 2011, 2（2），pp.123-128.

[2] 汪向东、王希林、马弘：《心理卫生评定量表手册》，载《中国心理卫生》1999年增刊，第83—94、238—317、479—484页。

[3] 王登峰：《自我和谐量表的编制》，载《中国临床心理学杂志》1994年第1期。

（三）研究程序

本研究对象在进行正念冥想训练和问卷调查前，均签署知情同意书并自愿参加；参照马克·威廉姆斯（Mark Williams）等人创立的正念疗法方案[①]，对实验组32名膜拜成员（24女，8男）进行为期12天的正念冥想训练，每人每天1小时；对控制组32名成员（23女，9男）不进行任何干预。

实验组的具体干预安排如表1。

表1 膜拜成员正念训练实施操作方案（实验组）

天/次	目标	安排	时长	成员课余任务
1	让成员了解正念方法	成员填写干预前问卷 正念之初体验 1. 向成员介绍正念疗法及训练方法 2. 带领成员进行正念式吃葡萄干练习	40分钟/人	1. 回顾正念相关知识 2. 用正念式吃葡萄干的方法试吃其他水果 3. 填写愉快、不愉快事件日历表
2—3	让成员体验正念式呼吸，并掌握锻炼专注力的方法	1. 带领成员做15分钟坐姿呼吸觉察训练 2. 向成员介绍日常的正念疗法	25分钟/人	1. 参照所给音频，在课余继续做正念式呼吸疗法（他人督促完成） 2. 进行日常正念疗法 3. 填写愉快、不愉快事件日历表
4—5	培养成员对身体的觉察力和一种全新的认知方式，切断身体感觉和思维之间的纽带，躲避负性情绪的陷阱	1. 向成员介绍身体扫描并带领成员做身体扫描练习20分钟 2. 带领成员做15分钟坐姿呼吸觉察练习	35分钟/人	1. 参照所给音频，进行身体扫描练习两次，时长为20分钟/次 2. 进行正念疗法式呼吸，时长为15分钟 3. 进行日常正念疗法 4. 填写愉快、不愉快事件日历表

---

① 马克·威廉姆斯、约翰·蒂斯代尔、辛德尔·西格尔、乔·卡巴金：《改善抑郁的正念疗法》，童慧琦、张娜译，机械工业出版社，2015年，第38—54页。

续表

天/次	目标	安排	时长	成员课余任务
6—7	通过直面身体不舒服感和不愉快感，提升内心的开放度和宽容度，削弱逃避厌恶刺激的倾向	1. 带领成员练习正念式瑜伽20分钟 2. 带领成员复习正念式呼吸和身体扫描，共20分钟	40分钟/人	1. 复习正念式瑜伽 2. 选择正念式呼吸或身体扫描练习，20分钟 3. 进行日常正念疗法 4. 填写愉快、不愉快事件日历表
8—9	让成员掌握用正念疗法应对负面情绪的方法	1. 带领成员用正念冥想应对生活中的负面情绪，20分钟 2. 带领成员复习正念式呼吸和身体扫描，共20分钟	40分钟/人	1. 自由选择正念式呼吸、身体扫描疗法，20分钟 2. 填写愉快、不愉快事件日历表 3. 进行日常正念疗法
10—12	通过交流感受、分享体验加深对正念冥想的了解和感知，增加成员继续正念疗法的动机	1. 带领成员复习正念疗法，30分钟 2. 每位成员撰写正念疗法体验（成员传阅），30分钟 3. 成员填写干预后问卷（正念度量表、焦虑量表和自我和谐量表），30分钟	1.5小时/人	1. 复习所学正念疗法，30分钟 2. 填写愉快、不愉快事件日历表 3. 进行日常正念疗法

（四）统计方法

本研究采用 SPSS 19.0 对数据进行描述性统计分析、独立样本 t 检验和相关样本 t 检验，并使用 Harman 单因子检验法，对相关问卷的所有测量项目进行共同方法偏差检验。

二、结果

（一）实验组与控制组正念水平的前后测差异比较分析

表2显示，实验组与控制组的各项指标在正念干预之前得分未见到显著

的统计学差距（$p>0.05$）。在经过 12 天正念冥想训练之后，实验组在正念五个因素得分以及 FFMQ 总分均有显著提高（$t=-2.23$，$p<0.05$；$t=-2.05$，$p<0.05$；$t=-2.12$，$p<0.05$；$t=-2.54$，$p<0.05$；$t=-2.49$；$p<0.05$；$t=-2.27$，$p<0.05$），而控制组前后测的得分则未见到显著性差异（$p>0.05$）。

表2　实验组与控制组正念水平的前后测差异比较分析

量表	正念实验组（n=32） M±SD		t	p	控制组（n=32） M±SD		t	p	前测1、2 比较	
	前测	后测			前测	后测			t	p
观察	17.63±5.5	20.01±6.5	-2.23	0.023	17.27±4.9	17.19±5.1	2.01	0.524	0.71	0.375
描述	23.38±5.2	24.25±2.4	-2.05	0.048	23.21±3.3	23.44±4.2	-0.87	0.349	0.61	0.592
正念行动	28.13±4.2	29.75±5.6	-2.12	0.033	27.92±4.8	27.99±5.1	-0.58	0.681	0.82	0.338
不判断	27.75±2.8	29.24±3.7	-2.54	0.017	27.71±6.1	25.82±5.4	1.28	0.209	1.85	0.081
不反应	15.87±3.2	17.51±3.1	-2.49	0.018	16.12±3.4	15.28±2.9	1.30	0.201	0.89	0.343
FFMQ总分	112.75±7.58	115.75±8.01	-2.27	0.031	111.42±7.21	109.68±6.92	1.87	0.072	1.81	0.084

（二）实验组与控制组自我和谐水平的前后测差异比较分析

表 3 显示，通过连续 12 天的正念冥想练习，实验组自我和谐水平的 3 个因素，即与经验不和谐、自我不灵活和自我刻板性以及 SCCS 总分较干预之前均有显著下降（$t=2.05$，$p<0.05$；$t=2.27$，$p<0.05$；$t=2.01$，$p<0.05$；$t=2.99$，$p<0.01$），而控制组在以上 3 方面的变化均无统计学意义（$p>0.05$）。

表3　实验组与控制组自我和谐水平的前后测差异比较分析

量表	正念实验组（n=32） M±SD		t	p	控制组（n=32） M±SD		t	p	前测1、2 比较	
	前测	后测			前测	后测			t	p
与经验不和谐	49.75±3.74	47.50±3.77	2.05	0.045	49.83±6.13	49.16±5.22	0.77	0.371	-0.58	0.778
自我不灵活	42.75±1.57	41.23±2.36	2.27	0.034	41.92±4.62	42.70±3.86	0.65	0.639	0.74	0.382
自我刻板性	19.50±1.34	18.38±1.45	2.01	0.048	19.71±4.42	19.77±4.37	-1.88	0.069	-0.69	0.427

（三）实验组与控制组特质焦虑的前后测差异比较分析

如表4所示，在干预之前，实验组与控制组特质焦虑得分无显著性差异（$p>0.05$）。在干预之后，实验组特质焦虑水平明显下降（$t=2.07$，$p<0.05$），而控制组的焦虑水平并无明显下降（$p>0.05$）。

表4　实验组与控制组特质焦虑水平的前后测差异比较分析

量表	正念实验组（n=32）M±SD		t	p	控制组（n=32）M±SD		t	p	前测1、2比较	
	前测	后测			前测	后测			t	p
特质焦虑总分	48.38±3.98	46.75±4.19	2.07	0.043	48.98±7.46	48.95±6.26	0.69	0.437	-0.79	0.52

三、讨论

正念疗法对于膜拜成员心理问题的干预具有一定优势，分析机理如下：

（一）正念疗法对膜拜成员的自我和谐具有促进作用及其机理分析

研究显示，膜拜成员自我不和谐主要表现在"自我与经验不和谐""自我不灵活"和"自我刻板性"三个方面，这是衡量心理健康的重要标准，改变膜拜行为重要的因素是改变其成员面对事物的习惯化刻板思维方式。马克·威廉姆斯认为：通过培养思维存在模式的觉察力，可以关闭头脑中的自动化思维，对我们自身有更多的觉察，来帮助自己达成想要完成的目标，让自己成为更有效的问题解决者，而培养觉察力的核心技术就是正念。① 访谈中了解到，多数膜拜成员在进行正念冥想训练之前，表示自己的认识是狭隘、固执、缺少灵活性，在生活中遇到挫折后，不能积极地向他人或社会寻求帮助，而是向现实中并不存在的"神"寻求帮助，由此产生不合理的信仰。通过正念冥想，成员将注意

---

① ［美］马克·威廉姆斯、约翰·蒂斯代尔、津戴尔·塞戈尔等：《改善情绪的正念疗法》，谭洁清译，中国人民大学出版社，2009年，第36页。

力停留在对自己身体内外部环境的感知上,将意念不断地带回到呼吸和身体感觉上,以开放包容的心态对待自己周围的事物。以呼吸式冥想为例,首先,要求成员以放松又保持警觉的状态坐下,腰背挺直,肩膀放松,呼吸自如。其次,将注意力集中到呼吸上,关注气体是如何流入以及流出的,感受胸腔和腹部随着气体进入和呼出一起一伏的过程。当注意力游走时,要有意识的觉察并把注意力带回到呼吸上,持续重复这样的练习会增加对思维的控制能力和灵活性,进而摆脱思维刻板和僵化的困扰,让自己在各方面得以和谐。几位成员反映,正念冥想帮助自己将杂念视为身外之物,并对想法做理性的分析,调整看待事物的视角,改善了以往僵化看待事物的习惯。可以说,"正念冥想训练是一种灵活的思维训练方式,使练习者拥有更高的心理灵活性"[1],致力于训练成员有一种对待当下经验的客观真实的知觉力。正念训练虽然方法很简单,但是有道理。研究者认为,"正念冥想训练涉及到一种'去中心化'的心理机制转变"[2]。遇到问题无论是积极的,还是消极的,都保持第三人称的视角,这种视角能获得平和与宁静,有利于弱化对刺激反应的负性情绪。

(二)正念疗法对膜拜成员的特质焦虑具有缓解作用及其机理分析

根据斯皮尔伯格提出的焦虑理论[3],焦虑分为状态焦虑和特质焦虑两类,其中状态焦虑是一种短暂性的情绪状态,是由于某种情境或应激事件而引起的焦虑,会随着情境的变化而变化;特质焦虑是一种人格特征,反映人们对紧张反应的频率和强度,容易对外界刺激环境知觉到危险或威胁的倾向,表现了个体在对某些类型的反应中所具有的潜在倾向性的强度。本研究结果显示,膜拜成

---

[1] Masuda, A., Tully, E. C., "The Role of Mindfulness and Psychological Flexibility in Somatization, Depression, Anxiety and General Psychological Distress in a Nonclinical College Sample", *Journal of Evidence-based Complementary and Alternative Medicine*, 2012, 17(1), pp.66-71.

[2] Creswell, J. D., "Mindfulness Interventions", *Annual Review of Psychology*, 2017, 68(1), pp.491-516.

[3] Spielberger, C. D., Gorusch, R. L., Lushene, R. et al. *Manual for the State-trait Anxiety Inventory*, Palo Alto: Consulting Psychologists Press, 1983.

员具有较高的特质焦虑倾向，他们在面对同等压力水平的外在刺激时，会比一般人表现出更高的焦虑情绪，做出与客观情况不符的负性解释偏向与偏激的处理方式。在访谈中得知，多数成员在遇到应激事件时，不能及时有效地调整情绪，常常反应过于强烈，并采取逃避、退缩或不切实际的虚幻方式来应对困境，焦虑情绪使他们过于忧虑，由此选择膜拜行为作为精神寄托。有些成员曾经采用过放松疗法，可以有效缓解状态焦虑，但对于特质性焦虑的效果却不甚理想。成员通过为期12天的正念冥想练习后，其内心的放松体验使他们感受到了平静，体会到舒畅的愉悦感，使焦虑水平明显下降。分析其作用机理主要有三个方面：①正念冥想具有缓解肌肉紧张的生理机制。近年许多学者通过脑电图、事件相关电位和核磁共振等神经影像学技术，证实了人在正念冥想时大脑皮层会增加 θ 波和 γ 波，这是使人放松的脑电波，同时改变前额叶和杏仁核的活动强度减弱个体的情绪反应。[1]②正念冥想能增强情绪调节能力。菲利普·戈尔丁（Philippe R. Goldin）和詹姆斯·格罗斯（James J. Gross）在对社交焦虑障碍患者的研究中发现：正念减压疗法能够通过增加情绪管理能力进行心理减压，以此减少与社交焦虑障碍相关的回避行为、临床症状和自动化的情绪反应。[2]③根据脑功能和脑结构成像研究表明，正念冥想训练引起的大脑激活模式变化和结构改变也是一个重要机制。[3]在观察呼吸的正念冥想状态下，大脑的前额叶、纹状体等脑区激活显著增强，这表明正念激活了注意、记忆和情绪调节等相关的脑区。[4]还有研究表明，正念冥想可以促使脑部前额叶的密度和厚度增

---

[1] 汪芬、黄宇霞：《正念的心理和脑机制》，载《心理科学进展》2011年第11期；Travis, F., Shear, J., "Focused Attention, Open Monitoring and Automatic Self-transcending: Categories to Organize Meditations from Vedic, Buddhist and Chinese Traditions", *Consciousness and Cognition*, 2010, 19（4）, pp.1110-1118。

[2] Goldin, P. R., Gross, J. J., "Effects of Mindfulness-based Stress Reduction（MBSR）on Emotion Regulation in Social Anxiety Disorder", *Emotion*, 2010, 10（1）, pp. 83-91。

[3] 汪芬、黄宇霞：《正念的心理和脑机制》，载《心理科学进展》2011年第11期。

[4] Tang, Y. Y., Holzel. B. K., and Posner, M. I., "The Neuroscience of Mindfulness Meditation", *Nature Reviews Neuroscience*, 2015, 16（4）, pp.213-225.

加，^①这种脑结构的变化也使得注意力和情绪调节能力增强。上述机制可以有效通过提升注意控制和情绪调节能力而实现治疗效果。正念疗法是一个长期过程，本研究短期使用该方法训练膜拜成员，仍然降低了他们的焦虑情绪，也证明了与上述调节机理有关，对身心健康产生了积极作用。

（三）正念疗法对成员的膜拜行为具有削弱作用及其机理分析

学者蒂斯代尔·杰迪（Teasdale J D.）认为"正念训练可以解除行为自动连锁的不良反应"[②]，即解除个体遇到应激事件或问题时自动出现的非适应性应对行为模式。对于膜拜成员而言，他们有认知偏差倾向，对自己内部感受和外部事件刺激的处理都有偏差，并且系统性地扭曲了自己的经验建构，导致社会适应性较低。他们在遇到生活不顺或情绪困扰时会习惯化的采取消极的退缩行为，当问题无法解决时便采取退缩的方式，投身于膜拜行为以求保佑。而"正念冥想能够提高练习者对于思维的掌控力"[③]，以非主观的立场接纳当前的内外部经验，产生客观的理性认知，增加面对困难的自信和勇气，调动更多资源应对各种困难，从而摆脱不良的习惯化膜拜行为，而不是束手无策地依赖膜拜行为。同时，正念所倡导的接纳与非评判的态度也能增强成员对各种刺激的承受力，抗压能力和韧性也会随之改善，因而帮助成员摆脱原有的逃避式行为而远离膜拜团体。

小结：本研究对实验组 32 名膜拜成员进行了为期 12 天的正念训练，通过与控制组对比以及前测、后测比较分析，证实其有效性主要体现在：可以有效缓解膜拜成员的特质焦虑、提高膜拜成员的自我和谐水平、削弱膜拜成员的消极行为。这些效应为膜拜成员回归正常社会生活提供了重要的实践指导。

---

① Tang, Y. Y., Holzel. B. K., and Posner, M. I., "The Neuroscience of Mindfulness Meditation", *Nature Reviews Neuroscience*, 2015, 16 (4), pp.213-225.

② Teasdale, J. D., Segal, Z. V., Williams, J. M. G., et al., "Prevention of Relapse/Recurrence in Major Depression by Mindfulness-based Cognitive Therapy", *Journal of Consulting and Clinical Psychology*, 2000, 68 (4), pp.615-623.

③ Malinowski, P., "Neural Mechanisms of Attentional Control in Mindfulness Meditation", *Frontiers of Neuroscience*, 2013, 7, pp.1-11.

萨提亚家庭疗法：构建膜拜成员心理康复的家庭之道

高 丽 陈青萍 吴 丹

【摘要】本研究探讨膜拜成员回归正常社会生活的家庭康复途径，采用自我和谐量表（SCCS）、人际信任量表（ITS）、自评健康评定量表（SRHMS），对随机抽取的 10 名膜拜成员采用萨提亚家庭康复疗法，即冰山隐喻、家族谱、自我的曼陀罗、家庭重塑等技术，进行康复教育转化干预，并在干预前后进行效果比较。经过萨提亚家庭康复之后，10 名膜拜成员上述三个量表得分均较干预前有显著提升，三个量表差异检验数据显示：$t=2.043$，$p<0.05$；$t=-3.67$，$p<0.01$；$t=-4.66$，$p<0.01$。提示：萨提亚家庭疗法在膜拜成员心理康复转化过程中具有较好的效果。

【关键词】萨提亚家庭疗法；膜拜成员；心理康复；家庭途径

国外对于膜拜问题涉及的家庭系统十分关注，人不仅仅是一个自然的个体，更是一个由个体所组成的相互支持的家庭系统，把膜拜问题置于整个家庭康复系统中考量和解决，这是由康复整体论决定的，也是每一届膜拜问题研究国际学术会议关注的领域之一。著名的膜拜问题研究专家佩佩·罗德里格斯（Pepe Rodriguez）指出："在决定一个人具有信仰倾向的诸多因素中，很大一部分都与其家庭内部曾经发生过的种种社会心理变故有着直接关系。"[①] 我们曾经进行的一项调查显示，因家庭问题而加入膜拜团体的人员约占到30%[②]，同时家庭也是膜拜成员转化过程中不可忽视的力量。但是，国内对于膜拜成员家庭康复的相关研究却很少，忽视了膜拜成员是由于家庭问题导致内心荒芜而加入膜拜团体这一重要因素，更忽视了成员在康复过程中家庭力量的作用。因此，本研究以萨提亚家庭康复理论为基础，利用"家庭－个体"的整体观思路，借助家庭与个人的双重力量，构建膜拜成员心理康复的家庭之道，促使成员回归正常的社会生活。

一、构建膜拜成员萨提亚家庭心理康复的理论依据

（一）萨提亚家庭疗法康复的理论基础

萨提亚家庭康复模式由维琴尼亚·萨提亚（Virginia Satir）创立，其理论是建立在人本主义和积极存在主义的基础上，从系统观、家庭观、人性观的角度出发，注重人的价值和人格的发展，在家庭背景下运用独特的康复理念和有效的技术手段，帮助来访者改善家庭成员的沟通关系，促进家庭环境对健康发展的重新塑造和转化功能。多年以来，萨提亚家庭康复在临床心理应用中已经形成了一套成熟的操作流程与技术方法，并经过验证具有较高的康复效果，其康复的目的是让康复者能够认识家庭以及自我的内在资源，并相信自身的价值，相信自己的驱动力及积极向上的内部能量，通过自我观念改变而达到行为改变。

---

① ［西班牙］佩佩·罗德里格斯：《痴迷邪教：邪教的本质、防范和处置》，石灵译，新华出版社，2001年，第43页。

② 陈青萍、周济全：《膜拜危害的心理学预警思考》，中国社会科学出版社，2016年，第75页。

萨提亚家庭康复模式包括"等级模式"和"成长模式"[①]，这是两个对立的世界观和人性观，两者的区别体现在对关系、个体、事件的解释以及改变态度四个方面。一个人的世界观和人性观反映了感知世界的方式，有以下四个方面（见表1）：

表1　感知世界的方式

等级模式	成长模式
对关系的定义	
人有不平等的价值 要么支配，要么受支配 感到孤立、恐惧、愤怒以及不信任	人具有平等的价值、关系 接纳相似性、差异性 感到友爱、自我拥有、表达自由、自我确认
对个体的定义	
服从和顺应规定，以期被接纳 忽视和否认彼此的差异和相似性	通过内部力量和自我确认定义自我 可以清晰地表达感受并彼此接纳
对事件的解释	
以线性和因果效应方式看待事物 否认自我经历和体验	事件是多变量和相互叠加的 行动-反应-交互作用会产生新信息和联结
对改变的态度	
维持当前状态以获得安全感 只用对与错评判改变 害怕改变	在改变和发展中获得安全感 改变是持续、至关重要且不可避免的 对变化的未来会体验到兴奋、联结和期盼

在"等级模式"中，关系被假定为以支配-服从式为基础的等级关系，例如父亲-孩子、教主-教徒等。该模式认为人有不平等的境遇，要么支配，要么受支配，这会使人容易产生孤立、恐惧、愤怒以及不信任。"等级模式"中的人对于自己的社会角色没有明确的定义，而用他人或团体的准则要求自己，并严格要求自己符合或顺应规定以期被接纳，否认自己的个性和独特性。"等级模式"用线性、简单化的方式解释事件，不考虑实际情况的多样性，否认自我经历和自我能力。由此，以"等级模式"为基础的人，对于改变有恐惧感而

[①] [美] 维吉尼亚·萨提亚、约翰·贝曼、简·格伯等：《萨提亚家庭治疗模式》，聂晶译，世界图书出版公司北京公司，2007年，第190—197页。

使他们致力于保持现状，愿意在熟悉的感觉中保持不变。

"成长模式"认为，人具有平等的关系和价值，每一个人都是人类相似性和差异性的独特结合，故应该接纳人与人之间的相似性并认同差异性。"成长模式"将人看作拥有很大潜能，能通过内部力量达到自我确定，清晰地表达感受并彼此接纳，认同事件是多变量并相互叠加的，行动－反应－交互作用会产生新信息和相互联结。由此，"成长模式"的人比较自尊和自信，敢于改变和寻求发展，善于表达自由并自我确认。

（二）萨提亚家庭心理康复用于膜拜成员转化的适用性

首先，萨提亚家庭康复模式包括"等级模式"和"成长模式"。膜拜成员多数是用等级模式感知世界的，他们以顺应和服从的标准要求自己，对教主、教义无条件的服从，这种等级模式使其难于脱离膜拜团体，他们的低自我和谐、低人际关系、低心理健康水平和高焦虑程度，也与这种等级关系有关，他们为获得心理安慰会采取讨好与迎合的低姿态，这只能使他们加重不适应的症状。萨提亚家庭康复模式的重点在于将成员的"等级模式"扭转为"成长模式"，使其与新信息联结并发生改变。

其次，萨提亚家庭康复的理论基础是系统论和控制论。系统论认为："人的问题是家庭成员交互作用之结果，不能单从个人着手康复，而应以整个家庭系统为对象。"① 所采用的方法包括家庭规则、沟通方式、个人与家庭系统合作、环境的相互作用等技术。控制论则认为："家庭规则是家庭用以掌管家庭系统所能容忍的行为范畴。"② 同时认为一个健康家庭应当拥有如下特征：①每位家庭成员都是家庭中的重要部分，应得到其他成员的尊重和认可；②家庭成员间因爱而联结，在拥有独立时间和空间的同时，能感受到彼此的心理支持；③每

---

① ［美］维吉尼亚·萨提亚、约翰·贝曼、简·格伯等：《萨提亚家庭治疗模式》，聂晶译，世界图书出版公司北京公司，2007年，第259—262页。
② 赵芳：《结构式家庭治疗的发展：回顾与展望》，见上海社会科学院家庭研究中心编：《中国家庭研究》（第四卷），上海社会科学院出版社，2010年，第116页。

位成员在家庭中能够充分表达自己的感受,无论是愉悦、苦恼还是脆弱,成员间的沟通应该不设障碍;④家庭规则应该灵活和开放,能够适应变化。研究显示,许多膜拜成员生活在问题家庭中,"如果不先充分修复家庭环境及其失调的部分,休想能够找回一个落入'教派'的成员,因为在很大程度上,正是家庭环境失调使之逃进了'教派'。为此,最恰当的解决方法就是家庭整体康复"[1]。家庭整体康复具有两种意义:一是感情康复。建设家庭人员之间的感情联系和有问题互帮的忠诚态度。二是关系康复。改善成员心理冲突和促进改变,不忽视、不放弃、不抛弃,能使成员得到力量修复自己。

最后,萨提亚家庭康复模式不仅关注每一位家庭成员,更注重整个家庭的功能。研究表明:"家庭支持是个体健康的重要组成部分,社会支持低的个体倾向于低水平的社会健康。"[2]萨提亚家庭康复促进膜拜成员转化的作用在于:以家庭为切入口,引导膜拜成员从家庭环境、伦理观念、沟通姿态等多个方面认识自我,并提升自我价值和自我能量,认识到自身资源、家庭资源以及与现实环境的关系,探寻自身的积极力量与改变的可能性,在家庭帮助下从紊乱的心理状态调整到适应状态,继而有效地进行观念转化,回归正常的家庭和社会生活。

二、研究对象与基本方法

(一)研究被试

随机抽取膜拜成员 10 名,其中女性 6 名;男性 4 名,被试平均年龄 50 岁。

---

[1] Matthews C. H., Salazar C. F., "Second-generation Adult Former Cult Group Members' Recovery Experiences: Implications for Counseling", *International Journal for the Advancement of Counselling*, 2014, 36(2), pp.188-203.

[2] 王江蓉、张拓红:《中国成年居民社会资本相关因素与健康自评的关系》,载《北京大学学报》(医学版)2012 年第 3 期。

（二）研究工具

本研究采用自我和谐量表（SCCS）、人际信任量表（ITS）、自评健康评定量表（SRHMS）3个量表，对膜拜成员进行萨提亚家庭心理康复干预前测与后测，并对前、后测数据进行对比分析。

1.自我和谐量表

该量表包括自我与经验的不和谐、自我的灵活性和自我的刻板性三个分量表，共有35个项目，以测量个体自我和谐的程度，采用5点计分，得分越高表明自我和谐度越低。

2.人际信任量表

该量表用于测量个体对他人行为、承诺、陈述等可靠性的估计，共有25个项目，采用5点计分，得分越高表明信任程度越高，高信任者更多地给予他人尊重或选择的权利，更少出现不快乐或与他人发生冲突，适应社会环境良好。

3.自评健康评定量表

该量表由自测生理健康、心理健康和社会健康三个子量表组成，用于各类人群的健康测量，共有48个项目，得分越高表明健康状况越好。

同时配合访谈法以全面了解膜拜成员的情况。

（三）康复过程

1.康复理念

萨提亚的系统观强调"由内向外"的改变具有积极意义，改变内在系统，帮助成员关注自己的内在资源与现实状况，减少对膜拜团体的心理依赖和逃避现实生活的做法。膜拜成员的转化无论从认知、情感、行为上都不能脱离家庭而独立完成，家庭是一个人最重要的支持力量和内心归属之所。

2.康复技术

本研究主要采用萨提亚家庭康复的冰山隐喻技术、家族谱技术、自我曼陀罗技术、家庭重塑技术，对10名膜拜成员进行为期两个月的萨提亚家庭康复干预，2 名咨询人员每人负责 5 人的康复干预，康复方式为个体康复，每人每周一次。在康复前和康复后使用自我和谐量表、人际信任量表、自评健康评定量表分别测量，对康复效果进行验证。

3. 康复过程

（1）摄入性会谈

问题评估（1次）：采用摄入性会谈及开放式提问对膜拜成员个人资料进行收集与整理，评估康复对象的主要问题并确定干预目标。

（2）康复阶段

康复阶段一：冰山隐喻技术（1次）：主要是向成员阐述其自身的主要问题，并分析问题产生的原因。

康复阶段二：家族谱技术（1次）：通过绘制家族谱图形，直观展示家庭互动模式与亲密程度，分析家庭问题所在，家庭对自己的影响力等信息。

康复阶段三：自我的曼陀罗技术（1次）：让成员从实际中认识自我，认识自身的内部资源及其相互之间的关系，通过技术操作让他们认识不足、接纳正确观念，进而主动寻求改变，以达到转化改变的目标。

康复阶段四：家庭重塑技术（2次）：设立情境，角色扮演，雕塑现实的家庭形象，生动地展现需要面对的情境，让成员学会用新的方式对待家庭环境和自己，以达到改变的目标。

（3）巩固与结束

强化与评估（1次）：强化巩固前期康复效果，使成员的内在认知与情感达到外显并强化提升，对成员做康复效果评估，从多个方面评估康复效果。

三、萨提亚家庭康复的转化途径

此处以一个案作为示范，阐述萨提亚家庭康复的转化途径：

（一）个案的一般资料

陈某，女，甘肃某地人，55岁，自述父母都是农民，小时候家庭生活比较贫困，父母忙于生计无暇顾及子女成长，孩子们在姐姐带妹妹的环境中长大，经常看不到父母的笑脸，没有家庭欢乐。陈某成年后到一家国企做临时工，经人介绍认识了在国企工作的丈夫，结婚后日子过得还算可以，但由于国企效益下滑，夫妻两人均下岗，家庭经济紧张，因年龄偏大找不到好的工作，丈夫后来在一家私企做后勤工作，自己再未上班。前几年被查出患有高血压、动脉硬化、肠道息肉等疾病，吃了一些药虽有控制，但是自感身体很不好，而丈夫不懂得关心。孩子学业也不好，高中毕业外出打工，也不经常联系，因而感到人生困苦，对家庭失望，对感情渴求，对疾病焦虑，于是进入了膜拜团体追求"情感"和"健康"。近几年来很少出门，与他人不来往，不做家务，不愿意采用药物治疗，整天坐在屋子里"祷告"。

（二）康复过程

1. 问题评估——摄入性会谈技术（1次）

摄入性会谈是通过面对面的谈话，全面了解求助者的个人背景资料，了解健康状况、工作状况、家庭情感等信息的会谈方式。通过使用接纳性语言和开放式提问，获取了陈某较为详细的个人信息，同时借助咨询关系对她表示了尊重、真诚、共情和积极关注，使陈某能够敞开心怀宣泄情感。良好的咨访关系为下一步开展康复做铺垫准备。归纳陈某问题：①从小生活在没有关爱的家庭，感受不到家人关爱；②结婚后丈夫忙于生计，特别是在生病期间感受不到丈夫的关爱；③人生坎坷，家庭经济状况不好，孩子也没有出息，自我价值感缺失，看不到生活好的一面，面对问题选择逃避。

2. 康复阶段———冰山隐喻技术（1次）

康复阶段一利用冰山隐喻技术。冰山隐喻指的是一个人的意识就像一座海上的冰山，表面所看到的只能代表很少的一部分内容，在海平面以下才是内心更深层次的活动,并且会长期影响人的生活。①本阶段主要是探索陈某的问题、内心感受和问题产生的深层原因,再帮助她认识自己的需要,然后寻求解决问题的方法。这一技术为陈某发生思想转变提供情境、动力、切入点以及途径,并通过问题分析诠释生命的意义,赋予她更多的改变信心和力量。

萨提亚家庭康复模式"人的内在冰山"包括7个层次:行为、应对方式、感受、观点、渴求、预期、自我价值。将这7个层次作为转化的重要途径,同时强调"注重帮助人们理解自身整个内部的加工过程(认知、情感、行为的原因与表现),这样可以让人触及自己内心的渴望并由此产生改变"。②在冰山隐喻7个层次的分析中,可以采取提问了解陈某的内在感受,对问题进行深入分析,帮助她拓宽应对困难的方式,以达到康复目的(如表2所示)。

表2 冰山隐喻技术转化步骤前进路线

隐喻层次	主要提问	陈某的问题	帮助者应注意的问题
行为	您觉得目前最困扰自己的问题是什么?	与家人吵架,厌恶丈夫,不做家务,不愿与人接触,拒绝药物治疗,整日"祷告"	①陈某把自己的故事完整且清楚地说出后,鼓励她前行 ②若她讲述混乱时给予帮助
应对方式	您遇到困难是怎么应对的? 您当时为什么这样做? 您觉得还可以怎样做?	消极、负性应对方式,失业后不再工作,渴望关心又不主动争取,遇事退缩、逃避等	分析陈某应对方法误区和有效性
感受	您这样做时有什么感受? 为什么会产生这样的感受? 您对这些感受决定怎么办?	长期有病,家庭困境,丈夫情绪不好,被忽视、被冷落、人生失败感,对他人和外界失去兴趣	采用追问方式,直击陈某最深层次感受,期间她可能会有沉默,给予尊重、理解和共情

---

① 应亮、张国华、梅思佳:《基于萨提亚家庭治疗模式的医科院校学困生转化个案研究》,载《中国医学伦理学》2017年第7期。
② [美]维吉尼亚·萨提亚、约翰·贝曼、简·格伯等:《萨提亚家庭治疗模式》,聂晶译,世界图书出版公司北京公司,2007年,第144页。

续表

隐喻层次	主要提问	陈某的问题	帮助者应注意的问题
观点	您对自己的行为有怎样的信念和态度？	消极的认知方式、抱怨生活不顺、自我无能为力，以"祷告"聊以自慰	保持中立态度，暂不评价陈某的信念与价值观，给她一些新的认识启示以引发思考
渴求	您这样做希望得到什么？您最想获得什么？为什么？	渴求得到关爱，于是进入膜拜团体追求"关爱"和"健康"	通过追问的方式了解陈某的需求
预期	您内心真正想要的是什么？您应怎么做才能实现愿望？	期望丈夫对自己关心并照顾自己，因身体不好就有权利不做家务；进入膜拜团体预期身体变好	鼓励用正确的方法争取实现期望
自我价值	您认为您是一个怎样的人？	因生活经历影响，缺乏"爱"、缺乏安全感、自卑、自我无价值感	帮陈某做出选择并设立康复目标

在阶段一采用冰山隐喻技术，让陈某的问题一层层地呈现出来，分析其原因并明确问题之所在，从而进行有针对性的帮助。

（1）行为

陈某的现实表现是行为分析的直接来源，从其自述与表现中看出她所经历的遭遇影响较大，行为主要表现在：与家人吵架，厌恶丈夫，不做家务，不愿与人接触，拒绝药物治疗，整日"祷告"。这些不合适的行为只是表象，探究背后的原因才能找到行为产生的根本因素。陈某真正的渴求是什么？错误的应对方式对她有哪些影响？是什么观点造成了现在的结果？有无改进的可能？通过分析陈某的情况，认为她对家庭生活的许多欲求未得到满足，正处于内心矛盾与纠结的当口，鼓励她正确认识自己、他人和环境，争取与家庭系统处于重归和谐的关系，再谈改变的信心和行为。

（2）应对方式

应对方式是一种心理防御机制或生存机制，是个体处于应对外界刺激时所产生的处理方式，是处理应激情境、保持心理平衡的一种手段，包括积极应对、寻求他人或外界资源帮助，也可能随机处理或者暂时搁置，甚至还有幻想、逃避和自责的应对方式。陈某受童年和成年的生活经历影响，缺乏"爱"、缺乏安全感、自卑消极，已形成负性的应对方式，如失业后不再工作，渴望关心与关注但又不主动争取，遇事退缩、逃避等，这些都可能导致膜拜行为。此阶段，引导陈某换一种应对方式以观察其行为是否会发生改变。

（3）感受

感受是依赖于过去的经验基础，而由当前事件所激发的一种体验。萨提亚说："感受就像是一支人类温度计，一支温度计告诉我们现在是什么温度，从而帮助我们决定该穿什么衣服，而感受则告诉我们自己内部加工过程的状态，并帮助我们决定如何应对和表现。"[①] 在这个过程中，需要帮助陈某"去除矛盾和纠结"，因长期有病，家庭困境，丈夫情绪不好，使其感受到被忽视、被冷落、人生失败感，对他人和外界失去兴趣。我们采用"角色互换法"，由陈某扮演"丈夫"，丈夫扮演"多病的妻子陈某"。演练40分钟后，"丈夫"深有感悟地说："面对一个多病的'妻子'，什么也干不了，整天坐在那里'祷告'，有不值得去爱的感觉。"从"丈夫"角色复原的陈某低下了头，面有羞愧之色。此时及时引导陈某，只有改观自己，让丈夫感受到她的"好"，才能得到家庭的认可，陈某点了点头有所认可。

（4）观点

萨提亚家庭理论认为，观点是一种信念、态度和价值观，是制造感受的脚本，人们是根据自己的生活经验和知识基础形成观点，继而又形成对事物看法所处的立场和出发点。陈某经历的负性生活事件较多，使她形成了消极的认知图式，产生了低自信感、低自我评价的观点，这些消极的观点又限制了其认识，由此

---

① ［美］维吉尼亚·萨提亚、约翰·贝曼、简·格伯等：《萨提亚家庭治疗模式》，聂晶译，世界图书出版公司北京公司，2007年，第136页。

对一些事物产生了认识偏差,以至于信念和价值观都出现偏差,有病不医只"祷告"的做法显然是错误的。同时,消极观点也限制了她家庭关系的良好发展,又无其他能力解决,便陷于封闭的环境里"祷告"聊以自慰。丈夫既要做家务,又要照顾她,还要去工作,而陈某并没有意识到丈夫的时间紧张和经济压力,只是一味抱怨生活中的不顺。这是站在自己的角度看问题,需要给陈某灌输一些信息更新她的认识,使她转化观点看到现实生活的一面,体谅丈夫的艰难,自己主动承担应有的为妻为母的家庭责任。

(5)渴求

渴求是内心非常希望得到的一种精神或物质的期待,陈某把这种渴求作为具体内容表露了出来。她说:"我的丈夫根本不爱我,当我告诉他,我的血压很高时,他头一拧说'谁叫你不吃药的',就出门了,管都不管我。"陈某在失望之时渴求得到关爱,于是进入膜拜团体追求"关爱"和"健康",整日坐在屋子里顺从的"祷告"。然而,膜拜团体并没有满足她的渴求,在虚妄之中又频添了许多烦恼,渴求与未被满足之间形成了矛盾和冲突。陈某有些气愤地说:"我'祷告'几个月了,身体越来越衰弱,这到底有没有用,我是不是应该选择其他的方法了?"陈某的疑惑说明了观点的动摇,也标志着新的渴求出现了。我们引导她用心想一想自己的情况,还有什么比家庭更重要,自己有哪些方面没有做好。为了丈夫和儿子,应当及早脱离膜拜团体,经营好家庭生活。身体有病应该及时就医,"祷告"解决不了动脉硬化的问题,动脉硬化不解决,血压就下不来,肠道息肉更是与"祷告"无缘,就医和经营家庭这件事才是最真实的渴求,也是有效改善自己处境的方法。

(6)预期

陈某有两个预期:①期望丈夫对自己关心并照顾自己,因身体不好就有权利不做家务,但是预期没有得到满足,她感到心理受伤、孤独和气愤,便将期望带入膜拜团体中,预期得到人际关系的亲密感;②她进入膜拜圈子的预期是身体好，这只反映了她的主观欲望，身体并没有好转反而衰弱了，预期目标没有实现。此时，引导陈某自己先改变一些预期目标，需要放手一些不可能实现的期望，重新选择能与现实生活相匹配的期望，然后积极行动起来。只有自己改变了，丈夫和他人才能改变对她的看法。

（7）自我价值

萨提亚家庭康复认为，自尊是个体赋予自己的价值，所倡导的是具有自尊的成长或发展。"帮助康复对象意识到他们的生存姿态，就相当于给了他们一支'温度计'，在检测自己自尊水平的同时，审视自己就如何生存而产生的生存状态。"① 现实证明陈某凡事不能自己做主，整日陷于"祷告"之中，没有对家庭和社会做出很多贡献，未能体现出自我价值而导致低自尊状态。因此，帮助陈某理解其生存态度，激发自我能量和扶起自尊是很重要的环节，因为当一个人的自尊为零的时候，就会采取自我毁灭方式而破罐破摔。此阶段以陈某的家庭关系入手帮助她，通过丈夫和儿子的接纳鼓励她。比如，陈某的烹饪技术相当不错，以肯定和表扬等方式使她建立价值感和自尊心，果然她的自我价值感提升了，表现出自我完善的欲望，把心思花在饭食花样翻新上。在陈某为家庭生活做出了一定贡献之后，得到了家人认可，也就与家庭建立了一种肯定关系，生存条件也得到改善，不再迷恋于"祷告"了。

3. 康复阶段二——家族谱技术（1次）

家族谱技术是运用家庭康复中既定的符号、线条、数字等，将三代以内的家族人员关系进行绘制，绘制后的家族图谱能将复杂的家人间互动关系进行条理化、视觉化的整理，以促进康复对象理清家庭互动关系并学习家庭行为模式。② 本研究引导陈某绘制家族图谱，展示陈某三代之内亲人间的家庭关系，帮助陈

---

① ［美］维吉尼亚·萨提亚、约翰·贝曼、简·格伯等：《萨提亚家庭治疗模式》，聂晶译，世界图书出版公司北京公司，2007年，第143页。

② 黄震宇：《萨提亚家庭疗法在个案工作中的运用与反思——以一个社工研究生的家庭实务为例》，兰州大学硕士论文，2016年。

某了解家庭信息，对家庭发展、家庭需求、家庭互动、家庭问题快速并系统地进行分析，理清家庭成员之间的亲密程度，观察是否存在问题，确定问题并制订康复计划。通过家谱图技术了解到陈某在原生家庭中缺乏关爱，她将这份缺失的爱转移至丈夫身上，但是又感觉不到丈夫的爱，儿子对她也不是很理解，她在家中感到孤独和无助，导致自卑、交往困难、过分追求被关注被关心，这些都是缺乏安全感的表现。尤其是在夫妻双双失业后，重大的生活打击，家庭经济困难，让陈某出现思维迷茫、情绪消沉和逃避行为，使得家庭关系更为紧张，社会适应性更差，由此进入膜拜团体以求安慰。通过家族谱技术了解到陈某进入膜拜团体的诱因之一是与三代人的家庭人际关系不良。

4. 康复阶段三——自我的曼陀罗技术（1次）

自我的曼陀罗是萨提亚疗法的一个核心概念，认为资源存在于自己身上，每一部分都有平等的价值，彼此关系是相互依赖和联系的，任何后果都是曼陀罗的合成物影响所致。

（1）用8个"同心圆"促进自我的完善

自我的曼陀罗包含8个同心圆，"我"为圆心。8个圆分别代表下列资源：①"我"生存的身体，生理的自我；②"我"思维的逻辑应用，思想的自我；③"我"拥有的感受，情绪的自我；④"我"的感觉通道，感官的自我；⑤"我"与外界交互的部分或功能，关系的自我；⑥"我"得到养育的部分，营养的自我；⑦"我"所处时代和生存空间等，环境的自我；⑧"我"生命的力量，精神的自我。这8个部分缺一不可，各个部分相互影响，当各个部分不和谐时人就会垮掉，当各个部分处于平衡和协调运作状态时则自我和谐，才能促进自我完善。

（2）用一条"生命线"挖掘自我的力量

①由陈某扮演"我"，使用隐喻联结的工具绳索，即自我曼陀罗的生命线，系在她腰间。②让陈某邀请8个人扮演她的不同部分，再用一根连续的绳索系

在每个人的腰间,将所有人联结起来,绳索长度间距30厘米,围绕"我"形成一个圆,"我"站在中心,手握系着其他部分的绳索末端。③感受并领悟平衡,让各部分沿着设定好的轨迹运动,而"我"保持静止不动,让"我"体验拥有的资源,理解各个部分资源都有平等地位、力量和运作能力。④感受并领悟忽视与失衡,让其中4个部分逆时针行走,其他4个部分顺时针行走,绳索会缠绕,各部分无法继续移动,"我"也会感到难受。这时让大家暂停,"我"仔细观察:是哪部分运动使"我"感到腰部难受?谁与谁缠绕在一起了?让"我"意识到各部分的位置以及感受,提醒"我"能够掌握和管理这些部分,可以重新安排每个部分的位置,再指挥各部分继续运动,直至达到平衡和舒适自由的状态。这种做法向"我"传递了一种力量,相信自己可以掌控各部分的平衡,此过程也是引导"我"进行自我整合。⑤领悟忽视与失衡到接纳与平衡,让"我"指出自己最为骄傲和熟悉的部分,让那些被忽视的部分坐在一起用毛巾隐藏起来,"我"站在隐藏部分的旁边,能够触及每个人的位置,再让其余部分围绕"我"和隐藏的部分移动。当"我"感到被缠绕的痛苦时就暂停,"我"去了解所有部分的需求及感受,再让"我"控制各部分以达到与"我"协同的位置,并达到相互联系和舒适的状态。在此期间会有各种冲突,体会自己各部分是否协调,是否因有的部分被忽视而导致混乱,在"我"接纳每个部分之后才能实现协调与和谐。自我的曼陀罗技术让陈某看到了自身的资源,看到了被忽视、被隐藏的自我能力,在平衡中认识了自我并感受到和谐的愉快。在经过该技术教育之后,陈某领悟了,她说:"自己的病是可控的,身体有病只是一小部分,老公的爱还存在,孩子的爱也还存在,还有社会的关心,自己还是能够做一些有意义的事情,家庭还等着自己去维系。"

5. 康复阶段四——家庭重塑技术(2次)

家庭重塑技术是通过设立情境、发展演员阵容、雕塑、结束等过程,重现来访者的疑惑或伤痛的场景,然后通过家庭重塑以新的角度去解构过去的经验、做法和感受，探寻自己的行为是否合适、是否有更为恰当的行为，并促进以成熟心态看待问题，转变自己的信仰模式和行为方式。这是一种思想转变和心理成长的过程。采用马科维茨（Markowitz）的家庭重塑三个阶段①对膜拜成员进行家庭干预。第一阶段：解脱前，咨询师给家人提供技术支持，帮助家人改善与膜拜成员的沟通，使家人获得处理膜拜问题的技能；第二阶段：解脱中，家人和膜拜成员一起讨论分歧所在和失望之处，并为进一步沟通奠定基础；第三阶段：解脱后，协助家人与膜拜成员关系正常化，并避免膜拜心理戒断现象出现。

陈某是家庭重塑活动的中心人物，其他家庭成员一起参与到角色扮演中。

（1）打破现状

每一个家庭系统都倾向于保持一种平衡状态，当家庭有人参与了膜拜团体，家庭系统就处于不健康的失衡状态了。膜拜成员不能很好地承担家庭责任，家庭人员的付出也得不到应有的回报，这使家人痛苦、担忧，积累未被满足的期望等不良感觉。制造某一种契机帮助成员改变，打破现状，要求每个人怀着开放和彼此支持的态度进行家庭重塑活动，在活动中让家庭成员针对问题多思考。

（2）引入外部因素

家庭人员可以向家庭之外的人表达改变需求，如朋友、老师和咨询师等，形成多层的关系联结。对于此次干预而言，咨询师作为外部因素指导整个康复过程，检验陈某改变的态度和改变中存在的问题，协助她解决疑惑并鼓励她说出自己重塑的目标和希望实现的结果，同时告诉家庭人员角色扮演的要求。

（3）清理混乱

思想转变是一个复杂的过程，陈某可能会感到困惑与焦虑，需要观察她为保持平衡所采取的行动，提供接纳和支持以建立使她发生改变的情境和途径。

---

① Markowttz, A., "The Role of Family Therapy in the Treatment of Symptoms Associated with Cult Affiliation, In D. A. Halperin（Ed.）", *Psychodynamic Perspectives on Religion, Sect, and Cult*, 1983（1）, pp. 295-316.

咨询师画出一幅家庭图,让陈某为每位家庭人员写出几个描述性的形容词,以便获得家庭的相关细节。陈某可能有自己的感受和理解,鼓励她探索自己的问题。在每一个角色扮演者发言之后,没有参与扮演的观察者可以说出自己的观察和评论,并说出如果自己在类似场景下会怎么做,以确认这些角色在离开重塑的场景后不会思维混乱。

(4)营造良好家庭环境

陈某生活在一个关系不良的家庭中。多妮·惠特希特(Doni Whitsett)和斯蒂芬·肯特(Stephen A. Kent)建议,有膜拜成员的家庭需要重新界定家庭人员的角色,强调修复受到破坏的依恋关系。[①]在中国社会文化背景下,人们对公开谈论膜拜事件是心存芥蒂的,家人担心家丑外扬,陈某则担心被指责。在这个阶段可以运用积极倾听、共情、无条件积极关注等技巧,使陈某正视自己的问题,能利用家庭资源帮助自己,塑造对家庭、自我价值和未来生活的新知觉,逐步摆脱膜拜团体的控制。

(5)强化新状态

角色扮演者在重塑结束时分享他们的观察、感受和见解,特别注意三点:①制订作业,每两周对自我进行一次检查,以书面形式写好后与家人分享;②鼓励陈某参加家庭聚会和社区活动,与他人建立接触和联系;③阅读励志书籍,进行积极暗示;④采用生活见证人技术,以强化巩固康复效果,同时家人可以作为监督者和协助者帮助陈某强化新状态。

6. 康复阶段五——巩固与结束(1次)

陈某自述:"有病不治的想法太荒唐了,'祷告'并不能治病,正规治疗对身体才好。"她有了新的认识,不再虚幻了,也尝试做一些感兴趣的事情。家人反馈陈某不再练功"祷告"了,情绪好了,与家人关系也融洽了,家务活

---

① Doni Whitsett, Kent S. A., "Cults and Families", *Families in Society*, 2003, 84(4), pp.491-502.

也能干了。陈某主动与人交流了,也能参加一些社区的活动了。此时,对陈某的正确认识给予肯定,鼓励她巩固康复效果。萨提亚家庭康复结束时,陈某的精神状况有所改善,家庭系统重归于一个和谐的平衡状态。

四、萨提亚家庭康复对膜拜成员转化效果的讨论

对 10 名膜拜成员进行萨提亚家庭康复的教育转化,在干预前和干预后分别采用自我和谐量表、人际信任量表、自评健康评定量表 3 个量表进行前测与后测数据对比,结果显示膜拜成员经过萨提亚家庭康复后,其自我和谐程度、人际信任水平、总体自我健康水平均显著高于干预前,验证了该方法对膜拜成员转化的效果。提示:萨提亚家庭疗法使膜拜成员能够认识自我价值和家庭的价值,有助于促进他们的转变(见表 3)。

表 3 膜拜成员在 3 个量表上前后测结果差异分析

心理特征测验	前侧 M±SD	后侧 M±SD	t	p
自我和谐量表	112.28±18.55	77.82±19.61	2.043*	$p<0.05$
人际信任量表	32.43±17.62	89.85±16.70	-3.67**	$p<0.01$
自评健康量表	125.53±31.66	326.27±37.86	-4.66**	$p<0.01$

萨提亚家庭康复的效果机理如下。

首先,萨提亚理念的家庭观符合膜拜成员的现实状况。在膜拜团体中有很多与陈某有相似经历的成员,他们为了追求某种感受,渴望健康和人际感情,在他人的诱惑下进入膜拜团体,结果渴求与预期的距离越来越远,加剧了家庭矛盾和关系紧张,乃至失去家庭支持陷入苦恼之中。萨提亚家庭康复模式以人性观和家庭观为基础,借助各种技术促使"家庭 - 个体"重新整合,使家庭成员的互动模式达到新的平衡,并利用家庭资源激发成员的积极力量,这对于心

理转化具有重要的作用。

其次,萨提亚家庭康复模式中的系统观是其理论和技术的基础,它"重视外在系统也寻求内在的改变,人们需要改变内在系统来应对外在系统的影响"。[①] 对于膜拜成员而言,他们更多地关注生活所困、自身需求、现实不满,而忽视自身内在的能力,萨提亚家庭康复通过改变膜拜成员的内在认识系统,调动成员提升自信和生存意识,愿意为维护家庭和真实的健康而改变自己。

最后,有些膜拜成员思想上对转化和回归家庭并不积极,甚至不愿意配合并有抗拒心理,单纯依靠说教式的思想教育,或者简单的咨询达不到理想效果。而萨提亚家庭疗法是以康复对象的问题为主线,分析问题产生的深层原因,借助冰山隐喻、家族谱的绘制、自我的曼陀罗、家庭重塑中的角色扮演等操作技术,让成员在现实操作中重新审视自我,也使他们主动地进行思考与改变,从而达到转化的目的。

---

① 贺庆莉:《萨提亚家庭治疗模式的个案研究及其在中国本土化发展的价值探讨》,陕西师范大学硕士论文,2010年。

叙事疗法：一例膜拜成员心理康复历程的诠释与分析

周济全　高　丽　陈青萍

【摘要】 针对 1 例因生活事件创伤而进入膜拜团体导致焦虑、抑郁、社会退缩等问题的个案，进行四个阶段共 10 次叙事治疗。结果显示，在叙事疗法后，该个体自测健康评定量表中的心理和社会两项子量表得分显著提高，汉密尔顿抑郁他评问卷和自我和谐量表得分显著降低，说明心理与社会功能得到恢复。3 个月后随访结果也表明治疗效果得到维持，提示叙事疗法对膜拜成员心理矫正有效。

【关键词】 叙事疗法；膜拜成员；心理干预；案例分析

叙事疗法在国外经过 30 年的发展，在治疗网络成瘾、物质滥用、阿尔茨海默症等方面已取得了较好效果。叙事疗法传入我国时间不长，近年，有学者写过叙事疗法综述，也有学者运用叙事疗法探讨了中国独生子女这一特殊群体。[①]

---

① Ruoxi Chen, "Narrative Therapy for Chinese Adults Raised as an Only Child", *Contemporary Family Therapy*, 2012, 34（1）, pp.104–111.

叙事疗法是否可以运用于膜拜心理与膜拜行为矫正，尚未有人尝试过。本研究抽取一个典型的膜拜成员案例，经本人知情同意并愿意配合，以微见著地探讨叙事疗法干预过程及其效果，以期为膜拜成员心理转化提供可行的干预技术，并试图将该方法引申为一种膜拜心理矫正的应用方式。

一、叙事疗法概述

（一）叙事疗法产生的理论基础

1979年，美国心理学家西奥多·萨宾（Theodore R. Sarbin）首次提出"经验和叙事结构"对心理和人格的建构作用，强调通过自我经验的叙述总结（人生主线故事）获得对生活的秩序感、连续感和意义感。[①] 1986年，萨宾的《叙事心理学：人类行为的故事性》一书，标志着叙事心理学作为一个正式领域从心理学家族中显现出来。叙事心理学认为，人类的活动和经历更多的充满了意义和故事，而不是由逻辑论点和法律条文构成，故事是交流意义的工具。因此，人类行为有着"故事特性"，喜欢通过建构故事和倾听他人的故事来处理自己的经历。

20世纪80年代，澳大利亚的麦克·怀特（Michael White）和新西兰的大卫·艾普斯顿（David Epston），受后现代主义影响的心理治疗学、社会建构主义和结构主义叙事论的影响，发展出一套新的心理治疗方法——叙事疗法。叙事疗法的理论基础是建立在后现代主义思想对语言的重新认识上，认为"不是人说话，而是话说人"，即语言揭示或决定了人的存在，不可低估语言对人的影响，因为语言是思维产生的基础，思维是无声的语言，二者有密切联系，是互为促进的作用，同时提出心理咨询应该持有一种和个体生命过程同行的态度。

[①] [美] Irene Goldenberg, Herbert Goldenberg, et al.：《家庭治疗概论》，李正云等译，陕西师范大学出版社，2005年，第241页。

我们一直都在把经历过的事件按照一定顺序联结在一起，再运用思维和语言找到理解和解释的方式，创造出一个独一无二的生命故事，即主线故事，再赋予主线故事以独特的意义，形成一种自我启示、认同和改变。基于这种认识基础，叙事疗法具有以下四个基本理念：现实是经由语言构成的；现实是以故事组成并得以维持生命；"问题"是一种叙事；个体故事与主流故事之间的冲突是心理问题产生的原因。因此，叙事疗法看重每个个体的生命状态，提出了几个要素：一是心理咨询应持有一种与个体生命状态过程同行的姿态；二是生命个体受制于文化、历史等因素的影响，言语形成了一种象征性的表达，使叙事表达具有了意义；三是每一个生命个体都有着很多人生主题，因此也有很多的和具体的叙事故事；四是解读这些故事都具有深刻的意义。因此，叙事治疗就是咨询者通过倾听他人的故事，运用适当的问话技巧，帮助来访者找出故事叙述过程中未曾注意到而被遗漏的片段，使问题外化并去除消极情绪，引导来访者重构积极故事，以唤起他们发生改变的内在力量。这也是咨询师和来访者一起辨识和编写另外的、更有益的故事过程，帮助来访者重新检视自身的生活，重新定义生活的意义，进而回到正常生活之中。

（二）叙事疗法的基本观点

叙事疗法的治疗观是解构和重构叙事的对话过程。叙事治疗的精髓就是治疗师对来访者经验的积极解释，将其经历列入叙事故事之中，仔细倾听他的故事（消极主线故事），找出遗漏的片段（例外事件），使问题清晰起来，再鼓励来访者用有期待的故事去替换被压制的问题故事，为理解自己的成长与改变提供积极、正向的参考价值。通俗地说，就是咨询师和来访者一起把他生活中的消极故事解构掉，唤起他对积极故事的注意，并以这些材料重新建构一个具有积极意义的生活主题，激发内在力量唤起他发生内在的信念改变。

叙事疗法是把心理问题作为一种叙事的建构过程，是人们在与社会文化互动过程中建构起来的一些故事。咨询师关心的并不完全是叙事内容，而是故事的产生过程，即来访者独特的故事是如何建构的，探讨其缘由何在，让真相大白。其治疗目的是为生活事件提供积极解释，不是预测和控制来访者的行为，而是通过解释其心理活动和行为特征，使来访者对自己理解以促进心理成长，减少他们以错误经验规划自己的未来。因此，该疗法的治疗途径是以来访者的经验为先，听他们叙述自己的故事，同时采用大量的叙事文本作为治疗工具，如信件、证书、奖状、宣言等，根据情况选择使用。叙事疗法重视合作关系，来访者才是自己生命故事的专家，他们在了解自己的人生故事之后，才能真正帮助自己打开新的视窗，而咨询师只是合作者，其过程像是两位拥有不同生活经历的人在交流经验与故事，在交流叙说中得到共同启示和成长。

总之，叙事疗法的任务是营造故事、陪伴、感动、尊重、好奇和透明的氛围，让来访者述说自己的人生故事，给他们提供建设性的意见以促进改变。

二、个案与方法

（一）一般资料

张某，女，61岁，退休，高中文化，离异，无家庭遗传疾病史。

张某出生在小县城，15岁时父亲去世，与母亲和弟弟、妹妹相依为命，家庭经济困难，高中毕业后开始打工。23岁时认识前夫，很快结婚生子，45岁遭遇车祸致右腿跛行，55岁退休后发现丈夫有外遇，与丈夫争吵不断，随后离婚。儿子大学毕业后去外地工作，很少回家。张某心高气盛却命运多舛，导致情绪低落、烦恼沮丧、内心孤独、痛苦不堪。后在一邻居介绍下，接触某膜拜团体，在"入教"一段时间后觉得心有所依，便投入全部精力于膜拜活动。由于个性好强，凡事以自我为中心，羡慕别人能背诵"教义"，有能打坐几个小时的"本事"，这激发了其好胜心，每天坚持"修行"与读"经书"，最后处于一种每晚必读一段"经书"方能入睡的状态。她感觉看"经书"上的字都变成了"金字"，书皮也变得金光闪闪了,认为这是特异神功,表现得非常兴奋,并经常以"高层次"身份奔走于各地进行交流活动,十分执着。其儿子因多次劝阻她不听而反目,她也因3次非法散发传单而接受教育,近半年来情绪低落,自述一无所有,生活无意义,未来无希望,入睡困难、易醒,情绪抑郁和焦虑,主动寻求心理帮助。

(二)研究工具与诊断依据

1. 研究工具

(1)自测健康评定量表(SRHMS)[①]。该量表主要用于生理、心理和社会健康状况的自我评估,共48项,每项10个等级,得分越高表示健康状况越好。

(2)自我和谐度量表(SCCS)[②]。该量表主要包括自我与经验的不和谐、自我的灵活性和自我的刻板性3个分量表,共35个项目,用以测量个体自我与经验之间的协调程度,采用5点计分,得分越高表示自我和谐程度越低(自我灵活性反向计分)。

(3)汉密顿抑郁量表(HAMD)[③]。该量表主要用于评价抑郁的严重程度,共有24个项目,每项为5级评分,总分0—96,得分小于8分为无抑郁,9—19分为轻度抑郁,20—34分为中度抑郁,大于35分为重度抑郁。

2. 现实观察

初次见面,张某面容憔悴,目光无神,不主动说话,但衣饰整洁,说话清晰,在谈到膜拜团体时很是兴奋,尤其喜欢谈论特异功能方面的内容,不喜欢谈论现实问题以及曾经过往,所谈内容多是自己的不幸故事。

3. 诊断结果

参考张某自测健康评定量表、自我和谐度量表、汉密尔顿抑郁量表,结合现实观察和访谈结果,同时参考其心理困扰时间长达半年,表现有明显的抑郁

---

① 许军:《自测健康评定量表》,载《中国心理卫生》1999年增刊,第35—45页。
② 王登峰:《自我和谐量表》,载《中国心理卫生杂志》1999年第5期,第314页。
③ 汪向东主编:《汉密顿抑郁量表》,载《中国心理卫生》1993年增刊,第186—190页。

和焦虑等症状,但是并无明显的人格改变,诊断倾向为"严重心理问题"。

4. 原因分析

张某早年丧父、中年车祸、老年离异、儿子反目,遭遇了一系列消极事件,导致负性认知占强势状态,无价值感与无存在感,而到膜拜团体中寻求安慰,得到重用后将生活意义局限在"传功"上。在该团体被取缔后,张某失去了认同,也失去了生活兴奋点而出现消极的负性情绪反应。

(三)治疗思路

叙事疗法认为:"一个浸润着问题的主线故事,会把个体记忆和意识中没有问题的故事过滤掉,由此排除个体自我描述中有希望和有力量的故事,产生负性认知而导致心理问题产生。"[1] 叙事疗法强调,人们经由对自己生命的诠释而构建人生,那些被过滤掉的没有问题的故事是主线故事之外的支线故事。主线故事充斥着各种问题,而支线故事却是应对这些问题的关键力量,也意味着人们对经验的不同理解,只有详细勾勒支线故事,找出积极因素,才能逃离掌控命运的主线故事的影响。我们可以将叙事疗法比喻为一座阶梯建筑,通过叙事提问使来访者在不同的阶层间移动,在向上攀爬的过程中与底层问题慢慢分离,并识别和分析"特殊意义事件"对来访者的影响,将以此为基础构建的支线故事导入主线故事中,最后实现"登高望远",看到"生命的多层次性"。[2] 具体治疗步骤如下表所示:

---

[1] Semmler, P. L., Williams, C. B., "Narrative Therapy: A Storied Context for Multicultural Counseling", *Journal of Multicultural Counseling and Development*, 2000, 28 (1), pp.51-60.

[2] White, Michael, "Working with People Who are Suffering the Consequences of Multiple Trauma: A Narrative Perspective", *International Journal of Narrative Therapy and Community Work*, 2004, 2004 (1), pp.45-76.

表 1 叙事治疗步骤

阶层	叙事治疗步骤
8	重述积极的生命故事
7	重要他人的见证
6	思考具体的行动、决定和解决问题的方法
5	思考叙事中自己无意识认同的价值观、信念和成就
4	将"特殊意义事件"导入个人生命的主线故事中
3	探寻"特殊意义事件"
2	界定问题并命名
1	叙述问题或主线故事

根据叙事治疗步骤以及张某的特殊情况,采用如下治疗思路。

1. 主线故事叙述

协助张某进行完整的叙说,减少因刻板印象描述经验所带来的僵化影响,让她通过讲述故事而改变自己,在重新叙述故事的过程中,将充满问题的几个"主线故事"串联并重新认识。

2. 解构主线故事

通过"问题外化技术",实现以"膜拜事件"为主的主线故事与张某的分离,以解构式的聆听和提问来积极寻找张某主线故事中的"特殊意义事件"。将问题与人分离,让张某认识到是因为有了这个问题故事才让自己出现强烈的抑郁情绪,而这个问题故事只是生活故事中很小的一部分,并不是全部,之所以感到痛苦是因为夸大了问题故事,隐藏了有力量的其他生活故事。

3. 解构支线故事

通过解构技术对"问题故事"进行修复,聚焦"特殊意义事件"的细节和过程描述,通过询问张某的过去、现在、未来以及对"特殊意义事件"的感受、想法和行动来丰富支线故事,对具有积极意义的"例外故事"进行挖掘,从中发现新的认识角度,并从积极角度"重新编排"自己的"人生故事",重新建构一个有积极力量的自我,从而产生心理康复力量。

4. 重构主线故事

以"特殊意义事件"所展现出的积极力量，重新构建主线故事，调动张某对生活的认知，找寻生活的动力，并通过局外见证人、重新入会等治疗技术，强化张某对于重构后主线故事的认可，从而脱离膜拜团体，回归正常社会生活。

（四）治疗过程

针对本案例计划进行四个阶段：第一阶段是叙说故事，即倾听"主线故事"；第二阶段是问题外化与解构，即寻找"例外故事"；第三阶段是重构，即重构积极的"主线故事"；第四阶段是仪式化，即强化正性自我，提升治疗效果（见图1）。每个阶段根据需要进行2至3次治疗，共包含11种技术方法。治疗为期6次，每周1次，每次1小时，过程中配合书报、录音、信件等治疗文件。

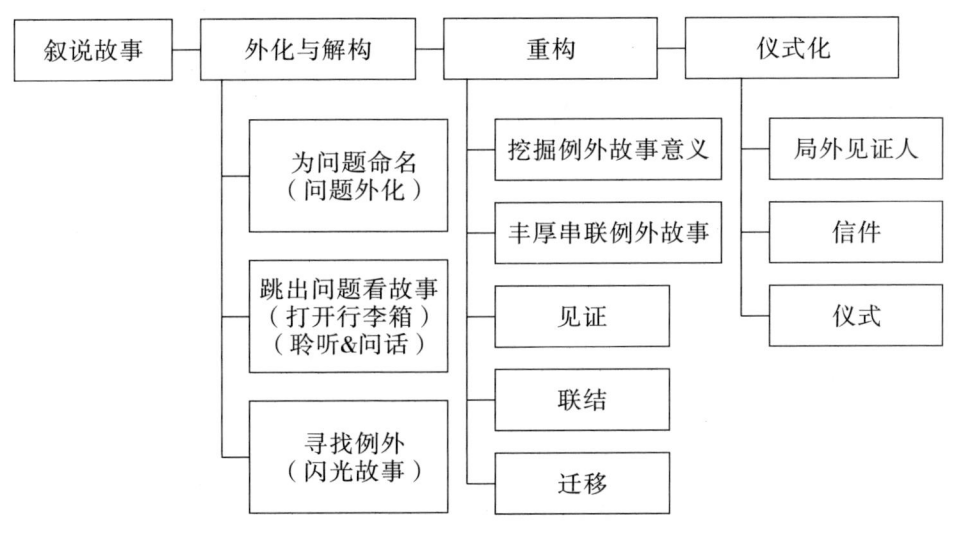

图 1 叙事疗法程序图

叙事疗法过程如下。

第1次治疗：叙说故事（了解问题阶段）

叙事疗法以叙述故事为开始，在咨询中了解故事全貌，全面倾听张某的"主线故事"，以"无条件接纳、积极关注"的方式，协助张某描述问题故事。同时，使用接纳性语言和开放式提问进行故事深入,如:"你如果愿意的话,可以告诉我你的故事吗?""那这件事情后来怎么样了?""能说得再具体一些吗?""早年父亲去世,你很快工作,是你承担了家庭责任吗?"以便让张某感到被关心、被尊重和被支持,以利于建立良好的咨询关系,使故事得以充分地叙述。同时,帮助张某尽情将"主线故事"充分叙述和梳理宣泄,如"车祸让你的生活出现了哪些变化?""你离婚后过得怎么样?""膜拜生活给你带来了什么变化吗?""你遭遇了那么多的消极事件,是什么力量支撑你走到现在?"由此分析张某"充满问题的主线故事":早年父亲去世,早早地承担了家庭经济负担,从小无快乐;中年车祸遗留下残疾,心痛了半辈子;退休后丈夫感情出轨并离婚,自尊心受到伤害而痛恨不已;加入膜拜团体后膜拜团体又被取缔,思想不通;进行传教活动与儿子反目,内心孤独。现在的她认为自己一无所有,感到生活没有意义,对未来没有了希望。第一次治疗除了收集一般资料外,还要注意主线描述外的支线故事,为下一步探寻特殊意义事件做铺垫。

第 2 次治疗:问题外化(问题解决阶段)

问题外化是指将问题与自己分离,问题是独立存在的事件,张某是受其影响的对象,只有脱离了问题才能够客观、理性、有力量地解决问题,也就是将问题与人拉开距离,人不等于问题,问题才是问题,通过问题外化使张某在问题及其影响中重新获得主控权,面对"非常严重的问题能够采取较为简单、有效且低压力的应对方式"。① 此次治疗主要针对早年丧父、中年车祸、老年离婚,这样三个主题进行问题外化和解构,同时寻找"特殊意义事件"。本次治疗分三步完成:问题命名,问题解构,探寻独特结果。邀请张某为问题命名,这是问题外化的第一步,通过命名实现把问题从本人身上分离出来,避免张某将问题和自身混淆。人们常常会被问题控制,所以命名可以激励张某的信心,通过以下问题帮助

---

① Irene Goldenberg, Herbert Goldenberg, et al.:《家庭治疗概论》,李正云等译,陕西师范大学出版社,2005 年,第 241 页。

张某为问题命名："我想知道我们应该怎样称呼现在面临的问题？""对于你的这些经历，你会为它取一个什么样的名字？""这些年发生了好多事情，我们要不要一件件记录下来，看看发生了什么，你会怎么称呼或者形容这些事件？"

张某将自己遭遇的经历命名为"乌云"，自己失去了应有的父爱、健康、婚姻、家庭、快乐等。张某认为离婚说明自己是失败者，在别人面前抬不起头，这是传统观念在影响着她。"是什么力量让你能走出离婚带给你的痛苦？""即使处于现在这样的痛苦中，你正在做什么事情呢？""是什么让你在父亲去世后勇敢地承担起了家庭责任？"……通过提问，使张某从一个新的角度看待自己的问题，避免消极否定、自暴自弃的态度，同时使张某看到与问题不相符的地方，即积极的"特殊意义事件"。这是不符合主流故事的"例外事件"，是支线故事的来源，有着特殊意义。治疗中询问张某是否记得自己曾经能够控制问题，从而使张某更加详细叙述经历中的细节，并找寻到"例外"这一特殊意义事件。比如，"父亲去世后，我很快工作，把工资都交给家里了"；"离婚后，我主动找其他姐妹聊天，开导自己"；"退休后，一直参加社区活动"；"一直很喜欢刺绣，后来学了十字绣，绣了几幅给儿子做结婚礼物"。把这些在生活经验中潜伏的、未被利用的信息挖掘出来，进行"特殊意义事件"的解构，整理事件背后所展现的积极力量，协助张某认识到这些"闪光点"并发展为支线故事，而不是让它们被主线故事掩盖。

第3次治疗：问题解构（分析问题阶段）

问题解构技术是解决"主线故事"中的"问题"，即"打开行李箱"，通过解构式聆听和解构式询问去分析问题性质、问题产生原因以及应对的效果等，是"从薄到厚""从更多角度"重新审视故事，最后"寻找例外"，让张某看到故事的"另一面"，发现隐藏着积极意义的"例外故事"，把被掩埋的希望与积极力量挖掘并释放出来。问题解构是要推翻"理所当然的过程，发现隐藏在问题之下压抑生命的偏见思维模式，解构的对象是人们视为指导原则的自我叙说以及受主流文化知识支配的个人关系规则"。① 在本次治疗中，张某的膜拜问题成了主线故事，对于膜拜问题的命名，张某说"乌云"并不合适，因为在膜拜团体中一直觉得自己并非真正的自己，而是被控制了，应将问题命名为"思维怪物"，是思维怪物控制了自己的生活，只看到消极一面。对于膜拜问题的解构是重构主线故事的关键，治疗中通过提问与张某深入探讨了她的问题："是什么促使你进入膜拜团体去'信教'？""你从中得到了什么，什么原因促使你各地奔走去'传教'？""'信教'对你的意义是什么？""'信教'使你得到了自己渴望的东西了吗？""'信教'后自己的生活出现了哪些变化？""这些变化带来怎样的影响？"通过对"膜拜事件"的解构，张某清楚自己最初的想法和加入膜拜团体之后与实际间的差距，各地奔走"传教"背后的偏执心理，自身个性好胜与膜拜行为痴迷之间的关系，看到了"膜拜事件"给自己带来的伤害，同时也发现了一些主线问题中的"特殊意义事件"。比如最初选择"信教"是应对生活剧变的积极心态，"我信教就是想找人说说话""在'教'里面人缘很好，我愿意帮助别人""我在学习期间，开辟了一块菜园，自己种菜"等。一个人如果累积了比较多的积极的自我认同，凡事有自信，所思所为就会上轨道。相反，如果是消极的自我认同就会失去支撑向上的力量而沉沦下去。叙事心理治疗方法是在消极的自我认同中，寻找隐藏在其中的积极自我认同。张某的积极的资产有时会被自己压缩成"薄片"，甚至视而不见，如果将"薄片"还原，在意识层面加深自己的正确认识而由薄至厚，就能形成积极有力量的自我观念。来访者在选择和述说生命故事的时候，会维持故事主要的信息，但往往会遗漏一些片段，治疗师需要帮助他们找到遗漏的宝贵资源，让资源丰厚起来。

本次治疗可分为三个层次进行：

第一，为问题命名。"为问题命名"可促使问题外化，强化问题与自身无

---

① White, M., *Re-authoring Lives: Interviews and Essays,* Adelaide, Australia: Dulwich Centre Publications, 1995.

关的意识，鼓励张某叙事时给自己面临的问题取个"特定名字"，以此明确"问题故事"的焦点所在，同时在以后的故事中直接询问"特定名字"，促进问题与张某分离，让张某对问题更有控制力。此阶段既为"叙说故事"做总结，又为"跳出问题看故事"作铺垫，而对问题命名过程也是确定叙事疗法主题的过程，本案例通过和张某协商以及对主线故事的分析，将问题划分为以下主题（见表2）。

表2　问题命名和主题内容的划分

问题命名	问题内容
早年丧父	少年期父亲早逝，家庭困难，情绪压抑，自卑，无快乐感
中年车祸	车祸，残疾跛行，生活更加艰辛痛苦，自怜，受人冷眼
晚年离异	晚年丈夫出轨，离婚，婚姻失败，被人嘲讽，自尊受伤害
膜拜团体	进入膜拜团体，虚拟世界，错误感受，偏执认识和痴迷

第二，跳出问题看故事。"跳出问题看故事"，即"解构"故事中问题的影响作用、应对的行为方式和出现问题的原因，将发生的问题比喻为生活中的"干扰因素"，与张某一起剖析这些"干扰因素"的由来和影响程度（见表3）。

表3　不同问题主题对张某的影响

问题命名	对张某的影响——应对方式
早年丧父	经济压力、自卑、自强——打工接济家庭、帮母亲照顾弟弟、妹妹
中年车祸	生活艰辛痛苦、残疾受人冷眼——积极治疗、积极照顾家庭
晚年离异	家庭破碎、婚姻失败——独自照顾孩子，与社区姐妹和睦相处
膜拜团体	与儿子反目、被冷落——想与儿子和好，想证明自己很优秀

采用"解构技术"即"解构式聆听"和"解构式询问"方法进行治疗，过程分为三步：第一步了解问题造成的影响；第二步理清张某对问题采取的消极应对方式；第三步从过去经验中查找问题形成原因以及影响结果。其中，"解构式询问"常用"这件事是怎么影响到你的？""如何导致你现在所经历的困难？""当你被影响时，你做了一些什么事情以避免影响？你是怎么做到的呢？""当困难再来时，你怎样做才能不受到影响？""这样的一段经历，让

你看到一个怎样的自己？""你想对自己的未来做些什么准备？所发生的困难对你有没有正面的意义？"在治疗过程中，需要提醒张某以全面视角分析面临的问题，直接对问题进行处理，并缓解"问题故事"引起的负面自我评价和消极情绪。通过对问题分析，使张某"跳出问题看故事"，看到故事中有意义的内容，并引出有积极意义的"例外事件"。

第三，寻找例外。"寻找例外"即发现隐藏在故事中的"闪光故事"，鼓励张某叙述其经验中那些被忽视的内容，而这些内容是与其"问题故事"不相符合的"例外事件"，使其认识到有一些经验或故事具有积极的意义，却不曾被自己重视（见表4），现在需要一个一个地找出来。随着"例外事件"增多，积极的影响便逐渐使张某改变对自我的负性评价，提升信心和自我效能感，也为故事重构做好准备。例如，张某忽视了"我早早出来打工虽然收入微薄，但我把工资都交给家里了""我的婚事是我自己给自己办的，没让家人操心""出了车祸后我还能坚持工作和照顾家人""我结婚时我妈很高兴，有了孩子我和丈夫一起抚养孩子也很幸福""丈夫出轨离婚，孩子对我说没事，妈还有我呢""我还有妈妈、弟弟、妹妹、儿子的爱""一直喜欢刺绣，后来学了十字绣，绣了好几幅给儿子做结婚礼物""我一个人为孩子举办了婚礼""孩子跟我争吵是为了我好""孩子还在、我还在，以后可以在一起"等积极内容。

本案例中，对于膜拜问题的解构是重构主线故事的关键，治疗中通过解构的提问与张某深入探讨了她的问题："是什么原因使你进入'膜拜团体'？""你在膜拜团体中得到了什么让你各地奔走去'传教'？""膜拜团体对你的意义是什么？""膜拜活动让你得到了自己渴望的东西吗？""膜拜活动之后自己的生活出现了哪些变化，这些变化带来了怎样的影响？"通过对膜拜活动的解读，使张某清楚了自己最初的想法与加入膜拜团体之后体验有很大的差距，"我就是想找人说说话，但是'功友'之间也是互相防备的"，她还透露了去各地奔走"传教"的背后，有一种自我虚假满足的心理，是想用膜拜内容填充被抛弃的空虚心灵以显示自己强大，表示虽然离了婚也会有其他人的关注，也不需要示弱，她需要别人称赞、肯定，需要感情补偿和转移。接着，张某分析了"膜拜事件"给自己带来的伤害，被周围人不理解而冷淡，被儿子不理解而亲情不再，这些感受也让她内心很痛苦。同时，张某也发现了一些"例外事件"，通过叙述故事的反省，了解了自己的内在需要，叙述了自己的人生故事，算是一场心理洗礼，知道了今后应该怎么办。张某表示，"我在团体里面人缘很好，好强，所有的事情我都要做到最好，也得到了一些'功友'的信任，我可以依靠这种关系做一些教育工作"（见表4）。

表4 从不同主题的"例外事件"中寻找积极力量

问题命名	例外事件与积极作用
早年丧父	打工接济家庭，照顾弟弟、妹妹，帮助母亲照顾家庭，为自己办婚礼，敢于应对困难，不怕吃苦受累，提升了自信心与自我效能感
中年车祸	积极治疗、艰辛却支撑着家庭，残疾还照顾母亲、丈夫和孩子，生活磨难赋予了自己的责任感、坚强意志以及绝不退让的勇气
晚年离异	离婚后独自照顾孩子，一个人为孩子办婚礼，与单位同事关系好，自己不是一个人，还有孩子和亲人，离婚后也能坚强的独立生活
膜拜团体	为寻找价值生活进入膜拜团体，现在作为教训也能提醒人们警惕，感悟所拥有的被爱和爱，母亲、孩子、弟弟、妹妹、同事都是自己的爱

第4次治疗：重构主线故事（效果提升阶段）

主线故事是主体支撑，受到一个人的价值信仰、生活经验、思维方式的影响，在问题外化与解构分析后，原有的主线故事已经分崩离析，此时要丰富那些以"例外事件"为代表的支线故事，以代替原有的主线故事。因此，在本次治疗中主要是去丰满具有积极力量的支线故事，以支线故事替代问题解构后瓦解的主线故事。治疗中以"特殊意义事件"构成的支线故事为基础，对张某进行不断的解构、提问，使张某以过去、现在、未来的角度去分析"特殊意义事件"在自己身上所展现的另一面，为张某构建新的生活视野和再发展的积极力量提供新的选择。我们与张某一起将"例外事件"进行串接，在此基础上重构并引出一系列积极的"故事"。本案例在故事重构后，采用挖掘"例外事件"意义（故事积极力量分析），丰厚串联"例外事件"（同类型故事"联结"、不同类型故事"迁移"）。张某说："我虽然家庭不幸，但我努力拼搏、积极进取，照顾自己也照顾家人""车祸使我残疾、生活艰辛，但我挺过来了，我是坚强和负责任的人""婚姻失败不代表曾经没有快乐和幸福，更不代表我一无是处，与背叛的人分手是理性的选择，我的孩子还在，生活还要继续，一切都可以通过努力重新开始""还有不少人关心我，我的母亲，我的孩子也深深地爱着我""我并不是什么都做不了，我可以做很多事情让生活变得好起来"。

这种方法可以瓦解张某最初呆板、固执和充满问题的主线故事，开始质疑并调整对膜拜问题的想法。治疗中我们探讨了张某早年丧父并坚强地走出了丧亲事件；在车祸以及离婚后自己所展现出来的积极力量；加入膜拜团体是选择了错误的走出困境的方式，自己正在深入认识过程中。通过对"特殊意义事件"的解构，引导张某思考支撑自己走到现在的积极力量，突出这些力量的特点，将"特殊意义事件"向前或者向后延伸扩展，从而替代故事的内容，同时运用局外见证人技术，即寻找积极生活见证人和告别问题的强化技术提升治疗效果。张某选择与自己关系很好的朋友李某来听取我们先前治疗的录音，并参与本次治疗，李某作为局外见证人从旁观者角度重新叙述了张某的故事，进一步丰富了支线故事。李某说："张某做事一直很积极""我有烦恼的时候她经常开导我""生活很有规律，每天都早起，很勤奋""她努力学习、工作，获得了表扬"等。经过局外见证人的再叙述，原始的故事被覆盖和超越，丰富了支线故事内容并展现了张某改变的态度。在咨询治疗前，这些支线故事与张某的生命经验无关，它们并没有出现在张某的生命线上，经过挖掘和重新叙说故事，这些"支线故事会成为生命经验的架构，成为生命经验的基础"[1]。只有使张某发现自身的价

---

[1] Wakefield M., Olver I., Whitford H., et al., "Motivational Interviewing as a Smoking Cessation Intervention for Patients with Cancer: Randomized Controlled Trial", *Nursing Research*, 2004, 53(6), pp.396-405.

值和生存的意义，才能摆脱膜拜问题的困扰，回归到正常社会生活的信念之中。

第 5 次治疗：仪式性强化见证（强化正性自我）

重新叙述后的故事，需要对张某的正性自我认识给予肯定和强化。因此，本次治疗主要通过"重新入会"等技术手段，对张某重构后的主线故事进行巩固和强化，并为结束治疗做准备。在本次治疗中邀请张某生命中的重要他人，无论其在世还是已离世，为其进步举行纪念仪式，这会给她带来极大的支持和抚慰。请张某象征性地邀请生命中的重要人物加入自己的"生命俱乐部"，即"重新入会"技术。张某曾经是膜拜成员，其自身对于仪式有很高的认同，因此采用仪式性强化方式。张某决定邀请自己已逝的父亲参与见证，治疗中采用了告别仪式、承诺仪式和强化仪式。告别仪式采用"空椅子对话"技术：在"父亲"见证下，张某把自己离婚、进入膜拜团体以及这些年的痛苦经历大声告诉父亲，虽然痛苦但并没有被打倒，而是真正认识了自己，对未来生活有了信心。承诺仪式：让张某列出给自己的几条承诺，如定期阅读励志书籍；给自己列出 5 条未来的希望，每天大声朗读 5 次，让希望形成深刻印象并作为自我心理的积极暗示，同时定期看自己的咨询记录，以及咨询信息和承诺书，以此更好地提升人生意义。强化仪式：让张某给自己写信，感恩现在并与过去告别。这三项内容可作为巩固疗效的作业而长期进行。

第 6 次治疗：效果评估（检验疗效）

这是治疗的最后阶段，通过心理量表测查、当事人自评、他人评估以及治疗师评估等方式给予张某治疗效果的认定。张某自评："两个月以来，睡眠好了，不怎么乱想了，就想着好好改变自己。"张某的朋友评价："她近来情绪比较稳定，能够认真地思考，也能够主动地帮助有同样经历的人。"治疗后测的心理测量结果与治疗前比较如表 5 所示，有很大的变化，张某的心理健康状况明显得到改善，焦虑、抑郁症状有效缓解，她的自我与经验之间的协调程度也显著提高。在 3 个月后的反馈性访谈中，张某精神很好，衣饰整洁，访谈中时有笑容，心境乐观。

表5 张某治疗前、后及三个月时的心理量表得分

量表	前测	后测	追踪
健康自评量表 SRHMS	280	381	390
自测心理健康量表	100.00	135.00	126.00
自测社会健康量表	68.00	94.00	114.00
汉密尔顿抑郁他评问卷	24.00	14.00	8.00
自我和谐量表	94.00	71.00	65.00

三、讨论

迈克尔·康纳利（F. Michael Connally）教授等认为："人类经验基本上是故事经验。人类不仅依赖故事而生，而且是故事的组织者。研究人的最佳方式是抓住人类经验性的故事特征，记录有关人生经验故事的同时，启迪自己成长。"[1]哲学家让－保罗·萨特（Jean Paul Sartre）认为："透过故事，人们去看待一切事物，并且在不断地重新述说中生活下去。"[2]心理学家认为："讲故事本身就可以改变自己。……人们对世界的认知源于对自己经验的创造、分类、建构以及意义赋予，而不是世界的客观存在本身。"[3]人类一直是讲故事者，人们总是活在自己与他人的故事中。很多时候，生活在故事中的人们，仅仅把讲故事当作生活的副产品，而这是现实的一种投射与凝结，人们可以在重新叙述故事的过程中，发现新的角度，并把自己的人生用不同的角度"重新编排"，成为积极的故事，从而产生新的力量。人们对于生命故事的叙述，同样并非客观真实的生命经历，而是添加了一些主观感受。本案例中的张某是一位具有许

---

[1] F. 迈克尔·康纳利、D. 琼·克兰迪宁：《叙事探究》，丁钢译，载《全球教育展望》2003年第4期。
[2] 郭韶明：《叙事：过往的经历能否重新编排》，载《中国青年报》2006年11月29日。
[3] Kenneth J. Gergen, "Psychological Science in a Postmodern Context", *American Psychologist*, 2001, 56 (10), p.803.

多创伤性故事的膜拜成员，运用故事叙说、问题外化和解构、故事重构三大部分，探讨了叙事疗法在膜拜心理干预中的应用及其效果。结果显示，叙事疗法能有效缓解其抑郁情绪。这与罗德里戈·T.洛佩斯（Rodrigo T Lopes）等人认为"叙事治疗能有效缓解患者的抑郁症状，提升人际交往能力"的结果一致。[①]

对叙事疗法的治疗过程及其机理归纳如下：①叙说故事，让张某表述自己的创伤经历，给予创伤情绪释放与梳理；②通过"问题外化"构建一个安全环境，让张某有力量面对自己的创伤经历和现实问题；③通过"解构"让张某重新认识创伤事件，勇敢面对现实问题；④寻找例外，在故事叙述中寻找"例外事件"，并以此为基础构建积极力量的"支线故事"，从而替代了消极的"主线故事"，使心理功能得到康复；⑤"故事重构"，这种重构并不仅仅是针对创伤事件，更是对张某的人生经验、自我认识、未来发展的重新构建，促使其构建一个积极有力量的"新故事"。本案例中张某的生命故事中包含着早年丧父、中年残疾、晚年离婚、加入膜拜团体等一系列的消极经验，这使其倾向于选择消极的认知方式，以至产生"生活没有意思，看不到未来"的抑郁心理。通过叙事治疗发掘张某身上的"例外事件"，使她感知到自己在这些困境中所表现出来的力量，看到自己一直忽略的生命经验中的"闪光点"，从而整合经验并肯定自身存在的价值，在自我的重新叙述中构建崭新的生命故事，它具有深层次的心灵清理和建设意义，可以让张某以积极的心态面对未来。

在叙事心理治疗中，最重要的是讲故事的叙事方法，可以视为对现存的思辨、调查、观察和验证。传统的方法可能会聚焦问题，寻求心理支持或避难所，而叙事疗法则不管来访者当下的感受是什么，尝试去体会"他们之所以走到现在，力量来自哪里"。咨询师会让张某转换角度思考问题，从所付出的辛苦和努力中，

---

① Rodrigo T. Lopes, Miguel M. Goncalves, Daniel B Fassnacht, et al., "Long-term Effects of Psychotherapy on Moderate Depression: A Comparative Study of Narrative Therapy and Cognitive-behavioral Therapy", *Journal of Affective Disorders*, 2014, 167, pp. 64-73.

引导她看到自身的能量。这本身就是一种鼓励与支持。叙事疗法独特的治疗观认为，心理治疗是解构和重构"故事"对话过程，个体的心理问题并不是真实存在的内容，而是通过语言建构起来的一种叙事结果，因此其作用机制就是通过个体对自己固着和僵化的生活过程进行叙事反思，寻找和发现生活中的"闪光故事"，使意识中被封存的积极经验变得清晰和鲜活起来，从而重新构建一个积极有力量的生活故事，为生活事件提供积极意义的解释，以此达到治疗目的。

张某希望通过膜拜活动获得关注的价值感、存在感和被尊重感等，这是对自己现实生命故事的偏离和否定，也是一种逃避心理。本案例采用叙事疗法矫正膜拜心理，其效果可以归纳为"三阶段"模式：①分离阶段。通过问题外化使张某脱离原有的支配生命的负性故事。②转化阶段。通过生命故事叙述，与张某共同探寻"例外事件"并进行解构，使她看到主线故事的另一面，寻找"特殊意义事件"支线故事中的积极意义，认识到生命故事的多重性，识别不良的认知偏差，找出与困难对抗的力量。③整合阶段。使张某看到自己生命中的"例外故事"，通过"局外见证人"等技术，将生命故事在重新叙述中得到积极强化，开始勇敢地走向脱离膜拜团体的新生活。其中，张某生活受到挫伤，逃避现实失败和寻找自我价值是进入膜拜团体的原因，重构现实积极的主线故事是让张某走出膜拜团体的关键，让她在现实生活中感受价值感、存在感、被关心和被爱的感觉，这是其走出膜拜团体的根本动力。

四、应用的体会

（一）建立良好咨访关系有助于理清问题

张某起初是迫于家人压力前来咨询的，她自认为是掌握了"宇宙真理"的人，有一种偏执的高贵感，看不起凡人俗事。因此，在交流刚开始时，她带有一些抵触情绪，此时不应着急，可从她感兴趣的话题入手，以开放态度接纳她的部分观点，在建立一定情感的基础上，再逐步开展后续步骤，将她的问题一步一步地清理出来，抓住主线问题帮助处理。良好的咨访关系是治疗的关键之所在。

（二）处理焦虑或阻抗有助于推进积极情绪

膜拜团体是张某赖以寄托精神力量的地方，将她与团体分离便会让她产生焦虑和阻抗，这与其长期被精神控制的心理定式有关。外化技术可以降低问题对她的影响，但同时也会出现问题外化后的烦躁等情绪。因此，治疗步骤可以放缓慢，把问题外化与寻找替代故事紧密结合，帮助她积极地参与问题讨论。

（三）循序渐进地进行故事叙述有助于自我反思

张某年龄偏大，描述生命中的主流故事和几十年根深蒂固的过往事件需要时间和思考，加之其思维受到膜拜教义影响而摇摆不定。她转化中的关键因素是寻找重回正常生活的能力、勇气和信念。因此，整个治疗过程不能仓促进行，尤其是在问题外化和寻找替代故事阶段要充分做好认识准备，使她彻底摆脱膜拜团体。

（四）多角度巩固治疗有助于效果的提升

任何人都不是单独生活在社会中，每个人与家庭、朋友、社会都有着紧密的联系。在治疗过程中不能仅从张某本身入手，还需要结合其他方法，比如在其问题松动的关键期要有正性、积极的故事进入其视线，结合认知疗法改善其偏颇的认知观念。同时，从多角度入手为她回归正常社会生活营造良好的氛围和途径。

积极关注技术：一例膜拜成员教育转化的实际运用

任宝锋　陈青萍

【摘要】探讨积极关注技术对膜拜成员转化效果的作用。方法：选取一例膜拜成员实施个案积极关注技术，以日记形式记录和分析咨询效果并配以点评。结果：通过了解信息、共情沟通、正性关注、分析问题、解决问题、促进发展等6次咨询技术之后，激发了当事人正向价值观和改变的内在动力，认知立场和行为方式发生了根本性改变。结论：积极关注技术对提升膜拜成员认知觉悟效果明显，该方法值得推广。

【关键词】人本理念；积极关注技术；膜拜成员；心理咨询

20世纪中期，人本主义心理学快速发展并一直兴盛至今。该理论认为，人是有血有肉的独立个体，讨论所有与人有关的问题都应该以此为出发点，并将它作为讨论人类心理问题的基点。积极关注技术是人本理念指导下的一种心理咨询技术，是指帮教者对当事人予以正性的关注，使其拥有积极价值观和改变自己的内在动力。该方法在我国运用证实有效，[1]但是运用该方法帮助膜拜成员是否也有效却不得而知。下面是运用积极关注技术帮助一位"门徒会"成员的帮教日记，了解该技术对于特殊人员的帮教过程及其作用，希望以微见著为相关部门工作提供一定理论依据和方法参考。

某年，5月20日，晴

我作为一名教育转化志愿者接受了一项任务，帮助一位曾在村里带头发家致富并做出贡献，而在5年前误入"门徒会"的黄某回归正常社会生活。我先去村子里了解了情况：黄某，男，50岁，汉族，初中文化，农民。在改革开放政策实行以后，黄某在农村带头养猪致富，在当地也算是个能人。他因参加"门徒会"聚会滋事被拘留过一次，帮教者几次上门做工作，他都不配合，成为远近闻名的一块"硬骨头"。村里人听说我要给黄某做工作都摇摇头，有的说黄某性格很怪，犟得很，认准的道一定会走到底；有的说黄某把"尊师"当神敬，谁也说服不了他；有的说，黄某只信"神"，不信人。尽管人们有许多顾虑，但是都盼望黄某能够转化，这种愿望是一致的。我先与黄某的家人见面了解详细情况，也得知黄某是个思想古板、性格倔强的人，和周围的人搞不好关系，平日也不与他人交往，就是闷着头喂他的那几头猪。了解了黄某的情况，我感到心情沉重，这样一种性格特征的人，转化起来有难度。我决定采取迂回包抄、循序渐进的方式，先弄清楚事情的来龙去脉。

点评：凡事有归因，充分了解黄某个人的性格特征、认知特点、行为方式以及生活状况等背景信息，便于探究他的主体感受和揭示其内心世界，这也是帮教者和当事人下一步开展咨询并产生交互作用的基本条件。只有明确了黄某的问题"是什么""为什么""有什么特征"之后，才能找准要点对症下药解

---

[1] 左静、郑婷婷：《积极心理干预辅助认知行为干预在伴有抑郁的老年慢性心力衰竭患者中的应用》，载《中国健康心理学杂志》2019年第11期；姜桂芳：《基于积极心理学的心理健康教育对中学生心理健康的影响》，载《中国临床心理学杂志》2011年第6期。

决问题。

某年，5月24日，阴

今天上午，我去黄某家里与他第一次见面，他很不配合，情绪非常激动，甚至将我拒于门外。我意识到黄某有一种很强的防御心理，他把我上门谈话看作思想威胁，心存警惕，有很强的抗拒心理。抗拒是人在转化过程中对自我暴露和自我变化的抵抗，如果不解决他的阻抗情绪，他的问题就无法好转。我连续三次登门，黄某见我一片诚心，勉强坐下来与我交谈。我想起几日前给扶贫对象买的两只猪崽生病的事，就向他请教生猪饲养的一些问题。养猪是他的强项，提起这个话题他来了精神，滔滔不绝地给我讲了一个多小时的养猪经验。我在交谈中发现他性格虽然倔强，但身上也有很多优点，他之所以与周围人处不好关系，是因为长期不被人理解，心理产生了抵触情绪，导致行为固执、极端。因此，我运用"积极关注技术"发掘他的闪光点，在与他交流中充分肯定了他在生猪养殖方面技术好，对某些问题有独到见解，人很勤劳、不怕吃苦、做事果断、为人耿直、重义气等优点，并邀请他到我的扶贫对象家中传授养猪技术。黄某见我很欣赏他，跟他谈得来，不知不觉地消除了"警惕"，人也变得热情起来，几次起身为我添茶倒水，态度温和了许多。我在与他交谈过程中，一方面把握他的性格特征和闪光点，给予真诚的肯定和鼓励，消除他的心理抗拒，让他敞开心扉讲出自己的心里话；另一方面也在快速构思一套积极关注技术的帮教方案。人的生命系统是一个开放的、自我可以再进行选择的系统，黄某正面临着何去何从的选择，也有着可以转变的内在潜质，重要的是如何引导他，激发他正确认识而改变对某些问题的立场。

点评：共情沟通是消除心理抗拒的有效方法，帮教者应成为"读心"的高手，在与膜拜成员初期接触时，先不触及敏感问题，找到恰当的话题切入点，提取其过去的积极经验，从感兴趣的事情入手交谈，消除其反教育的抗拒情绪。如果只是空谈问题而不谈情感，会给人冷冰冰的感觉；空谈情感而不谈问题，那不是工作目的。在积极关注技术的帮助过程中，这种客观性（谈问题）和主观性（谈情感）应在双方交互关系中得以体现，良好关系本身就具有治疗价值，它能够调节情绪帮助接受建议。

某年，5月27日，阴转晴

今天，我再次来到黄某家，他热情地招呼我坐下。我见时机成熟，就切入了正题。我说："你看起来是个有头脑的人，我相信你加入'门徒会'那么长时间，态度那么坚决，肯定有你的考虑，只是不被人理解，你能说说它带给你的好处吗？"黄某轻轻地叹了口气，道出了原委。原来他是村里带头致富的能人，也是一个孝子，因母亲生病被亲戚劝说加入了"门徒会"。刚开始他也不太相信，觉得"祷告"治病不符合常理，但是亲戚说得有板有眼，又讲了几个"信徒"治好糖尿病、瘫痪、癌症的事例，还说信这个"神"不用整天跑教堂，只要在家里祷告就行，想着也不费啥事，就答应"试一试"。在家里坚持"祷告"了一个多月，感觉母亲的精神有所好转。亲戚说，只要他心诚，那"福"报大了，要啥有啥，能保他全家平安，保他子女发大财，保他家门兴旺。还说光"祷告"不行，要想得到更大的福报就必须出去传"福音"。就这样，他一步一步地陷了进去。从此对家里的事不管不顾，只想着把"神"的"福音"传给更多的人，并相信"传道救人"将来能进入"神国"，这样的"伟大理想"使他越走越远，与家人也矛盾重重。事实上，他母亲的病情也在加重，再"祷告"也不管用，而亲戚说不是"神"不灵，而是心不诚，"祷告"不够尽心尽力。于是，他一心想得到"神"的"赐福"，在虔诚信念的主导下每天努力"祷告"，地里活不干，猪也不好好养了，陷入了痴迷状态。现在，村子里的人不与他来往，他也难受。说完，他又深深地叹了口气，低下了头。我告诉他："门徒会"拉拢的对象多是身体有病、家里遭灾或者有不幸经历的人员，因为信了"祷告能治病"的歪理邪说，产生了"试一试"的想法。结果只有两种：一种是病情较轻依靠自身免疫系统调节和心理作用有所好转，另一种是疾病被耽误了。在这种情况下,"传教者"会误导你产生错误的认知,如果疾病好转就是"神"赐福的结果,没有好转则是对"神"心不诚,"祷告"时间不够、动作不对、坚持不好等,不论哪种结果都会落入其陷阱之中。他听了我的话似有所悟,不断地点头。

点评:积极关注技术帮教应该体现三个特征:一是掌握黄某进入"门徒会"来龙去脉的心理发展线索,以客观立场进行分析,这对于开展帮助具有奠基作用;二是正向关注和真诚面对现实,这意味着开放和信任,让当事人真实表达自己的思想、感情和内在想法;三是在当事人处于困惑与艰难选择时,理解、体谅并推动他们向好的方向发展,采用适当(理解感受)、适时(合适时间)、适度(合适程度)的方式进行帮助。

某年,6月15日,阴转晴

今天晚上,黄某主动来电话约我。一见面他就说"不吐不快"。原来,去年他因参加"门徒会"非法聚会滋事被公安机关拘留教育,他也认识到该团体并非像所宣扬的那样,"祷告"治病、驱鬼治病、一天只吃二两粮、不用劳动米面会长,这都是一些可笑的说辞,加之他母亲因未能得到及时治疗已病亡,他决心不再信这个"邪神"了,要与家人好好的生活,也退出了一些活动。但是,没想到在一次召开村民大会时,村干部当众批评他愚昧无知,连三岁小孩都不信的事他都信,还让群众监督他,发现他有什么异常行为及时报告。以后,一些村民总是用异样的眼光看他,对他敬而远之。他当时心里呕了一口气,感到周围没好人,决定与他们对着干,又重入"门徒会"参加活动了。黄某对"门徒会"已有认识,刚刚脱离又重新加入,这是一种负性情绪的对抗心理。我给他指出,这种心理状态只能是自我损害,应该克服心理敏感与对抗情绪,转变的大方向不能拐弯,让村民们看到你转变的事实。我尽可能地运用专业知识帮助他解开心结。谈了一个小时,我给他留下一本学习材料,建议他先看一看,再找个时间继续讨论。从他家里出来之后,我又到村委会与村干部就黄某问题交换了一些看法。

点评：分析黄某反复原因之一与人际关系有关，人的态度和情绪会受到主要人物和周围人物的影响。黄某在被批评之后有心理挫败感，以报复和对抗心理重归"门徒会"，这是他心理冲突的表现。人本积极关注技术强调，人都有积极向上、自我肯定和向好的方向发展的潜能，如果这些潜能和体验受到挫折，就会发生心理冲突，表现为适应不良。鼓励黄某撕掉身上的"膜拜标签"，以事实证明自己的真正转变，改变适应不良的非理性行为，同时也需要建立心理社会支持系统，改善工作方式以促进黄某的转变。

某年，6月25日，晴

今天下午，在学习材料之后，我趁热打铁给黄某讲了"门徒会"的来龙去脉。

"门徒会"由陕西省耀县（金耀州区）农民季三保于1989年创立，该团体冒用基督教名义，盗用《圣经》内容，打着"传福音"旗号四处传播，其目标很明确，先夺人心，后夺政权，有政治纲领，1995年国家有关部门已将其定为邪教组织。黄某听后露出惊讶表情，感到很震惊，他连说："我真不知道，真不知道，只以为是'祷告'治病呢。"我进一步说，你母亲病好了吗？刚开始，你母亲感觉好一点，可能是心理作用，而你认为这是"神"赐福的结果，形成了"祷告能治病"的错误认知。在这种认知前提下，你对"门徒会"的歪理邪说失去了判断力，甚至相信他们所宣传的"地球爆炸""世界末日来临""赐福粮"等说法。你"祷告"了那么长时间，你的母亲还是过世了，"传教者"又引导你从自身找原因，说你对"神"心不诚，要求你更加虔诚，让你彻底成为该团体的俘虏。黄某听了我的分析之后，沉思了一会，抬起头对我说："过去只知'门徒会'表面现象，而不知其本质，耽误了我许多时间，也葬送了母亲的生命。"他接着表示：最近一段时间，自己在思想上斗争很激烈，明确了许多道理，也感到有些疲惫，应该脱离"门徒会"，但也有一些困惑。我给他留下了一些学习材料，并与他约定3天后通一次电话。

点评：脱离一个自己曾经强烈认同的团体是世界观的转变。迪罗谢

（Durocher）在关于膜拜成员的工作中发现，很多成员在尝试建立新生活时，无论是情感上、精神上还是生理上都感觉十分疲惫，容易达到一种耗竭状态，从而产生怀疑和回避。① 积极关注技术认为，逃避是暂时的本能，解决问题是成长的必然，需要黄某直面自己的问题，激活思路探索问题、解决问题以实现能力的提高。

某年，7月27日，晴

一个月后，我去村子里再次见到黄某时，他正忙着建猪舍，满头是汗，双手沾满泥浆，精神很好，他的妻子和邻居在旁边给他当助手。他一见到我，笑哈哈地迎上来，说准备办个生猪养殖场，好好地发展他的生猪养殖。他说："过去耽误的时间太多了，对不起一家老少，现在还不算老，有技术，抓紧时间把猪场盖起来，贷些款多进一些种猪，好好侍弄上两三年就翻起来了。"他的邻居对我说："老黄一有时间，就在村子里转悠，谁家养猪他都去关照一下，大伙都叫他'猪顾问'。去年闹猪瘟村子里没有死一头猪，多亏了老黄。"老黄不好意思地搓了搓手，很诚恳地向我道谢。他有些激动地说："感谢你让我认识了'门徒会'的性质，回归到正常的生活中，我今后会把持住自己，做一个遵纪守法的公民。"院子里一片忙碌，黄某正带着家人追赶新农村建设和家庭致富的步伐，又恢复了往日的劲头。

点评：积极关注技术强调，根本性的进步不是来自外在的权威，而是在于自己内心的理解；重要的不是修复受损的心灵，而是培育正向力量获得自我发展。教育帮助"这是一个独特的动态过程，是一个个体帮助另一个个体运用其内部资源获得积极的成长"。② 对于黄某而言，帮助教育让他克服了内心被膜拜思想捆绑的不良认识，达到了心灵的蜕变，坚定了正确立场和积极力量。

---

① Durocher, Nicole, "Insights from Cult Survivors Regarding Group Support", *British Journal of Social Work*, 1999, 29（4），pp.581-599.

② 钱铭怡编著：《心理咨询与心理治疗》，北京大学出版社，1994年，第30—31页。

"积极关注技术"可以提升特殊领域转化工作质量已得到证实，在具体运用中需要注意以下几点：

1. 双方的平等性

积极关注技术建立的是一种互信关系，帮教之间尽管处境不同、身份有别、智能各异，但都是平等关系。如果帮教者显示出权威性、指导性、命令性，让当事人跟着自己思路走，不允许有思路相悖之处则是不平等，容易伤害其自尊心。由此，强调三点：一是理解与亲和，避免占据帮教者视角而产生居高临下的态度；二是确定对所谈话题有兴趣，交谈内容应当吻合对方的生活经历和情绪感受，使之有交谈的热情；三是重视谈话内容，双方态度达到认同才能具有良好的效果。

2. 态度的包容性

帮教者与膜拜成员建立关系的必要条件是开放和诚实的态度，对他们给予接受、理解、关心并对其问题及时回应。帮教在面对顽固的或言行怪异的膜拜成员时，无论他们有什么样的问题，都应该具有包容的态度。同时，善于发掘他们身上的闪光点，恢复其价值感和自我效能感，强调态度重于知识，关系重于技术，运用这种理念促进成员主动审视自己的问题，回归健康的生活方式。

3. 工作的技术性

苏联著名教育学家 B. A. 苏霍姆林斯基认为教育关系中有一条重要的规律：取得最大教育效果的不在于教育者反复指出被教育者的缺点和毛病，而在于发现他们身上的积极因素。有时候，帮教干部的思想、人格、善意和能力，可以当作一种工作能力来看待。在帮教过程中取得效果不是靠严厉的批评，而是耐心细致的沟通工作，是对膜拜成员表现出积极关注并促进改变的态度，正是这种真诚的人本关系实现了转化。

4. 能力的建立性

帮教效果的最终获得依赖于当事人的自我醒悟能力，而帮教关系是一种努力，这种努力通过与他人的交互作用，促使对方以一种更容易、更积极的方式去改进。积极关注技术的目的是"激发个体的潜能和动机，使其提高自我掌控能力，建构有意义的生活"①。因此，在帮教关系中应重视建立膜拜成员的自我能力，并给予信息、理解、认可和正确认知方式的建设，使他们拥有清晰、完整和独立的思维能力和判断力。

---

① 宋丽萍、何兴鑫：《抑郁障碍积极心理学"优势探索"干预》，载《中国健康心理学杂志》2016年第6期。

解析膜拜成员反复原因及其防范对策

陈青萍　王逸尘

【摘要】 本研究目的是解析膜拜成员的反复原因，采用半结构化访谈法并结合既往研究资料，从成员参加膜拜团体前的特征、膜拜成员的特殊心理体验、精神控制强化影响三个方面进行探讨，明确了其内外因素与反复的关系，并有针对性地提出了以行为理论为主导的代币法进行矫正，其中包括强化正确目标行为、消除习得性无助感、制订文化配方等对策以供实际运用参考。

【关键词】 膜拜团体；膜拜成员；反复原因；防范对策

我国开展膜拜成员教育转化工作已有 20 年，大多数成员认清了膜拜团体的性质，摆脱团体控制并回归正常的社会生活，但仍然有一些成员因各种因素出现了反复现象，虽然只是少数成员，却多是一些信仰偏激者，其思想与行为更加偏执，对他人影响和社会的危害不容小觑，使社会付出了很高的成本，也是各级相关部门亟待解决的问题。近年，学术界关于膜拜现象的研究成果较为丰富，然而就膜拜成员反复这一新问题出现的原因尚缺乏深入探讨，本研究将重点解析膜拜成员反复的原因，并就防范对策提出建议，期望对该领域工作有所助益。

一、成员加入膜拜团体之前的心理特征

一些人在加入膜拜团体之前,是否存在心理问题?根据我们采用的自评健康评定、自我和谐、人际信任和状态－特质焦虑等量表,调查63名膜拜成员的心理表现特征来看,他们存在低心身健康水平、低自我和谐、低人际信任、高特质焦虑,即"三低一高"症状,这是产生膜拜行为的内源性因素。① 在访谈中多数成员描述其生活史是不快乐的、有病的、情绪焦虑或者抑郁的,虽然无法对他们参与膜拜团体前的情况明确定论,但是他们在访谈中提供了加入膜拜团体原因的主要信息是,身体疾病、人际关系不良、家庭情感不和、缺乏劳动技能、经济生活不宽裕、感觉生活无意义,个别人表示是一种信仰等,他们都表示遇到过说服他们加入膜拜团体的劝说者。由此促成了一种推断,即一些人在加入膜拜团体前,有不满意的生活境况,这与特殊的心理特征形成有关。

国外学者对此曾有研究。膜拜问题研究专家佩佩·罗德里格斯(Pepe Rodriguez)指出:膜拜成员共同的表现是"孤独与抑郁、交际与结友困难、焦躁、情感不成熟、依赖性强,缺乏系统的价值观和坚实的规范准则,有性格变异的问题"②。法塔赫·拉赫马尼(Fateh Rahmani)等人指出:"膜拜成员多具有病理性人格,按照DSM－5人格障碍标准分类,他们的反社会性与强迫性特征共存。"③ 卢斯莱(Rousselet M)等人采访了31名前膜拜成员,使用半结构化访谈法进行评估,发现"这些成员存在心理成瘾性障碍,表现出脆弱性和期待保护性"④。斯佩罗(Spero M. H.)概括了极端膜拜成员具有下列特征:

---

① 陈青萍、温辉、毛志宏等:《膜拜成员心理症状特征与焦点解决短期康复方法》,载《中国现代医生》2018年第32期。

② [西班牙]佩佩·罗德里格斯:《痴迷邪教——邪教的本质、防范及处理》,石灵译,新华出版社,2001年,第37页。

③ Fateh Rahmani, Azad Hemmati, Shuki J. Cohen, J. Reid Meloy, "The Interplay between Antisocial and Obsessive-compulsive Personality Characteristics in Cult-like Religious Groups: A Psychodynamic Decoding of the DSM-5", *International Journal of Applied Psychoanalytic Studies*, 2019, 16(4), pp.258-273.

④ M. Rousselet, O. Duretete, J. B. Hardouin, M. Grall-Bronnec, "Cult Membership: What Factors Contribute to Joining or Leaving?", *Psychiatry Research*, 2017. 257(7), pp.27-33.

①高度以他人为中心和依赖他人；②有突出的消极自我；③有强烈的矛盾心理或早期有过令人不满意的历史：④自恋的趋势；⑤削弱了批判性判断和推理能力。结合我们的调查显示，成员既往都有在焦虑、抑郁等不愉快情绪中挣扎的生活史，他们存在情感联系不顺以及建立社会关系的困难情况。当他们认为这些困难是无法控制时，就会停止努力，甚至陷于"心理无助状态"，从而在认知、情绪和行为上表现消极，而他们又有寻求改善，想得到改变的动机，便将愿望投射至他人或某团体上，依赖于他人并倾向于服从他人或团体价值观来"保佑"自己。我们在社区回访徐某某时，社区工作人员说："她最近遇到一些事，恼火得很，别人一劝，又开始练了。"可见，如果缺乏心理健康能力，没有可靠的力量支撑，当遇到某些烦恼而又感无助时，便想抓住一根救命稻草，期望自己的境遇发生逆转，膜拜团体也正是利用这些背景条件策动前成员再回归，这是反复的原因之一。马丁（Martin）等人在1992年查阅了有关成员在加入破坏性膜拜团体之前寻求心理咨询的文献，在所有成员中寻求心理咨询的比例从7%到62%不等，显示了他们在加入膜拜团体之前就可能存在不健康的心理特征。

二、膜拜成员具有特殊的心理体验

我们在调查中所接触的膜拜成员的情况并不复杂，当问及他们反复的原因时，60%的人认为停止"练功"会对身体不好，30%的人认为会影响"人际关系"，10%的人认为"有某种神秘力量"在支撑自己，感觉心理安慰。他们声称参与膜拜活动是有益的，被许多"功友"接受，填补了人际空白，赋予了生命新的意义，使得他们在团体内迅速形成了很强的团结。这些"有益"并没有使用标准化测量方法评估相关的心理或行为变量，很可能是一些特殊的心理体验。如一位成员说："我每天晚上都坚持不懈地看'大师'的书，突然有一天书上的字变成了金光闪闪的字，我感到自己'开悟了''见光了'。"另一位成员说:"我每天'练功',有时候练着练着感觉自己的身体如'鸿毛'般轻盈,有'飞升'的享受。"还有一位成员说:"每天的'祷告'让我越来越有一种说不出的感觉,有时候感觉灵魂突然开启了,凡人琐事都变得微不足道了,与'大师'通灵才是自己至高的追求。"这些体验在宗教信徒中可以出现,一般人也会偶尔出现,类似于"出神"的瞬间梦幻现象,让人产生一些神秘的感觉,而实际上并无什么意义。但是,一些成员的膜拜信仰就建立在这种神秘体验上。诺布利特(Noblitt)等学者发现,前来寻求心理帮助的膜拜成员描述他们"修炼"时的心理状态,常出现一些异常反应,如过敏、幻觉、妄想、狂热、亢奋以及思维混乱等体验。一旦有了这些神秘体验,便会更加执着地依恋膜拜活动,"他们在神秘体验发生之时,会进入高度兴奋的心理状态,甚至达到心物合一、物我两忘的神秘境界,一些自认为获得神秘体验的成员还会产生强烈的对宇宙和生命的感悟。神秘体验与膜拜感情是互为因果的,有了神秘体验会进一步加强其宗教情感"①,有的成员甚至在神秘体验中会出现幻觉和妄想,类似于一种精神分裂的病理状态,对于理性的论证或说服一概否定,只是执着于自己的偏执信仰。

当人遭遇了各种各样的挫折和烦恼,比如健康、分离、经济、感情、职业不顺、家庭变故时……如果有人或团体适时地给予一份安慰和具体帮助,会放大这种感恩戴德,会坚定不移地相信。美国心理学家利昂·费斯廷格(Leon Festinger)和同事曾进行过一场现场调查:某地区的宗教团体宣布了上帝旨意,在某日子到来时,人类生存的世界将要被洪水彻底摧毁。当该日子到来时,世界没有被毁灭,但是他发现人们并没有改变信仰,反而更加虔诚的崇拜,他们认为世界之所以没有被毁灭,是因为他们积极的努力和热情迎接死亡的态度感动了上帝,使之改变了原有计划。由此,费斯廷格提出了认知失调理论,其基本意思是当个体面对新情境需要表明态度时,在心理上将出现新认知(新的理解)

---

① 严梅福:《邪教信仰难以转变的心理原因及识别》,载《反邪教论坛》2018年第4期。

与旧认知（旧的信念）相互冲突的状况，为了消除这种不一致而带来的矛盾感，要么对新认知予以否认，要么以新认知取代旧认知，以获得心理平衡。通俗地说，就是当自己原有的认知信念和后期获得的信息不符合时，就会出现认知失调现象，该理论是被广泛用以解释个体态度改变的重要依据。

认知失调理论认为，一个人对于被他选中的事物更加偏爱，对未选中的事物则采取贬低的态度。在膜拜成员做出转化的选择之后，他们对一些事物的态度和立场就发生了改变，这意味着他将放弃以前"练功身体好"的感觉，这一选择与他寻求健康的愿望产生了矛盾，造成了认知失调感。既往，膜拜成员对"圆满"目标怀有坚定的信念，并为此投入很多精力，虽然感觉那个目标很难实现，但是已付出的努力不可挽回，他们仍然会维护自己的形象："我为这一信念投入了巨大努力""圆满的信念在于坚持""别人都在看着我，会嘲笑我吗？""我是精英人士，非同常人了"。这时，他们便会寻找各种理由进行自我开脱，会以更加坚定的方式加以维护，以此缓解自己内心的失调感、失落感和好胜感。另外，膜拜成员在离开膜拜团体时，会产生复杂的心理活动，既包括对"师父"背叛的内疚，也有对自己"练功"前功尽弃的不舍，还有对无法达到"圆满"的遗憾，更害怕"轮回报应"的恶果。他们既感恩社会的发展，也感恩身体改善的感觉，将膜拜团体与社会规范叠加在一起，感觉两种价值份量在心中大致相近而难以决断，形成了犹豫不决的"双重态度"，这使他们的内心体验很矛盾，他们或许转化了，但是稍有风吹草动就又反复了。

法国临床心理学家鲁斯莱（Rousselet）等人认为，陷入膜拜活动与行为成瘾的表现具有相似性："一是已知有害风险但无法控制行为；二是因为行为损失了重要的社会关系。"[①] 笔者曾有研究表明，膜拜成员出现反复与其心理戒断

---

① Rousselet M., Duretete O., Hardouin J. B., et al. "Cult Membership: What Factors Contribute to Joining or Leaving？", *Psychiatry Research*, 2017, 257（1）, pp.27-33.

体验有关。① 心理戒断是指在经常做某一活动上瘾之后,在这一活动行为停止后,会出现一系列的心理症状,主要表现是情绪低落、感觉乏力、精神空虚、身体僵硬感以及人际关系敏感等(见表1)。

表1 脱离膜拜团体初期容易出现的心理戒断样症状

反应类型	症状表现
情绪反应	烦躁、抑郁、恐惧、愤怒 自卑感、孤独感、冷漠感、情绪漂浮感、自责自罪感
思维反应	失目标感、失自我感、头脑空虚感 思维混乱、判断能力下降、注意力不能集中、灵活性下降 某些残余观念存在、易受暗示现象存在、思维对立存在
认知反应	对人不信任、自我不信任、怀疑一切
身体反应	乏力感、僵硬感、不适感
行为反应	动作减少、退缩行为、冲动行为、出走行为
今后担忧	对日常生活担忧、对人际关系担忧、对身体健康担忧、对社会生活担忧

这是由于不断的"练功"刺激,使中枢神经系统兴奋,释放较多的多巴胺、5-羟色胺、去甲肾上腺素等兴奋性神经递质,使人处于兴奋状态而延缓了某些痛苦。在兴奋性神经递质长期处于较高水平的刺激下,人的阈限改变随之升高,使人产生兴奋的水平也就越来越高,精神处于亢奋状态,会不断地去进行活动以求带来快感。一旦这种活动刺激消失,则会导致兴奋性神经递质减少,短时间内会出现难以适应的症状,面对戒断症状的冲击,有的人为了尽快摆脱而再次选择加入膜拜团体。心理戒断体验是暂时性的,一些成员坚持说膜拜活动让自己的身体变好了,心理压力缓解了,这种念头在成员的思想中占据排他性的位置。膜拜伤害是长期性的,可以导致心理问题、家庭情感破裂和影响社会安全,一些成员却不去关注这些重要性或者根本就预测不到,特殊的神秘体验使他们无限放大"膜拜力量",而将现实的、真实的、具体的、世俗的生活内容排除在外。人生可以随意想象,幻想也可能奇妙美丽,但是把膜拜团体作为载体飞

---

① 陈青萍、周济全、梁颖:《探讨膜拜成员反复原因:心理戒断现象分析与干预策略》,载《世界宗教文化》2015年第5期。

越现实去追求幸福，是不可能到达彼岸的。在幻想中无所不能，现实中却百无一用，饮鸩止渴是不幸的，膜拜信仰是有害的，所造成的危害或早或晚总会出现。

我们调查显示，大多数人在刚加入膜拜团体后的一段时间内感觉良好，团体"功友"的关爱可能缓解他们的人际压力，迅速形成了比较强的人际联系，他们遵守团体的信条，相信"教主"能带领他们实现"圆满"，但不幸的是，研究数据显示膜拜成员存在的"三低一高"症状明显高于非膜拜人员，而且他们的心理健康水平和人际关系指标并没有比非膜拜人员高，这种差异比较是有意义的证据，自我构建的虚幻感觉终究不能解决现实问题，这也表明膜拜成员有特殊的心理体验。

三、膜拜团体精神控制导致心理问题

膜拜团体的手段是通过精神控制和施压策略来支配膜拜成员。迈克·奥本海默（Mike Oppenheimer）分析了膜拜团体的共同点。他指出，所有膜拜团体的一个关键相似之处是"控制"。斯蒂文·哈桑（Steven Hassan）将膜拜团体的控制分解为四个组成部分：行为控制、信息控制、思想控制和情感控制，这是对成员参加主流社会生活的四个基本要素的控制。美国心理学家暨膜拜问题研究专家玛格丽特·泰勒·辛格（Margaret Thaler Singer）博士提出了一个"六项条件"的框架，以确定某些膜拜团体是否在"洗脑"其教徒："控制感使人丧失意识或改变个人""控制时间和自然环境""培养一种无能、恐惧和依赖感""抑制旧的行为和态度""建立新的行为和态度"以及"提出一个封闭的逻辑系统"[①]。玛格丽特·泰勒·辛格（Margaret Thaler Singer）认为，既不是强度问题，也不是内容问题，而是一个团体采用"洗脑"这一过程，才

---

① Margaret Thaler Singer, Cults in Our Midst, Jossey-Bass, San Francisco 1996, p.59.

使它成为一种"邪教"。辛格强调,"区分'灌输'和'洗脑'的关键因素在于是否存在欺骗"①。破坏性膜拜团体所使用的"洗脑"过程不同于宗教等合法机构所采用的方法,二者之间有区别。宗教实行的是一种"灌输"行为,被灌输者确切地知道他们加入的是一个什么样的组织,而破坏性膜拜团体则具有一定的诱惑性和强制性,许多成员是"被欺骗"加入的。大多数膜拜团体都是高度控制性的团体,他们采用了比其他机构强度更大的"强制说服"或"思想改造",他们需要成员的高度承诺并改变其生活方式,致力于实施精神控制以掌握意识形态是其重要目标,其思想"侵略"或者"征服"他人的手段很多,甚至运用性与色的手段,如"过灵床""男女双修"。

膜拜团体的"领袖"都具有强势的人格特征,控制欲很强,善于编造神奇故事,编造自己是受过特殊洗礼的"神"的化身,炮制神人仙境的图片,尤其编造奇迹般的康复效果吸引人们。他们不断地使用宗教、医学、生物学等专业术语加深成员的印象,还会谈论一些时下的热门话题或者禁忌话题,千方百计贴近成员的心理需求,使用操控手段让成员产生一种"服从性"或者"不由自主"的感觉,导致成员"自我丧失"并维持着对团体的忠心和虔诚,而最后采用精神控制技术旨在推进"领导人"的目标。这些"精神操纵技术"是什么?包括控制信息接受、隔离成员与亲朋好友的联系、诱导成员的服从性、施加群体心理暗示的压力、强大的个性压制,促进成员对"教主"的依赖和恐惧。这种团体在国外甚至被称为极权主义膜拜团体,给成员及其家庭或社会造成了很大损害。虽然这样的"教主"得不到社会认可,也没有学术可以验证其内容的真伪与合理性,但是他们善于把不同概念混在一起,善于把谎言和歪曲的事实变成"真理"扰乱成员的心智。我们曾经采用"一般自我效能量表(GSES)"测量30名膜拜成员,结果显示他们的自我效能平均得分为3.13分,明显高于常模的

---

① Margaret Thaler Singer, *Cults in Our Midst*, Jossey-Bass, San Francisco, 1996, pp.58-59.

2.69分，二者之间具有统计学的显著性差异（$t=5.43$，$p<0.01$）。这一结果并不奇怪，因为膜拜团体给成员提供了特定的"修炼人"身份，让他们自认为是"拯救世界"的精英人才，由此才出现膜拜行为卖力地帮助"教主"实施目标。同时，膜拜团体还会告诉成员：这个世界是不安全的，你们会被迫害，你们之所以不幸，都是因为这个社会的不好处境引起的。

通过思想改造的精神控制技术，有的成员会不知不觉被剥夺了有效的现实检验能力，他们接受膜拜身份并压制社会身份，追随膜拜团体的念头会越来越强烈。如果想要批判或者脱离团体则要受到惩罚，被认为是"叛徒""败类""灾星""变节者""被魔鬼附身的人""危险有害分子""下地狱的人"。这些指责让试图离开膜拜团体的人极有压力，会产生紧张、焦虑、恐惧和负罪感，接下来可能出现心理混乱而导致自杀。安徽省霍邱县的卢某在加入某膜拜团体两年后，发现他们用魔术冒充"神迹"骗人便想退出，随即受到"灭了全家"的威胁，联想到教内惩处叛教者的恐怖场景，惊恐不已的卢某某于2011年11月6日晚投水自尽。[①]成员不敢忤逆膜拜团体的指令，他们担心被抛弃、被惩罚、被下地狱、被失去"圆满"机会。当人感到恐惧和不安全时，会出现一种"向儿童状态退化式"的依恋心理。

英国精神病学家约翰·鲍比（John Bowlby）提出一套依恋理论，最初定义为婴儿与照顾者之间存在一种特殊的联系，儿童只有把父母作为安全基地才能有效地探索周围环境。膜拜团体在精神控制中强化这种依恋关系，他们制造成员的困惑、迷乱和依恋，不断加强成员对膜拜团体或"教主"的心理依恋，随着在精神控制环境中生活的时间越长，成员的融入程度越深，依恋的心理定势就会越强，这解释了为什么一些人不顾身体和心理健康受到威胁也要留在团体的原因。孙某加入某膜拜团体10年，她偏执地认为"大师"是"宇宙之神"，

[①] 文和：《狠毒背后是邪毒》，凯风网，2014年6月23日。

她顽强地维护这一团体，让她脱离这份依恋引起了她的狂躁抗拒。我们曾经对膜拜成员进行明尼苏达多相人格（MMPI）测量发现，他们在偏执、歇斯底里和精神变态几个临床量表上得分偏高[①]，表明一些成员具有一定的心理问题。当他们偏执的信仰一旦被激活，便产生膜拜的偏差行为。

综上，成员反复主要基于内因：个人心理特征、神秘心理体验以及易被精神控制诱导。理论家拉赫曼（Rahman）等人曾指出，将消极侵入性思维误解为对个人有重要性或影响力时会导致强迫症。[②] 可能有个别成员永远不会离开膜拜团体，他们会不断地反复，因为心理障碍的矫正是一道难题，而膜拜心理障碍是属于"与迷信、巫术相关的精神障碍"[③]，其矫正则更为困难。

四、脱离膜拜关系的立场觉悟过程

膜拜成员脱离膜拜团体是一种渐进的过程，这与成员的自我意识有关。根据社会文化和个人意识的发挥性，归纳成员脱离膜拜团体类型与反复的关系主要有如下三种：

第一种，一些成员会构建坚定的自我意识，当他们的期望和实际根本不一致并矛盾时，就会自觉自愿地脱离。一位成员说："在我加入之前，他们说该团体是'基督教'的一种，使人'祛病消灾'，但事实并非如此。我花费了不少钱买他们的书、录像带，每天也都在认真'祷念'，结果与他们所说的并不相符，而且还给我带来了许多麻烦，我果断离开了。"这一类人的社会观念健康，认可主流社会生活并与之合拍，离开膜拜团体是以自己的认识为基础，是出于

---

① 陈青萍：《邪教痴迷者的人格学研究》，载《宗教学研究》2004 年第 1 期。
② Noah C. Berman, Jonathan S. Abramowitz, Caleb M. Pardue, et al., "The Relationship Between Religion and Thought-action Fusion: Use of an in Vivo Paradigm", *Behaviour Research and Therapy*, 2010, 48（7），pp. 670-674.
③ 中华医学会精神科分会编：《中国精神障碍分类与诊断标准》（CCMD-3），山东科学技术出版社，2001 年，第 102 页。

与社会发展保持良好关系的意识而自愿选择离开,他们不会再反复。

第二种,一些成员有基本稳定的自我意识,经历了亲朋好友的"劝说教育"而自愿离开。在访谈中,有的成员描述了膜拜团体希望他们有所贡献而使得他们有压力,认为离开是一种解决压力的方法。这是以自己在觉悟之后的意愿为基础,也表明成员在脱离关系之前,会经过一些努力来解决一些疑惑,尤其是在某种"危机"或"事件"的背景下更能促使脱离。一位成员说:"'师傅'教导我们做'善人',那为什么遇到一点事情就去搞围攻呢?为什么不通过正常渠道反映问题呢?这种组织应该远离。"他们可以被诱惑一时,但是在经过一段时间观察后会很快觉悟而主动选择离开,他们不容易再反复。

第三种,一些成员自我意识不够明确,经过了一场有时间限制的、契约式的教育过程,在认识没有完全清楚的情况下疑疑惑惑的离开了,其立场摇摆不定,容易被一些信息左右。一位成员说:"我练了5年了,如果不练了,就会'业力'消退。如果背叛了'大师',他的'法眼'无数,会让我遭殃的。'功友'一劝,我就'回去'了。"这种情况很普遍,以至出现反反复复的情况。这种情况可以说明两点:一是使用伪装策略,如"表面转化""临时转化"或"伪装转化",没有达到真正的认知信念或情感参与的动机转变,是口服心不服的假转变。我们曾采用(明尼苏达多相人格量表)(MMPI)对80名膜拜成员进行测量,膜拜成员在谎言子量表中得分明显高于非膜拜人员,他们存在掩饰性和不真实性。"谎言量表衡量的是人们的社会期望,分数越高,说明这个人在'装好人',或者试图有将病态最小化的倾向"[1]。二是"在转变过程中出现不适应现象,试图通过'重新连接'过去的关系,来解决他们适应困难、压力和人际疏离的体验"[2]。这种转变对于成员而言是一种挑战,他们需要丢弃已经适应的旧目标,

---

[1] Aronoff J., Lynn S. J., Malinoski, P., "Are Cultic Environments Psychologically Harmful?", *Clinical Psychology Review*, 2000, (20), 1, pp.91-111.

[2] Rousselet M., Duretete O., Hardouin J B, et al., "Cult Membership: What Factors Contribute to Joining or Leaving?", *Psychiatry Research*, 2017, 257, pp.27-33.

转化到一个需要探索的、现实可行的新目标，这是思想的一次重大转折，需要提供比较充足的学习资源支持。

结合上述三种情况，也涉及帮助的形式，如果仅仅是"工具性"帮教，即帮教者投入一定资源很快就完成了某项转化任务，效果可能不会太好而容易反复；如果是"感情性"帮教，入情入理打动成员的内心，效果好不太容易反复；如果是"认知性"帮教，从思想觉悟上使成员得到根本改变，则不会反复。因此，在开展帮教工作时，能主动考虑成员的差异情况，考虑他们的心理和行为特点，审慎选择适宜的帮教方法，能够提高防控反复的效果。最近，有一篇关于"自我欺骗"的研究报告指出，依据自我欺骗的行为是否被个体意识到，可分为无意识和有意识自我欺骗，无意识自我欺骗是指个体做出了自欺行为但自己没有意识到。有意识自我欺骗是指个体做出了自欺行为且自己已经意识到了。假如个体是无意识自我欺骗，那么内心没有冲突且具有稳定性；假如个体是有意识自我欺骗，那么内心存在冲突且具有易变性，[1]这种情况也与成员的反复难易有关。尽管使膜拜成员觉悟而转变立场是一个复杂过程，但也有规律可循。应该注意三点：一是将成员的外在表现和内心真实情况结合判断转变情况，不被虚假现象误导；二是观察成员的所思所想，正确的言行应该体现在实际行动中；三是留意成员的生活环境和文化背景的情况，避免他们再受到不良的影响。

五、防范膜拜成员反复的心理学干预对策

临床心理学研究者在膜拜成员转化和干预探索中概括了一些方法，如兰贡（Langone）提出的干预措施：①对日常危机进行积极管理；②对再次回顾过去的膜拜经验加以控制；③在解决由失去时间、朋友和清白所造成的悲伤和内

---

[1] 钟罗金、莫雷：《自我欺骗实证研究述评》，载《心理科学》2019年第3期。

疾时给予支持；④动员社会支持网络。本研究提供一套行为理论的代币法作为防范反复的对策之一。

（一）行为理论的代币法实施的依据

1. 膜拜心理行为反复的正、负强化机理

行为理论认为，个体病态的心理 - 行为是在生活中通过学习并经过强化而形成的模式，膜拜心理 - 行为也是如此。其基本理论依据如下。

（1）正性强化

这是指当个体做出某一些行为反应后，导致刺激出现或刺激强度的增加，并且提高了该行为今后发生概率的过程。正强化中的刺激能够引发心理动机，膜拜反复是一种正强化的结果。膜拜成员的自测健康总分明显低于非膜拜人员（见第一篇论文），他们过度关注健康，有强烈的健康欲望，并将这种期望寄托在膜拜活动上，他们期望通过"练功""祷告"等方式，让自己获得健康，虽然这种期望是一种虚幻的体验，但是却满足了成员的心理需求，充当了正强化的强化物，使得膜拜心理的维持和频率得到增加。

（2）负性强化

与正性强化不同的是其强化物是厌恶刺激。许多成员在加入膜拜组织之初，因生理与心理受到了不同程度的损害而产生了负性心理体验，有些人抱着驱除病痛、排解忧虑、逃避痛苦的目的加入了膜拜团体，他们按照膜拜组织的指导，在一个与外界社会隔断的封闭环境中进行"修炼"。他们在"修炼"的过程中被精神控制，产生了与现实环境暂时隔开的烦恼，进而又强化了膜拜行为的修炼。

2. 代币法对膜拜心理行为反复的防范机理

代币法是在条件强化原理的基础上形成并完善起来的一种行为疗法。通过分析发现，膜拜心理行为的产生建立在条件刺激的强化基础上。因此，为了防范反复就需要通过强化建立一种新观念以达到目的。运用某种奖励系统，在膜拜成员做出良好行为时，马上给予代币作为奖励，该成员可以利用积累的代币换取自己喜欢的实物，从而使期望行为得以形成和巩固，同时使不良行为得以消退，形成新的操作条件反射。实际上就是让成员了解，自己想要的强化物只有支付"代币"才能获得，而"代币"的获得需要通过表现良好行为来获得。代币作为强化物不受时间和空间的限制，使用起来极为便利，还可进行连续的强化，只要成员出现良好的行为，强化马上就能实现。用代币换取不同的实物，可以满足成员的某种喜好使其获得满足感，并且还能强化他们追求良好行为的动机。当成员出现不良行为时则可扣回代币，使正强化和负强化同时起作用而形成双重强化的效果（见图1）。

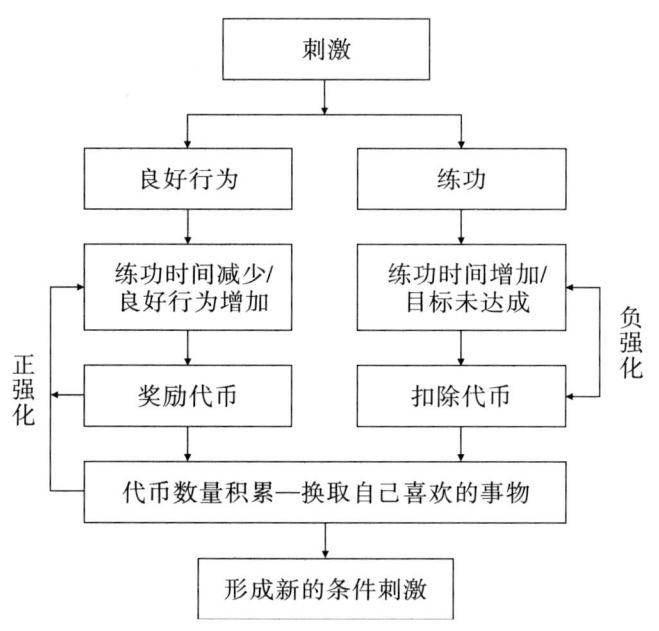

图 1 代币法防范膜拜心理行为模型

（二）代币法的具体操作流程

代币法的基本构成包括：代币、目标行为、后援强化物和奖惩系统表。代币只是一个次级强化物，其本身没有什么价值，但是伴随其他强化物就构成了一种条件强化物来加强期望行为，它有多种形式，包括筹码、分数、红星、小红旗等；目标行为也称为靶行为，是干预中将要强化的期望行为，分为正性目标行为（期望出现的行为）和负性目标行为（需要防范的行为）；后援强化物是代币可以换取的东西，是真正的强化物；奖惩系统表用于记录膜拜成员获得代币的时间、地点和数量。

代币法的具体操作流程包括：

1. 确定目标行为及其操作标准

代币法的目的是降低膜拜行为出现的频率，增强成员做出期望行为。因此，首先是了解成员膜拜行为的具体表现、出现频次、持续时间等情况。然后，确定干预中将要强化的期望行为，即将目标行为设定为消除习惯性的"练功"行为，建立正确的强身健体行为，目标的设定遵循循序渐进的原则，分成若干阶段达到目标。具体阶段及目标如下：

阶段1：1—10天，每天"练功"时间少于3小时，了解太极拳健身方法。

阶段2：11—20天，每天"练功"时间少于2小时，学习太极拳健身方法。

阶段3：21—30天，每周"练功"次数少于5次，操练太极拳健身方法。

阶段4：30—40天，每周"练功"次数少于2次，操练太极拳健身方法。

阶段5：41—60天，每周"练功"次数少于0次，操练太极拳健身方法。

阶段6：61—100天，每天操练太极拳健身方法，并参与其他的健身活动。

达到目标是膜拜行为消失，采取正确的健身方法，并参加积极有益的社会活动，恢复正常的社会生活功能，同时注意以下问题：①请膜拜成员观看有关法制和膜拜团体社会危害的视频，从观察学习的角度了解膜拜团体的危害，转化其对膜拜团体的依恋心理。②消除"习得性无助"的观念。分析成员在膜拜反复时经历的脆弱因素是什么？有哪些问题让他们再次成为膜拜团体的目标？帮助他们解决转化后的各种失落问题。我们在访谈中了解到，一些成员处于"弱势状态"，他们身体有病、人际资源不足、退休在家的空巢感，或者感情不如意。如李某说："我的两个女儿都歧视我，也不管我，和我关系疏远，感觉很无奈，找不到归宿,我就又跟'功友'联系了。"有些问题需要依仗健全的社会支持系统,社区或村委会应加强对这些成员的关注,授人以渔地帮助他们生活脱困和精神扶贫,消除他们"习得性无助感"引起的"破罐破摔"念头,以习得乐观主义作为解药改变其精神面貌,随之改变立场和思想认识以避免反复。③制订文化配方重建心理依恋的方法。反复的一个重要原因是心理戒断症状的困扰[①],成员反映在脱离初期感到身体不适,特别是在"没人管"的状态下,抛弃原有的行为方式,而现有的活动选择较少,一时找不到新的方向时,心理处于空白状态就会感到心理失落,可能产生焦虑与抑郁交杂一起的情绪,又会依恋以前的"圈子"而重归膜拜团体以填充内心空虚。因此,及时补充替代方法,为成员输入新的活动和兴趣爱好,如"太极拳""扇子舞""八段锦""心理团体辅导""定期健康课"或者书法、舞蹈、体育活动等各种健身方法,降低其身体不适与焦虑情绪,以先进的健康理念不让"摇摆的稻草有复燃的机会"。大多数成员找到了适宜的健身活动之后都不会反复,因为这符合他们的终极目标——健康。

2. 确定合适的代币及后援强化物

代币的选择要考虑膜拜成员的年龄、文化程度和兴趣爱好等因素,要能够激发膜拜成员做出期望行为,同时也要考虑代币使用的简便性、可行性、具体性和安全性。例如,可以将在黑板上画小红旗作为代币。后援强化物的确定也要根据成员的需求和特点,可以是物品(如毛巾、香皂、U盘、充电宝等),也可以是精神类奖励(如张贴进步榜、先进学习者等)。

3. 设定代币获得和兑换规则

代币仅仅是一种象征,只有实物的奖赏才能使膜拜成员获得实际好处。因此,要确定如何将代币获得和兑换成实际好处的细则,在膜拜行为减少次数、良好行为出现的次数和代币获得数量之间建立一个兑换率,相应的代币兑换和

---

① 陈青萍、周济全、梁颖:《探讨膜拜成员反复原因:心理戒断现象分析与干预策略》,载《世界宗教文化》2015年第5期。

后援强化物之间也要建立兑换率。例如，膜拜行为减少多少次可以获得多少代币，多少代币可以兑换成物品或精神奖励等（见表2、表3）。

表2　行为与代币兑换表

成员表现	获得代币数	备注
每天"练功"不超过1小时	1面蓝旗	a."练功"时间与次数随着行为进行的情况随时进行调整，练功代币数也会随之改变 b. 每晚九点发放代币 c. 三面蓝旗换一面黄旗 　三面黄旗换一面绿旗 　三面绿旗换一面红旗
按时参加思想教育活动	1面黄旗	
认识到膜拜团体的危害	1面绿旗	
参加兴趣学习班	1面黄旗	
参加志愿者活动	1面黄旗	
不参加膜拜活动	1面红旗	

表3　代币与后援强化物的兑换表

后援强化物	所需代币数	备注
毛巾加香皂	5面蓝旗	对于膜拜成员所希望实现的愿望内容以及实现愿望所需要的代币数，将根据行为改变进展和行为表现进行调整
U盘	3面黄旗	
充电宝	6面绿旗	
U盘+充电宝	8面红旗	

4. 实施代币强化

首先向膜拜成员介绍代币法，让他们了解代币及代币获得和兑换规则、愿望的实现与代币数量之间的关系，然后在实施中观察成员行为并做记录，依据所制定的标准和原则对其行为进行评定，分发应得的代币，及时巩固他们新学会的行为方式和价值观念。

5. 反应代价的实施

反应代价是降低行为发生率的惩罚性防范技术，是在个体做出不良行为后，损失一定的强化物作为惩罚的一种方式。反应代价和代币相结合，可以提高成员的自控力，减少不良行为的发生。因此，在代币法中设置"行为代币扣除"规则，若成员做出不符合行为目标的举止，如偷偷"练功"或有破坏行为，就扣除相应数目的小旗,使其不能得到后援强化物和精神奖励。

6. 消除代币

当膜拜成员的不良行为逐渐减少,良好行为的发生率大幅度提高并成为日常行为的一部分时,要及时削弱代币在行为表现中的作用,用更多的社会强化物如表扬、赞许和鼓励等方式代替代币以维持良好行为。在代币法实施之初,就应该将代币与社会强化物结合使用,当成员良好的行为成为习惯,再逐步减少代币在反复行为防范中的价值和作用,将代币这种外在驱力转化为内在动机,让个体形成自我行为的约束。

(三)定期回访并及时帮助

从膜拜观念中走出来是一个漫长过程,美国心理学家威廉·詹姆斯(William James)指出:"任何精神上的决断都是内心冲动和斗争的结果。一旦某种情绪占据优势,便会将其他的情绪抑制下去。在种种情绪中,没有哪一种情绪比宗教情绪的支配力更为强大。"[①] 我们在访谈中了解到,许多成员在脱离膜拜团体后第一年会有一些"心理戒断现象",表现为不适应,在此期间情绪动荡很容易发生动摇和反复,即使脱离了膜拜团体,在心理功能尚未完全恢复之前,反复再发的可能性依然存在。有的成员仅仅是阶段性转化,因此帮教工作衔接应该有持续性,可以在社区进行后续的心理健康教育,定期采用电话、微信、邮件、家庭拜访等形式了解成员信息,了解"成员是否有机会获得膜拜团体的信息?""他们在多大程度上可能再被膜拜团体利用?""他们目前的情绪状况如何,是否能获得心理康复帮助?"这些问题都值得关注。心灵问题是极其复杂的,纠正成员的思维方式和认识立场是极有难度的工作,应该进行系统有序的心理帮助,转化并不是靠一种短期的努力就可以一蹴而就,而是需要单位、家庭、社会等支持系统提供延伸和长期的帮助,既要注重转化的数量,更要重视转化的质量,解决了转化难题,化解了膜拜危机,也就保障了安全。

---

① [美]威廉·詹姆斯:《宗教经验之种种》,尚新建译,华夏出版社,2005年。

膜拜家庭背景下防范青少年被伤害及心理援助对策

陈青萍　高丽

【摘要】 采用咨询访谈法和心理测量法，分析了 5 名有膜拜经历的青少年的成长经历、表现特征、演变过程以及伤害后果，发现他们深受膜拜家庭影响，而膜拜伤害导致青少年出现心理健康不良、社会适应力弱化和心身受虐后遗症，据此提出建立健康心理意识、构建合理认知方式和建设社会适应技能的心理援助对策。

【关键词】 青少年；膜拜父母；膜拜伤害；心理援助

据国际邪教研究协会（International Cultic Studies Association, ICSA）统计，"世界各地邪教成员中有 5% 是长时间在邪教环境中成长的孩子。一个低估值是美国大约有 125 000 人出生或成长于邪教家庭，这类个体比其他个体更容易遭受到伤害"。[①] 国内情况同样严峻，"邪二代"现象日益突出。2015 年 7

---

① Cynthia H. Mattews, Carmen F. Salazar, "Second-generation Adult Former Cult Group Members' Recovery Experiences: Implications for Counseling", *International Journal for the Advancement of Counselling* 2014, 36（2）, pp.188-203.

月 15 日，在湖南某县查获一起"全能神"举办的培训班，聚拢了 70 余名小学生。2015 年"血水圣灵"在山东发展的未成年人比例达到 30%，最小的年仅 9 岁。[①] 在内蒙古一次"血水圣灵"集会上，95% 为未成年人，其"教主"左坤强调："要从远处着想、从近处培养，把高校和中学群体作为着重发展的力量，培养后备力量。"[②]"门徒会"将一所小学 200 多名学生中的三分之二发展成了信徒。"灵灵教"在徐州某县发展的未成年信徒高达 70%。[③] 膜拜团体在争夺教育阵地，动摇社会的思想基础、执政根基和国家的未来，这是一场中国社会意识形态领域的文化战争。我国膜拜问题研究已有 20 年，研究主要集中于第一代成员，对于在膜拜环境中生存的"第二代"成员的学术研究极为少见，而青少年正处于身心发展的关键时期，他们好奇心强，识别能力弱，社会阅历浅，很容易成为破坏性膜拜团体渗透侵蚀的一个特殊群体。由此，本研究对"第二代"成员进行探究，研究人数虽少，但"邪二代"成长经历相似，了解他们在膜拜环境中的成长经历、表现特征、演变轨迹以及膜拜经历后果，进而提供心理援助对策，希望起到见微知著作用。

一、研究方法

采用咨询访谈法，对 2016 年 4 月至 2018 年 4 月期间所接触的 5 名"第二代"膜拜成员进行探讨。韩某（女）、张某（女）、田某（女）、李某和王某（男），年龄 17—21 岁，文化程度为高中 2 名、专科 2 名、本科 1 名，他们都在未成年时有过膜拜经历。咨询访谈一对一进行，每人每次 1 小时，每次 1 人，每周 1 次，持续 5 周，5 位来访者均知情同意并自愿参加咨询访谈。在咨询访谈中涉及

[①] 嵇石：《起底邪教"血水圣灵"》，载《南方都市报》2015 年 9 月 7 日。
[②] 赵力：《起底邪教血水圣灵：控制信徒当免费劳工》，载《新京报》2016 年 10 月 31 日。
[③] 王镝：《邪教对青少年的毒害》，新陕网，2016 年 11 月 17 日。

6个开放式问题：在膜拜家庭中的生活经历；在膜拜环境中遇到了什么困扰；在哪些方面与他人表现不同；脱离膜拜信仰的原因；融入膜拜生活之外的环境时有哪些困惑；你对自己的将来怎样打算？上述内容分别对应为膜拜经历与遭遇、脱离膜拜信仰的困惑、自我评价和需要得到的帮助，并针对每人情况给予相应的心理援助。

采用心理测量法：①自测健康评定量表。[①] 该量表是个体对自身生理、心理和社会健康的主观评价，得分越高说明健康状况越好。量表重测信度为0.857，内部一致性系数为0.898；②自我和谐量表。[②] 该量表有3个分量表：自我与经验的不和谐、自我灵活性、自我刻板性，除了自我灵活性反向记分外，其他两项得分越高表示自我和谐程度越低。3个分量表内部一致性信度分别是0.85、0.81、0.64；③人际信任量表。[③] 该量表内容涉及不同关系的人际信任，得分越高表示人际信任程度越高。量表的分半信度为0.76，重测效度为0.68（测量结果见表1）。

表1　5名来访者的自评健康、自我和谐、人际信任测验结果

项目	内容	韩某		张某		田某		李某		王某	
		前测	后测	前测	后测	前测	后测	前测	后测	前测	后测
健康水平	生理健康	97	108	92	100	95	110	94	115	96	102
	心理健康	110	130	120	133	125	134	116	128	118	132
	社会健康	68	90	69	88	65	78	70	80	71	92
自我和谐	自我与经验不和谐	40	32	42	33	43	34	41	31	44	32
	自我的灵活性	33	42	32	40	31	41	34	42	35	42
	自我的刻板	21	16	20	16	23	17	22	15	20	16
人际信任	人际信任总分	57	76	58	80	56	78	58	82	62	82

---

① 许军、王斌会、胡敏燕等：《自测健康评定量表的研制与考评》，载《中国行为医学科学》2000年第1期。
② 王登峰：《自我和谐量表的编制》，载《中国临床心理学杂志》1994年第1期。
③ 汪向东、王希林、马弘：《心理卫生评定量表手册》，载《中国心理卫生杂志》1999年增刊，第180—182页。

二、青少年膜拜信仰致心理功能不良及其后果

（一）膜拜教育导致心理健康不良状态

有调查显示膜拜团体成员的子女普遍有自卑、孤独或社交障碍等心理特征。[①]从表1看出5名来访者存在心理不健康倾向，结合咨访内容主要表现是：①依赖心理。他们普遍表现为顺从、依附、委曲求全、缺乏自主性。张某说："我知道所信仰的都是虚的，可是一旦离开父母，就什么都没有了。"在"血水圣灵"教主左某的庆生视频里，载歌载舞表演的都是被父母带领的清一色青少年。[②]膜拜团体手段之一就是"通过服从当权者培养依赖心理"[③]。父母利用血缘关系"特训"孩子听命于膜拜信仰，使他们形成了无为惰性，顺从于对"教主"的顶礼膜拜。由于失去了自信、自悟、自醒、自警和自主的能力，即使父母阻止他们去上学他们也会顺从而不拒绝；②刻板心理。表现为敏感、多疑、僵化、偏激、思维方式封闭，自负并自卑。韩某说："父母让你成为这种人，你就只能成为这种人。"这使他们形成了"一系列个人特质和认知风格，有个人无价值恐惧、一致性偏好的思维方式"[④]。他们的理想是追求"圆满"，现实中却无法实现，在自我理想与现实经验之间出现矛盾冲突，而自我灵活性又不足，不能进行自我调节，导致自我概念出现不和谐的状态；③反社会心理。主要表现为易怒、冷酷、敌意、无责任感、逃学旷课、对人不信任、对社会不亲和，经常违反社会规范。由于他们受到膜拜家庭的控制，对他人不认同的信息更加敏感，容易出现"负性情绪的过强激活，如果情绪调节能力存在损伤，无法抑制自己的行为，

---

① Hong, F., "An Empirical Research Study on Children of Cult Member Families in China", Paper presented at the 2015 ICSA Annual Conference.
② 赵力：《起底邪教血水圣灵：控制信徒当免费劳工》，载《新京报》2016年10月31日。
③ Mccaee K., Goldberg, L., Langone, M., Devoe K：《ICSA为在宗教团体中长大的人举办的研讨会发言》，2017年。
④ 徐展菲、席居哲：《矛盾态度的成因与应对》，载《心理科学进展》2018年第2期。

就会做出暴力和攻击行为"[①]。在膜拜团体发起的一些冲击基层党政机关事件中，青少年被裹挟其中也不少见，其行为极有可能会发展成反社会的风险因素之一，因为心理健康决定了人对现实的态度，决定了人对认识和行为的趋向与选择。童年和青少年是人格、心理健康形成和获取知识的关键时期，此时他们的可塑性强，但认识也很脆弱。在他们寻找榜样和参考对象的时候，这些即将走向成年的人会受到某些行为、价值观和信仰的影响。膜拜成员的子女很可能在一个封闭的圈子里受到影响和约束，外部世界会被描述成不适合、不相符、不纯洁或有损其个人发展的模样。于是，他们会产生疑虑或者变得脆弱，同时受到歪曲性言论的蛊惑，对他人或社会做出暴力或侵害行为。

（二）膜拜环境导致社会功能弱化倾向

表1反映了5名来访者的人际信任前测分数都不高，连75分的中间值都没有达到，而人际信任是一种最为普遍的社会功能。膜拜家长将外部影响作为一种控制手段，以确保第二代的奉献精神和忠诚度，他们普遍存在"差异格局"[②]的观念，只认"圈内人"，排斥"圈外人"。在对孩子的负面教育中有一条就是"外面的环境是邪恶的，跟着我们才能避免'世界末日'"。2014年6月7日《东南早报》报道，"全能神"女子张某，将读高三的女儿小梅（化名）发展为成员，小梅又发展了9名同学，他们认为"世界末日"快到了，读书无用，在无助与懦弱的心理作用下，情绪恐慌，放弃高考，外出传教以避"末日"。成长于高度受限制的膜拜家庭的青少年，其关系主要是家庭成员，所谈话题多是"上层次""圆满""天堂"之类，"当自我感觉没有其他现实可供比较时，很容易

[①] Lee, V., Hoaken, P. N. S., "Cognition, Emotion, and Neurobiological Development: Mediating the Relation Between Maltreatment and Aggression", *Child Maltreatment,* 2007, 12（3），pp.281-298.

[②] 费孝通：《乡土中国》，北京出版社，2005年，第29、31页。

形成自我封闭的心态"。① 张某回忆说："我已经离开膜拜团体3年了，回想起来真像是一场梦。那个时候，我每天要么是读'经书'，要么是跟着父母去'传教'，我不知道除了父母之外该与谁交往？内心很孤独。"王某说："我好像与现实隔离了，看到同龄人奋斗高考和期待上大学时，自己却过得虚虚乎乎，不知道如何选择，目标在哪里。""当一个人所接受的信息不能为个体的选择提供帮助时，个体的内心主观矛盾感会进一步加强。"② 学者诺伦（Nohlen）等人通过脑功能的核磁共振成像（NMRI）研究发现："个体经历矛盾态度并需要做出选择时，负责社会情绪的脑区如脑岛、颞顶联合区、腹后扣带皮层等就会被激活。"③ 这种激活可能积极，也可能消极，取决于环境条件。发展心理病理学的观点认为："与压力应对和自我调节有关的神经生理系统，在早期发展阶段容易受到不良教养关系的影响。"④ 研究发现："儿童和青少年心理虐待与情绪应对显著正相关，与问题应对显著负相关。"⑤ 5位来访者都反映了膜拜家庭和膜拜经历使他们缺少学习正确文化价值观和塑造良好行为的教育机会，"由于他们不能得到环境有效的反馈，对自己的需要不能有清晰的认识，在选择应

---

① Boeri, M. W., Pressley, K., "Creativity and Cults from Sociological and Communication Perspectives: The Processes Involved in the Birth of a Secret Creative Self", *Cultic Studies Review*, 2010, 9 (1), pp.173-213.

② Nohlen, H. U., Harreveld, F. V., Rotteveel, M., et al., "Affective Responses to Ambivalence are Context-dependent: A Facial EMG Study on the Role of Inconsistency and Evaluative Context in Shaping Affective Responses to Ambivalence", *Journal of Experimental Social Psychology*, 2016, (65), pp.42-51.

③ Nohlen, H.U., Van Harreveld, F., Rotteveel, M., et al., "Evaluating Ambivalence: Social-cognitive and Affective Brain Regions Associated with Ambivalent Decision-making", *Social Cognitive and Affective Neuroscience*, 2014, 9 (7), pp.924-931.

④ Belsky, J., de Haan, M., "Annual Research Review: Parenting and Children's Brain Development: The End of the Beginning", *Journal of Child Psychology and Psychiatry*, 2011, 52 (4), pp.409-428.

⑤ Perlman, M. R., Dawson, A. E., Dardis, C. M., et al., "The Association Between Childhood Maltreatment and Coping Strategies: The Indirect Effect Through Attachment", *Journal of Genetic Psychology*, 2016, 177 (5), pp.156-171.

对策时倾向于采取回避、反刍等适应不良的策略"[1]，由此出现明显的"3D症状"，即衰弱（Debility）、依赖（Dependence）和恐惧（Dread），这些表现极强地弱化了他们适应社会的能力，他们与同龄人无话可说，与科学知识不能亲近，与现代生活格格不入，甚至也不知参与膜拜团体是违法活动。在2015年山东招远血案中，参与犯罪活动的"全能神"6名信徒中就有2名青少年，可见膜拜经历使他们社会功能弱化至极点，出现的是"亲组织不道德行为"，即"为了维护组织或其成员利益而做出违背社会道德规范、法律以及正当规范的行为"[2]。成员为了维护组织并获得"膨胀"的自我评价，"有可能采取某种违反常规或不符合伦理规范的方式"[3]，并"将此看作是一种自我的防御方式"[4]。

（三）膜拜经历导致心身受虐留有后遗症倾向

5名来访者在膜拜环境中成长的经历虽然各有不同，但他们都描述了相似的心理生理、受虐情况，这是膜拜经历中的必经内容。他们普遍反映遭受过被忽视、被排斥、被羞辱、被威胁、被暴力、被剥夺学校教育、被剥夺学习技能的机会，这类似一种心理受虐状态。他们经历了恐惧、焦虑、抑郁以及诸如头痛、胃痛、失眠等症状，没有自由感和安全感，甚至出现创伤后心理应激障碍（PTSD）。这是在经历长期、反复的人为创伤事件后形成的一种精神障碍。PTSD有四种核心症状：再体验、回避、麻木和高警觉。此外，还有情绪调节困难、人际关系障

---

[1] O'Mahen, Heather, A., Karl A., et al., "The Association Between Childhood Maltreatment and Emotion Regulation: Two Different Mechanisms Contributing to Depression？", *Journal of Affective Disorders*, 2015, 174, pp.287-295.

[2] Umphress, E. E., Bingham, J. B., "When Employees Do Bad Things for Good Reasons: Examining Unethical Pro-organizational Behaviors", *Organization Science*, 2011, 22（3）, pp. 621-640.

[3] 陈默、梁建：《高绩效要求与亲组织不道德行为：基于社会认知理论的视角》，载《心理学报》2017年第1期。

[4] Jordan, P. J., Ramsay S., Westerlaken, K. M., "A Review of Entitlement: Implications for Workplace Research", *Organizational Psychology Review*, 2017, 7（2）, pp.122-142.

碍、注意和意识变化、信念系统的负性改变以及躯体化症状。[1]根据我们的临床心理观察，这些青少年都存在上述核心症状，而情绪失调、人际困难和消极认知的问题较为突出，他们述说最多的是情绪抑郁，当无法得到他人认可、当不能适应社会环境、当发现自己无论怎么努力都无法实现"圆满"时，就会出现情绪低落和无望感，与人交往毫无兴趣。他们父母的文化程度都较低，不能理解也不会排解，只会一味强调跟着"大师"走。创伤经验在任何时期都可能对大脑产生影响，而这种影响对童年或青少年阶段的个体最为深远。咨访中王某说："已经3年了，我经常做一个在黑房子里祷告的噩梦，我需要别人来拯救我，我不知道如何走出来。"韩某说："我胆怯、孤僻，总是担心会遭到报复，经常焦虑、恐惧和失眠。"膜拜创伤经历对青少年的精神损害非常大，使他们对外界不信任，对一些信息极为敏感。美国学者恩洛斯·罗纳德（Enroth Ronald. M）指出："精神虐待等同于精神强奸，伤口很深且需要很长的时间才能愈合，即使在离开膜拜环境几年后，这种伤害仍然会产生持久的影响，其不良后果会影响至终生。"[2]已有研究证明，"膜拜团体对青少年具有潜在的破坏性并产生持久性的影响，膜拜伤害始于童年，持续至青少年和成年期"[3]，而且"经历早期应激影响的个体还会出现暴力、攻击性和冲动等许多行为问题"[4]。由此也就不难理解"山东招远杀人案"中刚满18岁的张航和年仅12岁的张某参与虐杀他人的行为了。"在早年发展的关键时期，其原本通过正常学习获得

---

[1] Ford, J. D., *Treating Complex Traumatic Stress Disorders in Children and Adolescents: Scientific Foundations and Therapeutic Models*, New York: Guilford Press, 2013, pp.31-58.
[2] Enroth Ronald M. *Churches that Abuse*, Zondervan, 1992.
[3] Daniel Shaw, "The Relational System of the Traumatizing Narcissist", *International Journal of Cultic Studies*, 2014, 5, pp.4-11.
[4] Marlene Macinner, Gary Macpherson, Jessica Austin, et al. "Examining the Effect of Childhood Trauma on Psychological Distress, Risk of Violence and Engagement, in Forensic Mental Health", *Psychiatry Research*, 2016, 246, pp.314-320.

的情绪调节、信息加工等功能都会遭到破坏。"① 膜拜伤害使青少年处于思维混乱和情绪失衡状态，分不清方向且不能做出正确行为选择，出现受虐或甚至虐他的现象，这正是破坏性膜拜团体对青少年伤害的深重之所在。

三、青少年进入膜拜团体的原因分析

（一）青少年对膜拜团体认知有限

最高人民法院、最高人民检察院在《关于办理组织和利用邪教组织犯罪案件具体应用法律若干问题的解释》中指出，邪教组织是："冒用宗教、气功或者以其他名义建立，神化首要分子，利用制造、散布迷信邪说等手段蛊惑、蒙骗他人，发展、控制成员，危害社会的非法团体。"这是在国家理念和法律层面的认识形式，在原则上可以将膜拜团体与合法团体鉴别出来，但是对于涉世不深、阅历尚浅、社会经验少的青少年而言，他们存在求知欲强与识别力低的矛盾，分辨能力弱而致"心理免疫力"不强，加之膜拜团体多以健身、气功、灵修团体、宗教名义进行活动，使他们难以对有社会伪装的膜拜团体达到明确的认知和甄别，使不良思想有了可乘之机。

（二）来自家庭父母权力的管制和诱导

本研究中5名来访者揭示，他们都是被父母直接拉入团体而成为"第二代"的成员，膜拜家庭是遵循父权制或母权制的结构，父母有权力让孩子加入膜拜团体并接受管理，儿童和青少年属于脆弱人群，更容易被操纵控制。李某说："如果我不服从，我爸就骂我不知好歹，会使用暴力让我服从。我妈就用'天堂''圆满'来诱导我，说一切都是为了我好。"父母将膜拜信仰与权力紧密地捆绑在一起，甚至利用经济手段强化服从。王某说："父母做出了决定，你就要

---

① Christine A. Courtois, Julian D. Ford, Bessel A. van der Kolk, *Treating Complex Traumatic Stress Disorders*, New York: The Guilford Press, 2009.

服从。如果不服从,父母就会断掉你的学费。"其他3人也遭遇过"如果脱离膜拜信仰就断绝关系的威胁"。成年膜拜成员可以选择自由离开,而青少年恐惧于父母权威和力量弱小,不敢也不能离开。在"5·28山东招远杀人案"庭审中,张航在最后的陈述中失声痛哭,诉说被父母、姐姐拉入"全能神"的经过,12岁初中没有念完就辍学,没有了同学,没有了朋友,只能与信徒为伍,任凭摆布,如果有丝毫不从和反抗,就被视为"恶灵",会被从家里赶出去。她的弟弟张某在五六岁时就被膜拜观念洗脑了。这些事例凸显了家庭环境与膜拜交织的性质和后果,父母利用权威和威胁强化孩子的服从,模糊他们的理智判断,胁迫他们进行膜拜活动,这既是直接的精神控制,也是间接的情感敲诈勒索。"个体的家庭结构、父母教育程度、收入状况、家庭变故等家庭环境都会对个体生活轨迹产生程度不同的影响"[①],使这些即将走向成年的青少年受到不良思想、价值观和信仰行为的熏染。上述案例表明,他们所需要的正常情感之爱、遭遇的心理恐惧以及成长过程中的矛盾都得不到有效解决,缺乏心理和规范组织的情感依附,从而被膜拜家庭实施了思想控制,而青少年因为思维不够强大容易被诱惑,5名青少年都有这样的体会,他们在父母的"训导"下,大脑仿佛被麻醉了,逐渐产生了与膜拜父母相似的思维观念。

(三)网络对青少年思想渗透的影响

《中国互联网络发展状况统计报告》显示,截至2020年12月,我国网民规模达到9.89亿,而学生群体占比为21%。近年,青少年成为膜拜团体拉拢的主要目标,以膜拜团体"领袖"的长远观点来看,发展青少年更有利可图,他们相对于年长者的生命更长,更可以被利用。因此,膜拜团体"线上织网"进行传播,而青少年是网络常客,网络是他们接触社会、了解社会的重要渠道之一。膜拜团体利用新型网络工具和网络影响力,聘请专业技术人员研究网络媒体在

[①] 崔海英:《生命历程理论对未成年人犯罪危险防控的启示》,载《预防青少年犯罪研究》2017年第1期。

传播信息方面的渠道，借用网络独有的适时在线、快捷方便，特别是虚拟隐身、监控受限等特征，通过巧妙包装发送带有膜拜内容倾向的短信、博客、QQ 留言、E-mail、电子声像制品等方式开展活动，其信息源源不断地进行传播。5 名来访者都说，他们接收过 QQ 邮箱发来的"漂流瓶"，收到过带有膜拜信息的短信，微信中见过膜拜宣传内容，也看到过电子声像的类似制品，受到的影响很大，产生了虚幻成长和膜拜观点的认同感，导致了自己的认识偏差。青少年的心智发育尚不成熟，很容易被一些奇异的内容吸引，摧毁了本来就不牢固的社会主义价值观，在好奇心驱使下被不自觉地拉入错误的信仰之中。

四、青少年膜拜伤害的心理援助对策

5 名来访者自述脱离膜拜信仰需要两三年的思考与斗争，其过程是漫长而艰难的。本研究调查发现，遭受膜拜伤害的青少年面临三大问题挑战：一是膜拜伤害时间较长致心理健康水平不足；二是缺乏规范教育致认知能力不足；三是缺乏健康成长环境致社会适应能力不足。"治疗的路径之一是心理建设，要'由心而治'。"[①]

（一）健康对策：建立健康的心理意识

健康意识首先是树立正确的生存态度和行为方式，降低或消除影响健康的危险因素，使自己保持心身和谐，其技术要点是改变思维、解决问题、接受表达、注意转换、抑制不良、宣泄情绪。青少年是人格形成和寻求知识的关键时期，其可塑性很强，因此帮助他们找回批判精神，把内心深处的膜拜观念挖掘出来并修正自己，由此改变信仰立场而健康自己。其次，成员多有与膜拜相关的心理创伤史，有一项研究发现，在创伤后有 38% 的人患有抑郁症、药物使用或者

---

① 辛自强：《社会治理中的心理学问题》，载《心理科学进展》2018 年第 1 期。

焦虑障碍。因此，根据其环境和健康情况进行安全评估，防止他们可能出现的危险行为，如鲁莽冲动或者自残、自杀行为。这些高危症状需要临床心理判断并及时治疗。5名来访者在多次咨询引导后，其自评健康、自我和谐、人际信任后测结果均较前有了改善（见表1），他们表示很高兴有机会重新认识自己。王某描述了重塑健康意识的感想："我在膜拜生活中一直忽略了自己，不知道自己想要什么，经常处于浑噩的状态，现在思维开阔了，有了今后的目标。"已经离开了膜拜团体的张某说："过去的我恪守在膜拜信念里好像是一个机器人，现在的我感觉真实了。"树立健康意识是自我和谐的开始，可以再聚人生出发的能量。

（二）认知对策：构建合理的认知方式

认知理论认为："问题植根于一个人对待事件和围绕事件产生的错误思维，而并不是事件本身或与事件境遇有关的事实。"① 因此，"在进行思想道德教育时，除了传授道德规范、核心价值观等知识之外，还要提升个体的基本认知能力（理性认知）和社会认知能力（社会共情）的内容训练"②，以促进正确行为的实现，减少"知行不合一"③ 的现象。认知目标在于改变青少年非理性的认知方式，消除膜拜的和懦弱的思维惯式，构建注意转换和积极解决问题的方式。由此，从三个方面进行构建：一是认识和定位自己。青少年并不清楚心理创伤症状与特定的膜拜环境有关，或者他们不愿意疏远与父母的感情，他们已经形成了"习惯"。援助的目标是帮助他们减少焦虑和逃避，对发生在自己身上的事件准确评估，理性对抗过去的关系，不再接受束缚限定的膜拜生活，不能因为父母的关系而

---

① Albert Ellis, *Reason and Emotion in Psychotherapy*, New York: Lyle Stuart, 1962.
② Schonert-Reichl, K. A., Oberie, E., Lawlor, M. S., et al., "Enhancing Cognitive and Social-emotional Development Through a Simple-to-administer Mindfulness-based School Program for Elementary School Children: A Randomized Controlled Trial", *Developmental Psychology*, 2015, 51 (1), pp.52-66.
③ Blake, P. R., McAuliffe, K., Warneken, F., "The Developmental Origins of Fairness: The Knowledge-behavior Gap", *Trends in Cognitive Sciences*, 2014, 18 (11), pp.559-561.

放弃理智选择。二是提高自身权力意识，保护自身合法权益。认识到学习和行为的控制权在于国家和个人，每个人都有接受教育和选择行为的权利，即使是处于独裁立场的父母也不能干涉。三是帮助他们将虐待经历置于膜拜背景下去认知，甚至可以将膜拜经历视为教训而不是创伤事件来理解，以亲身体验进行膜拜危害教育，开展对膜拜现象的警示和分析活动，激发他们再成长，把事情向好的方向转化，也便于消除受虐的心理隐患。对于青少年可以采用认知技术矫正他们存在的不适当的膜拜观念，认知的改变将引领生存态度的改变，因为"认知方式和生存态度在内涵上具有诸多交叠之处，都包含有情感和价值体验，都具有一定的动力性……是赋予人生以方向和意义的动机性概念"。①

（三）社会对策：建设实用的社会适应技能

社会公共机构的作用在于保护弱势人群，对于受过心理伤害，缺乏良好教育，被怂恿产生不良信仰的膜拜家庭成长的儿童和青少年而言，可以成立相应机构以帮助他们，甚至可以设定禁入规则，未满18岁的未成年人不得加入来路不明的团体。社会援助对策的具体方法如下：

1. 加强学校健康教育

青少年的心理稳定和健康发展取决于心理结构中是否有一个安全基地，如果所依附的家庭环境不够好，学校就应该承担相应心理安全建设的弥补责任。学生加入膜拜团体，这是对学生学习权利和教育权利的严重侵害，不能置之不理。学校可以开设"第二课堂"，即在教学计划之外，引导学生开展各种健康有意义的课外活动，包括政治性、知识性、健身性、娱乐性、公益性的活动等，把社会主义核心价值体系融入教育中，内化为价值观念，外化为正确行动，使他们更关注学习活动，有正常的情感反应。每一位青少年在成长过程中都会遇到信仰、希望、家庭、健康、感情、学习等各样需要解决的困惑，如果过于脆

---

① 王彤、黄希庭：《心理学视角下的人生目标》，载《心理科学进展》2018年第4期。

弱、天真或警惕性低，就会被诱惑或在操控下失去自我，而学习正确的价值观，具备鉴别能力并明辨是非，才能具有抵抗能力以避免误入歧途。

2.增强社会功能培训

采用团体心理辅导法帮助他们构建各种社会功能。李某说："因为我的膜拜经历，周围人都认为我'怪异'，不愿意与我接触，团体人际辅导让我有了人际交往方法。"同时，针对青少年心理特点和要求，培养学习和解决问题的能力，对他们进行正确观念、社会化以及意识形态的教育引导，提高他们的知识素养和认识能力。

3.提升上网安全意识

国内有一项对主流文化价值认同的调查显示，不同年龄层人员中，25岁以下所占比率为7.7%，是认同主流文化价值比率最低的人群。① 因此，提升青少年的上网安全以及文化认同意识极为重要，"以文化认同为核心所构成的个体的心理与思想体系，引导着个人的价值观和日常行为……文化是带有人的痕迹的，它以有形和无形的方式渗透到人们生活的方方面面，构成了个人、民族、国家的血脉"②。由此，一方面加强网络无邪的防控，避免青少年受到膜拜信息影响和伤害；另一方面，加强青少年的网络健康教育，使他们有健康的成长空间。

4.改观原生家庭环境

这5个案例表现为两种家庭情感反应方式：一种是过激方式，积极表现以寻求父母的关注；另一种是不活跃的情感反应方式，一切服从父母安排。一般而言，如果青少年脱离出来，而其父母仍然留在膜拜团体里，则青少年的转变也不会得到巩固。因此，改观原生家庭环境做到情感和理性互动，青少年与父母之间是相互影响的关系，避免他们在转归过程中对父母的抱怨、不满和愤怒，以自己的转化和觉悟影响父母也发生转变。一项研究表明，用"理想父母形象

---

① 刘诗贵：《我国主流价值文化在不同地域的影响差异分析》，载《湖南行政学院学报》2013年第4期。
② 佐斌、温芳芳：《当代中国人的文化认同》，载《中国科学院院刊》2017年第2期。

法"①进行父母责任、教育以及亲子关系的改观也有效果。如果父母陷入膜拜团体较深,所在社区应出面对儿童或青少年实行代管,以隔离膜拜传播源并给予保护措施,及时遏制膜拜团体对青少年的伤害。

---

① 田雨馨、伍新春:《复杂性创伤后应激障碍:概念、评估、成因及干预》,载《北京师范大学学报》(社会科学版)2019年第5期。

社区构建膜拜成员心理康复教育的系统化长效途径和方法

刘禹强　陈青萍

【摘要】本研究探讨膜拜成员的社区心理康复教育长效途径和方法。选取陕西省西安市10个社区10名工作人员和10名膜拜成员,进行半结构式访谈和《一般心理健康问卷》调查。结果显示,10名膜拜成员量表初测得分均大于临界值,他们存在注意力不佳、失眠和忧虑等心理问题,经过社区康复教育4个月,采用认知疗法、深入性和互助性的个体咨询及团体教育、立体性和动力性的家庭策略疗法、广泛性和支持性的网络服务方法之后,再测上述症状有所下降,膜拜观念得到转变。实践证实,这些社区康复教育方法对于膜拜成员可提供长效途径和实用方法。

【关键词】膜拜团体;膜拜成员;社区心理康复教育;长效途径

一、引言

（一）膜拜团体及其危害的研究概述

破坏性膜拜团体（Destructive Cult Group，DCG）简言之，是指那些严重扰乱社会安定、威胁人民安全，"具有犯罪性质的伪宗教组织"[①]。20世纪70年代起，各类膜拜团体不断发展壮大，其破坏行为屡屡发生，如1978年美国"人民圣殿教"信徒在琼斯镇集体自杀惨案、1995年日本奥姆真理教在东京地铁投放沙林毒气事件、1997年美国"天堂之门"39名教徒集体自杀、2000年乌干达"末日教派恢复上帝十戒运动"700多名教徒集体自焚惨案、2005年欧洲发生了多起崇拜撒旦导致的自杀事件，这些悲剧向公众展示了破坏性膜拜团体的危险性，伤害了成千上万人的生命与健康。我国的破坏性膜拜团体也在不断地制造事端，冲击政府机构、骗人钱财、诱人自杀以及杀害无辜的事件时有发生，严重影响了社会和谐与安定。膜拜问题引起了学术界各领域的重视，并逐渐形成了一个以宗教学、社会学、教育学和心理学为基础的交叉研究领域，在膜拜观念、特征测量、成员康复、防范机制等方面取得了一些进展。

有研究者指出真正的宗教信仰与抗压、自尊、乐观等积极情绪存在正相关[②]，而膜拜团体采用精神控制则对成员造成了极大的心理损害。临床心理学观察显示，膜拜成员普遍具有认知缺陷、抑郁和焦虑等心理问题，他们具体存在7种异常情况：飘忽、梦魇、失忆、念咒、幻觉、自杀和暴力倾向。[③] 布莱米林（Bramelin）研究了加入膜拜团体的大学生，发现他们的认知能力明显降低，语言表达、文字表达、记忆力等方面都有不同程度的损害，智力水平也有所下降，

---

① [英] 凯特·洛文塔尔：《宗教心理学简论》，罗跃军译，北京大学出版社，2002年，第24页。
② Van Cappellen P., Toth-Gauthier Maria, Saroglou Vassilis, et al. "Religion and Well-being: The Mediating Role of Positive Emotions", *Journal of Happiness Studies*, 2016, 17(2), pp.485–505.
③ Adams, D. L., *Contemplative Cults, Time Spent in a Cult and Dissociation and Depression in Former Members*, College of Education of Ohio University, 2008.

不能进行自我思考。① 玛西亚·里奇（Marcia. L. Rich）等人研究发现，膜拜成员的心理功能受到不同程度的损害，出现认知灵活性和适应性降低、情绪情感麻木迟钝、退行等心理障碍。② 美国《精神障碍诊断与统计手册》指出，许多膜拜成员在脱离膜拜团体的初期，都被诊断具有明显的精神问题需要治疗。国内李培培等人发现膜拜成员的特质焦虑显著高于非膜拜成员，其生理、心理及社会健康水平都低于非膜拜成员。③ 陈青萍等人通过测量膜拜成员与非膜拜成员的自我和谐度和人际信任度，发现前者显著低于后者。④ 综上，膜拜团体对成员的心理功能和社会功能等各方面都造成了极大损害，有学者将膜拜的伤害定义为一种"心理虐待"⑤，即将个体当作物品操纵和使用，不尊重、忽视，甚至损害其心智、自主性、人格和尊严。

（二）社区心理康复缘起与在我国的发展概况

19世纪末，弗洛伊德创立了精神分析学派，运用心理学理论和方法矫正不良者的案例出现于社会层面。20世纪以后，西方国家将视角转向社区心理健康服务，即在社区服务工作中，运用心理科学理论与原则促进人们的心理健康，以1963年美国通过的《社区心理健康中心法案》⑥为标志，设想在综合性医院周边建立功能多样的社区心理健康服务中心，推动医疗服务和社区功能的融合发展与相互促进，主要是通过两条路径得以发展：一是类似于临床心理学的发

---

① 格雷戈里S.布莱米林：《大学生加入膜拜团体的原因以及校园如何应对膜拜问题》，耿耿编译，载《科学与无神论》2012年第4期。
② Marcia L. Rich, "Integrating Shamanic Methodology into the Spirituality of Addictions Recovery Work", *International Journal of Mental Health and Addiction*, 2012, 10（3）, pp.330-353.
③ 李培培、陈青萍、梁颖等：《膜拜成员特质焦虑与心理健康水平的机理及干预转归》，载《中国健康心理学杂志》2015年第1期。
④ 陈青萍、温辉、毛志宏等：《膜拜成员心理症状特征与焦点解决短期康复方法》，载《中国现代医生》，2018年第32期。
⑤ 中国反邪教协会、美国家庭基金会编：《关爱生命·远离邪教》（内部资料），2004年，第106—109页。
⑥ Rosenheck Robert, "The Delivery of Mental Health Services in the 21st Century: Bringing the Community Back in", *Community Mental Health Journal*, 2000, 36（1）, pp. 107

展路线，药物+精神医学+心理学三者联合，重视精神障碍患者在走出医院后仍然能够接受社区的心理康复服务；二是通过社区活动发展而来，开展各种社区心理健康服务，以促进广大居民的健康水平。社区心理健康服务具有以下特点：以整体社区居民为对象；以预防疾病和促进健康为目的；以咨询服务、心理健康教育为主要形式；以一定心理专业水平的个体为工作者。[1] 目前，发达国家的社区心理健康服务已形成了一套比较成熟的体系，并且针对某些不良者也重视个别化、教育化和技术化的浸入，结合心理咨询和心理治疗理论与技术，进行健康教育康复已成为一项重要的工作。

我国的社区心理健康服务起步较晚，且主要集中在东部地区，发展尚不均衡。[2] 由于社会的发展与转型，2013 年以后，从政府和企业、事业单位中分流出来的部分工作转移至社区，心理健康服务的工作有所加强。占归来等人[3]研究发现，相比于单纯接受社区心理宣教的老年人，同时接受社区心理咨询及热线服务的老年人在一年后的抑郁和焦情绪显著降低，幸福感显著提升。刘素珍等人[4]对比了居民接受社区心理服务前后的心理健康水平，发现对居民的心理健康具有积极作用。李贤佐等人[5]研究发现相比于对照组，社区康复组的精神分裂症患者复发率显著降低，同时提高了患者的社会功能。以上研究证实了社区心理健康服务对于提高人们心理健康水平和改善精神障碍具有积极促进作用。近年，我国通过各类途径帮助膜拜成员回归正常社会生活的研究为数不少，如魏娜根据膜拜成员特殊的心理特点，论述了应用叙事疗法帮助其转化的技术和步

---

[1] 郭梅华、张灵聪：《国外社区心理健康服务及对我国社区心理健康服务的借鉴》，载《社会工作》（理论版）2009 年第 1 期。
[2] 方承周、夏凌翔：《我国社区心理服务现状的内容分析》，载《社区心理学研究》2017 年第 1 期。
[3] 占归来、李晨虎、赵立宇：《社区心理卫生服务对老年人抑郁、焦虑、幸福感的影响》，载《上海交通大学学报》（医学版）2015 年第 6 期。
[4] 刘素珍、徐建平、周坚等：《社区心理辅导实验模型的建构及其价值》，载《心理科学杂志》2003 年第 1 期。
[5] 李贤佐、李秀琴、倪远伟等：《社区康复治疗慢性精神分裂症疗效研究》，载《中国康复理论与实践》2002 年第 8 期。

骤;①周娟等人针对膜拜成员的心理功能不足,采用焦点解决短期疗法进行心理辅导;②王逸尘等人针对膜拜成员自我不和谐与焦虑情绪采用行为疗法矫正都取得了效果。③研究证明心理学方法具有帮助膜拜成员转归的作用。然而,在短期心理帮教之后,如何确保心理康复的长期效果,避免反复已成为当前形势新的关注点,也成为各级政府亟待解决的问题。膜拜成员既存在某些心理问题,也存在重新适应、人际交往、技能不足等社会功能问题,其思想教育与立场改变是一个长期过程,是一个涉及教育、个体咨询、家庭支持、监督防控等多维度的协同工作,需要有社区这种固定机构给予帮助。"社区直接对接每个具体家庭和个人,是发挥社会调节功能的重要场域。……社区有两个属性,一是行政性,二是群众自治组织,有利于开展各种活动。"④膜拜思想的"传播和运行倾向于熟人,而社区作为熟人社会的基本单位,决定了其具有与膜拜思想传播的契合性,同时也成为工作依托的基础"⑤。社区帮助的优势是覆盖面广、资源丰富、零距离接触、针对性强、亲和度高、监控精准、成本低、持续渗透,灵活度高。然而,针对膜拜成员这一特殊人员的社区心理康复教育的研究十分匮乏。本研究聚焦于膜拜成员社区心理康复教育的长效途径和方法,为他们的康复与转归提供新思路、新途径和新方法,为相关部门做好该项工作提供一定的理论依据和方法参考。

---

① 魏娜:《试论叙事疗法在膜拜成员转化中的应用》,载《价值工程》2013 年第 1 期。
② Juan zhou, Yuran Luo, Qingping Chen. et al., "Cult Members "three-low-and-one-high" Symptoms and Their Solution-focused Brief", *International Journal of Psychoiogy and Counselling*, 2016, 8(8), pp.96-101.
③ 王逸尘、梁颖、陈青萍:《膜拜成员健康水平与自我和谐、焦虑关系》,载《中国公共卫生》2017 年第 5 期。
④ 朱力、刘玢:《社会调节在社区治理中的作用》,载《社会科学研究》2019 年第 1 期。
⑤ 张恒:《反邪教社区治理模式研究》,载《反邪教论坛》2019 年第 1 期。

二、研究方法

（一）研究对象

本研究选取西安市10个关注膜拜成员康复教育的社区，分别从每个社区随机选取一名工作人员和一名膜拜成员作为研究对象。社区工作人员男女各5人，平均年龄48岁；膜拜成员男性3人，女性7人，平均年龄53岁（见表1）。

表1 膜拜成员基本情况分布

成员编号	1	2	3	4	5	6	7	8	9	10
性别	男	女	女	男	女	男	女	女	女	女
年龄	51	60	55	52	56	46	51	43	50	63
文化程度	初中	高中	初中	高中	初中	大专	高中	高中	初中	初中
进入时间	3年	4年	4年	2年	2年	1年	2年	2年	3年	5年

（二）研究方法

1. 访谈法

本研究分别对每一名被试进行了半结构式访谈，共访谈20人。对工作人员的访谈问题和内容反映见表2，对膜拜成员的访谈问题和内容反映见表3。

2. 问卷法

采用《一般心理健康问卷》[①]，该问卷有12个项目，每题有4个选项。对10名膜拜成员进行社区心理康复教育前后施测比较，计分方法采用GHQ-12标准法[②]，即每题选择前两项均记0分，选择后两项均记1分，得分大于或等于3分者表明心理健康状况不佳。

3. 统计学方法

采用SPSS 22.0对数据进行统计学分析。对《一般心理健康》问卷得分进

---

① 张杨、崔利军、栗克清等：《增补后的一般健康问卷在精神疾病流行病学调查中的应用》，载《中国心理卫生杂志》2008年第3期。
② 王文强、丁丽君、廖震华等：《12项一般健康问卷中不同计分方法的最佳切分值及筛选特点》，载《中华精神科杂志》2012年第6期。

行配对样本 t 检验。

三、研究结果

（一）访谈结果

1. 对社区工作人员访谈的结果分析

社区工作人员认为，对膜拜成员进行心理康复教育十分有必要，但目前社区很少配备专业心理人员和心理咨询室，缺乏进行追踪测评及相应的硬件设施，他们希望有关部门能出台更细致的方法来指导此方面的工作（见表2）。

表2 社区工作人员对膜拜成员社区康复教育信息的访谈主要内容（可多选）

项目	内容	人数	百分比
对膜拜成员康复教育有哪些方法？	医疗保健服务	7	70%
	心理健康服务	4	40%
	思想政治教育	4	40%
	上门解决实际问题	3	30%
对膜拜成员是否进行心理测评？	是	7	70%
	否	3	30%
对膜拜成员是否建立心理档案？	是	6	60%
	否	4	40%
在社区建立心理档案的意义如何？	追踪了解成员心理变化	7	70%
	出现危情能及时应对	3	30%
是否应有心理咨询室、团体辅导室等？	是	7	70%
	否	3	30%
心理健康服务对膜拜成员康复意义如何？	对康复有很大帮助	6	60%
	对部分成员有意义	3	30%
	心理服务收效甚微	1	10%
在社区康复工作人员中什么专业多？	管理	6	60%
	教育	2	20%
	心理	2	20%
目前最棘手的问题是什么？	工作人员专业知识有限	10	100%
	缺乏康复效果评估工具	7	70%
	缺乏康复服务硬件设施	3	30%
你认为社区心理康复教育怎么做效果好？	邀请专业人员参与工作	4	40%
	加大科普教育力度	4	40%
	有关部门支持	2	20%

2.对膜拜成员的访谈结果分析

10名膜拜成员对于访谈知情同意并愿意配合。他们的注意力较为集中,应答切题,逻辑比较清晰,无明显思维障碍。有6人认为社区教育更偏重于心理健康,感到比较亲和,容易接受;4人表示有问题时会主动联系社区工作人员进行心理疏导;6人表示希望在以后能接受系统的心理咨询服务(见表3)。

表3 膜拜成员的访谈基本内容(可多选)

项目	内容	人数	百分比
社区康复比较于集中教育有哪些优势?	更偏重心理健康教育	6	60%
	社区人员更容易接近	4	40%
社区康复中的哪些举措对您有所帮助?	心理健康教育和疏导	7	70%
	工作人员访谈和帮助	3	30%
是否还有进行膜拜活动的念头?	是	5	50%
	否	5	50%
产生膜拜念头时向社区工作人员反映吗?	是	4	40%
	否	6	60%
如果有反映,他们给予怎样的心理帮助?	心理疏导教育	3	30%
	说服教育	5	50%
如果没有,为什么不尝试向社区工作人员反映?	怕得到不好的评价	5	50%
	有自罪自责感	3	30%
	怕受到批评	2	20%
是否进行过心理测评?	是	3	30%
	否	7	70%
遇到问题是否会主动寻求心理帮助?	会	4	40%
	不会	6	60%
知道如何寻求心理帮助吗?	社区工作人员	6	60%
	医院心理科	1	10%
	不知如何求助	3	30%
对社区康复教育有什么建议?	想了解更多心理健康知识	2	20%
	希望接受心理咨询	6	60%
	愿意做志愿者的工作	4	40%
家庭和人际关系是否受到膜拜活动影响?	一般,受到轻微影响	7	70%
	不良,受到极大影响	2	20%
	照常,基本无影响	1	10%

(二)问卷结果

10名膜拜成员的《一般心理健康问卷》总分均大于临界值3分,分数分别为 8 分、6 分、10 分、7 分、9 分、4 分、7 分、8 分、10 分和 7 分，其中有 9 人在注意力、失眠、忧虑 3 个项目中得分为 1 分。同时，成员存在决断力差、自我价值感低、紧张等症状。在经过社区心理康复教育 4 个月后，其问卷得分明显降低（见表 4）。

表 4   10 名膜拜成员 GHQ-12 问卷前后测结果比较

题目 \ 被试	前测										后测									
	1	2	3	4	5	6	7	8	9	10	1	2	3	4	5	6	7	8	9	10
在做什么事情的时候，能集中精神吗？	1	1	1	1	1	0	1	1	1	1	0	1	1	0	0	0	1	0	1	0
有由于过分担心而失眠的情况吗？	1	1	1	1	1	0	1	1	1	1	1	0	1	0	0	0	0	1	1	1
觉得自己是有用的人吗？	0	0	1	1	0	0	0	1	1	1	0	0	0	1	0	0	0	1	0	0
觉得自己有决断力吗？	1	1	1	0	1	0	0	1	1	0	0	0	0	0	0	0	0	1	0	0
总是处于紧张状态吗？	1	1	0	1	1	1	1	1	1	0	0	0	1	1	0	0	0	0	0	0
觉得自己不能解决问题吗？	0	0	1	1	1	1	1	0	1	1	0	0	0	0	0	0	0	1	0	0
能享受日常活动吗？	1	1	1	0	0	0	1	1	0	1	0	1	0	0	1	0	0	0	1	1
能够面对你所面临的问题吗？	0	0	0	1	1	0	0	1	1	1	0	0	1	0	0	0	0	1	1	0
感到痛苦、忧虑吗？	1	1	1	1	1	1	1	1	1	1	1	0	1	0	1	1	1	0	1	0
失去自信了吗？	1	0	1	1	1	0	1	0	1	0	1	0	0	0	1	0	0	0	1	0
觉得自己是没有价值的人吗？	0	1	1	1	1	0	1	0	1	0	0	0	0	1	1	0	0	1	0	0
觉得所有的事情都顺利吗？	1	0	1	0	1	0	1	1	1	0	1	0	1	0	1	0	1	0	1	0
总分	8	6	10	7	9	4	7	8	10	7	3	2	5	3	4	1	3	4	6	2

四、讨论

（一）开展个体咨询是深入性和差异性的社区心理康复方法

一些学者认为，应当在社区设立专门的心理咨询场所并配备专门的心理咨询师，如黄觅等指出："依靠政府相关部门力量，引入专业心理治疗师及辅导人员，并配备相关硬件。"[①] 何华敏等认为："应在社区开设心理咨询室，提供面

[①] 黄觅、叶一舵：《国外社区心理健康服务发展概况及其对我国的借鉴意义》，载《福建医科大学学报》（社会科学版）2010 年第 3 期。

对面的心理咨询服务。"①然而，据 2018 年召开的全国心理卫生学术大会的信息显示，至 2017 年年底，我国能提供专业心理咨询服务的心理咨询师不到 3 万人，而按照世界卫生组织标准我国需求为 130 万人，虽然取得心理咨询师资格证的人数众多，但是真正能提供专业服务的人员却极为不足。本调查问卷显示，膜拜成员具有注意力难以集中、焦虑、失眠、不自信和自我价值感低等症状。我们在访谈中多数成员表示，担心社区居民排斥自己，索性不与他人交往，感觉孤独，5 号、6 号、7 号等成员希望有机会接受心理咨询。我们认为针对膜拜成员应该主要采用个体咨询，其优点是一对一的操作，针对性强且兼顾深入性和差异性。具体方法如下。

1. 角色扮演技术

技术步骤：首先由膜拜成员描述希望解决的问题及相关事件经过、人物、情景；之后由膜拜成员扮演自身，社区工作人员扮演成员的好友或者亲人；让成员带着问题去扮演，说明自己的问题；扮演开始后，成员与社区工作人员对话，说出自己的问题或者疑惑与纠结，后者认真倾听并给予积极反馈，引导成员借助自身经验尝试解决问题，帮助他们找到最佳的解决方法，同时增加成员对自己问题认识的层层深入，并在角色扮演中引出未来发展的正性方向；扮演结束时，让成员表达感受并进行总结，社区人员对其在扮演中出现的新观念或新行为给予鼓励以强化效果。

2. 认知技术

表 4 显示膜拜成员心理健康总体状况不佳，我们研究表明，膜拜成员自评心理健康水平明显低于对照组的非膜拜成员。根据情况制订社区分级心理康复教育三种类型：一是转化效果反弹的膜拜成员，他们的认识尚不清晰，膜拜思想有复发倾向，心理健康状况不佳。如 1 号成员痴迷"全能神"，对家人冷淡，

---

① 何华敏、胡春梅、胡媛艳：《城市社区心理健康服务体系的构建》，载《中国健康心理学杂志》2015 年第 7 期。

也不干家务活，对社区工作人员抵触，还向他人传播"教义"。二是有转化效果，膜拜思想和行为基本消失，但仍存在一些残余的膜拜观念，心理健康认知水平较差。如2号成员自述害怕"业力"消退会引起身体不好而情绪焦虑，也害怕膜拜团体的报复。三是成员长时间参与膜拜活动使社会适应能力较低，难以适应更新的社会生活。如3号成员总是担心会受到别人歧视，内心自卑而情绪抑郁。我们与社区工作人员对这三类成员的康复教育采取"认知疗法"。认知心理学家艾伯特·埃利斯（Albert Ellis）指出，膜拜是人们对事物所持有的信念或观念导致了情绪和行为结果的发生，是对事件"不正确"或"非理性"认知的结果。认知方式对膜拜观念和膜拜行为的产生具有根本性作用。因此，以认知技术作为膜拜成员社区心理康复教育的基本方法，以改变认知观念为核心帮助成员解决心理层面的信仰问题。矫正1号成员的偏执性认知引起的绝对化思维观念，使她认识到膜拜团体的本质，去除偏见、偏信和偏执的想法；矫正2号成员情绪推理引起的焦虑情绪，膜拜信仰一不会杀灭细菌，二不能使患病器官康复，而极有限度的一点安慰反受更多的困扰不可取；矫正3号成员过度引申引起的自卑心态和抑郁情绪，只有紧跟主流文化才能扩展自己的话题与他人自信的交往。认知疗法的目的是修正非理性认知信念，纠正认知方式的误区或偏差之后，才能建立正确的现实生活态度。在访谈中4号成员表示，先前总是莫名其妙的心慌气短无法排解，医院检查并没有发现身体有器质性病变，于是听信了"传教者"的灵修方法而误入其中，每日灵修、诵经、拜像，以求得到缓解但并不见效，经过社区心理健康测查和教育才明白，那是情绪焦虑问题，源于自己的生活困境和人际关系不良，"祷告"是改善不了现实问题的，只有改变想法和调整心态，拿出积极的行动才能改变困境。

3. 多元化联合方法

胡超群、吴均林等人对澳大利亚社区心理健康服务模式进行了研究，其社区心理健康服务模式采用"双向转诊"制，即"患者→社区心理健康服务中心

→医生和案例负责人→门诊或入院诊治→社区心理健康服务中心"①。有健康问题者先在社区健康服务机构就诊，如需要进一步治疗可转诊至医院专科治疗，待达到预期效果后，再转回社区健康服务机构进行后续的康复治疗。这种健康服务模式很好地实现了社区健康服务与专科医疗机构服务的对接和合理分工。

本研究针对膜拜成员提出一套社区心理健康服务的模式，即社区对膜拜成员进行心理康复、教育和监护，包括建立健康档案、定期心理测定、开展个体活动以及心理健康危情管理，所有信息载入网络档案，方便社区与当地医疗机构、高校心理咨询中心、社会心理健康服务机构以及相关部门互通信息，向上级反映工作情况获得支持，向服务机构及时寻求帮助不至于延误，向下面联络每个膜拜成员及其家庭，让膜拜成员在需要专业帮助时，能方便快捷地找到帮助途径。电话、微信和网络咨询等新形式的咨询手段也可成为社区促进成员康复的方法，让膜拜成员在熟悉的环境中接受帮助。访谈中7号成员表示先前有抑郁情绪，便寄希望于"全能神"为其驱除灵魂中的阴暗，于是每日努力诵读"教义"和"祷告"，总认为坚持就能好转，然而一直未见到改观。接受了社区的心理健康教育，他们耐心倾听了自己1个小时的诉说，指出了自己的问题所在，又经社区介绍前往一所医院接受心理治疗，减轻了抑郁情绪，膜拜念头也不会在头脑里闪回了。访谈中，有4名膜拜成员表示遇到心理问题时会主动寻求帮助，也有人知晓精神卫生中心、医院心理科等求助途径，但仍有3人表示不知道从何处获得帮助，所以也应该广而告知出现问题时的求助途径，如报告社区工作人员、心理热线、信箱或前往地址明确的心理健康服务系统寻求帮助。

（二）纳入团体心理咨询是启示性和互助性的社区康复方法

膜拜成员的活动与行为方式具有相似性，本研究问卷调查显示他们具有注

---

① 胡超群、俞爱月：《中国与澳大利亚社区卫生服务模式比较》，载《绍兴文理学院学报》（自然科学版）2016年第9期；吴均林、周指明、巫云辉等：《城市社区心理卫生服务现状研究》，载《中国公共卫生管理》2004年第20期。

意力难以集中、焦虑、失眠以及不自信和自我价值感低等共同症状，他们在脱离初期都存在社会不适应等问题，访谈中大多数成员表示出对于他人能否接纳自己的担忧。杨东等人研究发现，膜拜成员的社会健康水平显著低于非膜拜成员。① 因此，恢复成员的社会心理功能是社区心理康复教育的重要目标之一，重点放在人际沟通技能和社会适应训练两个方面。由社区工作人员引导，以匿名互助组的团体心理辅导形式，将具有类似困惑问题的膜拜成员集中进行团体心理康复教育，通过互相分享经验以达到启发和互助目的，让膜拜成员认识到自己的问题。第1—2周进行人际交流互动，开展"认识你我他"和"风雨同舟"等破冰活动。第3—4周分析自己加入的原因，以及在膜拜团体中的遭遇等情况，同时观察他人活动得到启示以改观自己。此时可运用ABC认知法引导成员：导致自身情绪和行为反应的"C"，并不是由生活中的先导事件"A"引起，而是取决于对事件的非理性认知方式"B"，再组织所有成员轮流分析其中一人所面临的问题事件、情绪和行为反应及其认知信念，共同讨论和分析这些内容。第5—6周分析自身问题及尝试解决方法。在学会运用ABC认知方法的基础上，由一名成员叙述问题及其苦恼，其他成员根据事实进行辩驳，提出合理性的信念和适应性的做法，再共同交流与互助启示，结束后让成员在自助作业中记录对自己非理性信念的辩驳，并思考采取合理替代的行为。第7—8周评估效果，交流对抗自己非理性信念的有效方法和完成作业的感受，让成员在团体咨询活动中开阔解决问题的思路和勇气，引导者在此过程中带领大家为解决问题的人给予鼓励，增强成员的自我效能感。第9—10周为收尾阶段，让成员总结自己在参与团体教育辅导过程中的收获及感悟，引导者强化其中的正性内容，让每位成员体验到团体教育所带来的经验，恢复社会功能和重建人际关系的效能感，并展望自己在今后遭遇挫折时能应用学到的方法解决问题。团体结束后可为每

---

① 杨冬、陈青萍、梁颖等：《膜拜成员自我和谐程度与健康水平关系的研究》，载《世界宗教文化》2014年第5期。

位成员颁发自制的互助团体证书,让成员带有仪式感地告别旧的问题,开始新的生活方式。

我们开展了 10 次团体康复教育辅导活动,成员普遍感觉思维开阔了,精神振奋了,学到了一些克服不良观念和行为的方法。社区也邀请已转变的和康复成功的前成员进行经验分享和互动答疑,现身说法地讲述脱离膜拜团体和康复的心路经历,以及在此过程中遇到的问题和解决方法。前膜拜成员能体验到膜拜成员的感受并容易共情以增强效果。从"门徒会"脱离的 6 号成员,在经过团体教育后转变了,她常以自己的经历为例告知膜拜团体的危害及脱离后的轻松。这种情况类似于心理咨询中的"奇迹想象",让成员体会到问题解决后的轻快。有几名成员提出希望做一些力所能及的志愿工作,社区安排他们派发一些心理健康宣传资料和社区资料整理等工作。一方面让成员重建人际信任关系,适应正常居民的生活方式;另一方面,体会到做工作的效能感和自身价值感,不再陷入膜拜活动的虚幻之中。

(三)整合家庭疗法是立体性和动力性的社区心理康复方法

西班牙研究膜拜问题的专家佩佩·罗德里格斯(Pepe Rodriguez)指出,容易被教派俘虏的必要条件之一,"是那些在自己家里遇到了麻烦的人……在决定一个人具有信教倾向的诸多因素中,很大一部分都同其家庭内部曾经发生过的种种社会心理变故,有着直接的关系"[①]。在我们调查中,受社会和家庭环境影响而进入膜拜团体的成员占 15.9%。社区工作人员在访谈中反映,当上门家访时能明显感到膜拜成员家中气氛紧张,夫妻存在隔阂且交流表面,家人对膜拜成员也较为情绪化,很难进行良好沟通。如 8 号成员的丈夫常年在外地经商,回到家里夫妻两人也无话可说,她感觉被冷落和心灵孤寂,满足不了感情渴望,便移情至膜拜团体的"功友圈子"里。9 号成员也是如此,她参与膜拜团体是因

---

① [西班牙]佩佩·罗德里格斯:《痴迷邪教——邪教的本质、防范及处置》,石灵译,新华出版社,2001年,第33、43页。

为老来身边无子女，夫妻关系不和睦，朋友拉她"入教"，她感到在膜拜团体中有姐妹可以交流，排解烦闷，时间一长便沉迷其中了。

研究指出，家庭背景和家庭关怀能促进成员脱离膜拜团体控制，尤其是对防止已转化者重新返回起到显著的帮助作用。[1]国外偏重于采用多技术融合的家庭疗法对膜拜成员进行教育转化，特别重视家庭康复关系，涉及家庭生存文化、家庭道德标准、家庭信仰建设、家庭威信与保护、家庭人员的情感理想和欲望等。家庭知识和家庭互动影响成员的思想和行为，能促进成员的转变。[2]膜拜问题对于家庭及其成员而言，类似于一种心理危机，很可能对家庭生活和成员健康造成较大的影响。对此，我们与社区工作人员安排了一次策略性家庭疗法，该方法强调个人的改变有赖于家庭整体的帮助，其特点是将焦点放在家庭成员的互动关系上，从家庭角度帮助成员改变行为与解决问题，注重实务和以问题解决为中心，同时对成员施以一定的行为控制。这种方法针对膜拜成员主要聚焦在三个方面：①关系治疗。重建信赖关系，引导8号成员与家人真诚地表达看法，不把问题归咎于某一方，打消家庭成员之间的敌意，重建相互沟通的交流方式。②感情治疗。帮助的关键因素是"爱"的力量，打破那种不能解决问题的冷漠链条，发掘家庭在应对膜拜问题中的帮助资源。家庭是重情讲爱的地方，不过分责备并在成员自尊心不受到伤害的基础上，向她说明膜拜行为是不能被接受的，应该遵守社会规范和探寻积极意义的健身方式。③环境治疗。家庭是一种特殊的心理认可环境，良好的家庭环境有利于成员体验认同感、安全感和归属感，成员在康复过程中，其内心在悄无声息的斗争，给他们提供一个能吐露真实想法的环境，让他们体验到家的关怀。在他们心理困惑、矛盾时及时给予帮助。在策略性家庭疗法实施之后，10号成员反映，当她感冒了十分狼狈地回到家中

---

[1] Sirkin, M. I., "Cult Involvement: A System Approach to Assessment and Treatment", *Psychotherapy: Theory, Research, Practice, Training*, 1990, 27 (1), p. 27.
[2] 陈青萍：《国外膜拜研究现状及对我国的启示》，载《世界宗教文化》2012年第4期。

时，家人并未过多指责而是很关心，让她感到温暖和感动，也坚定了告别膜拜团体回归家庭的决心。社区工作人员负责对家庭成员进行后续回访工作，了解心理康复效果并关注仍然存在的问题，也可以选择较为普遍且属于心理层面的问题，将家庭成员集中组建为互助小组，每周分享交流，持续3到5周，提升家庭帮助的能力。在访谈中工作人员提到，难以做到对膜拜成员言行每时每刻的了解，但又需要了解其情况，能得到家庭成员的工作支持，及时反馈膜拜成员的情况，可以及时防范一些危机现象的发生。

（四）构建网络服务是广泛性和普及性的社区心理康复方法

建立社区心理康复网络服务，给予成员社会支持的方法极为可取，它具有心理健康和生理健康的促进效果。有学者提出了"四级三纵"设想，"四级"分别是指社区心理健康服务站（社区居委会）、社区心理健康服务中心（社区卫生服务中心）、区或县心理健康服务中心（区、县级医院）、市级心理健康服务中心（市级各大医院和精神卫生医疗机构）。"三纵"分别是指由政府、社会团体和学校开办的心理服务机构，"一纵"是指由政府出资的心理服务机构，"二纵"是指社会团体开办的心理服务机构，"三纵"是指学校开设的心理服务机构。[①] 此网络模式很好地涵盖了各类心理健康服务机构并将之整合为分层的体系，各层级间分类和任务清晰明确，使得心理健康服务得以立体化呈现。我们结合文献资料以及在社区的调查，探讨膜拜成员社区心理康复教育模式，此模式核心在社区并配备专门负责膜拜成员康复教育工作人员，居委会支持和配合开展康复工作。社区在此体系中主要作用是对膜拜成员进行心理康复、教育和监护。因此，可以设置引导机制，借助网络宣传中华民族的群体身份以消弱成员的膜拜行为，宣传核心价值观引导他们形成积极的社会心态。同时，建立心理康复档案，内容包括两部分：一是膜拜参与史、加入膜拜团体类型、原

---

① 何华敏、胡春梅、胡媛艳：《城市社区心理健康服务体系的构建》，载《中国健康心理学杂志》2015年第7期。

因及时间、从事的膜拜活动等基本信息；二是心理康复记录，包括心理健康和社会功能状况、教育过程中评估以及效果等，还要做到定期心理测定、开展个体咨询和团体教育以及心理危情处理等，所有信息载入网络档案，方便社区与其他健康机构之间互通有无，为膜拜成员心理康复提供参考信息，实现对他们长效的心理康复服务。

总之，膜拜成员在脱离膜拜团体初期，会存在各种心理困惑问题，而思想和认知方式转变是一个长期的过程，采用社区心理康复教育可以提供不间断的延伸教育，有利于巩固成员的康复效果，最终达到膜拜行为的根本性转变。

构建系统化膜拜成员社区心理康复教育途径与方法图归纳如下：

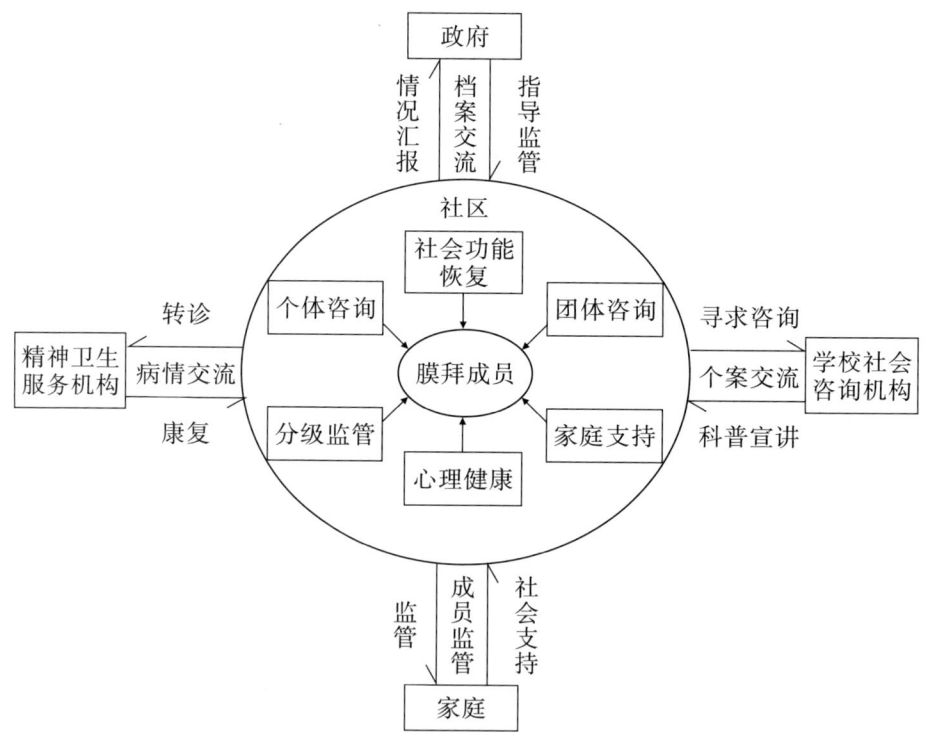

图1 膜拜成员社区心理康复教育途径与方法

"一带一路"背景下中国防范膜拜团体并保障社会和谐的意义

Pierre Picquart（皮埃尔·皮卡尔）

（皮埃尔·皮卡尔演讲，徐鹏皓记录、整理）

尊敬的各位专家学者、女士们、先生们：

下午好！

在这个美丽的金秋季节，尽管今天是雨天，但是大家精神振奋，来参加这场演讲。今天我要说的是，我非常高兴来到西安，因为我前后来过中国50多次，我把中国视为我的第二故乡。我多次来到中国，跟各地的领导、农民、工人、学者、专家见面，我非常喜欢中国的风景以及文化。我注意到中国社会的巨大进步，中国领导人和专家学者，为了中国的社会进步和经济发展做出了巨大努力。我今天非常荣幸地来到陕西师范大学，在这里我要特别感谢陕西师范大学党委书记甘晖先生，还有陈青萍教授，感谢他们邀请我来参加这次研讨会。

今天，我们团聚在这里，跟优秀的专家学者在一起，探讨预防邪教的问题，我们所讨论的问题涉及邪教的危险以及对个人的保护，我们所探讨的都是一些具体问题。为什么要预防邪教？我们希望中国能够继续发展并促进世界各国的经济和文化发展，这就涉及社会、集体和个人的保护。中国人说"千里之行始于足下"，法国人说"巴黎不是一天建成的"，阿拉伯人说"埃及金字塔是一块石头一块石头累积起来的"。我们在研究邪教问题的道路上，已取得了一些成就，但是还有很长的路要走。我们的研究已经做得很好，但是仍然要扩大范围，在中国、法国以及欧洲开展更加深入的研究，这样才能建设一个更好的明天，建设一个更美好与和谐的世界。如果我们继续研究，我相信一定能够取得更加丰硕的成果。近几年，中国政府在促进社会发展方面做出了巨大努力，国家进步、社会发展有赖于一个透明的环境、良好的教育，以及经济贸易交往。我的演讲是为了防止危险的邪教，为了防止精神失衡，为了对抗反社会言论，为了防止扰乱社会公共秩序，在这一方面，中国做出了非常多的努力。历史是最好的老师，历史教会我们不要犯同样的错误，所以必须与邪教组织做斗争，与危险言论做斗争以维护社会安全。当然，每个人都有权利去拥有梦想，都有权利向往浪漫主义，也有权利追求信仰自由，但是无论个人多么自由、随意、个性，都不能违反社会生活的规则，破坏性的自由是不存在的，最终目的是保证所有个体得到健康的发展。宗教与邪教之间有着明显的差异，邪教组织的言论有很大欺骗性，在逻辑中是不靠谱的，其言论经不起任何逻辑推敲，其危险在于阻止个人的全面发展，从中获取利益以及压制自由，他们分裂社会，制造很多犯罪活动，对国家造成巨大伤害，对于社会利益也是一种巨大的威胁。为了对抗邪教，促进人类进步与社会和谐，保护个人和社会秩序以及更好地理解这些现象，每一个国家都在致力于进行防范邪教的教育，让人们能够自由选择与安全发展自己的未来。

20世纪末至21世纪初，"邪教"一词的流行意义和媒体意义更为局限和贬义。以前，"邪教"一词用于指代那些"在教义上与其他主流宗教或哲学团体相悖的群体"，今天我们用"邪教"这个词来谴责在行为层面上做出邪教行为或极权主义的团体，它是具有潜在危险性的新的"宗教、精神或其他性质"的群体，其含义比过去更为负面。在邪教活动以及集体自杀的冲击下，恐惧一度占据了全世界媒体的头条，这些组织给个人和社会带来了巨大的危险。没有任何一块大陆能够幸免于邪教带来的危险，这些危险的邪教组织不仅在中国出现，在法国和美国等国家同样猖獗活动，他们利用人性的弱点，尤其是利用弱势群体、老人、妇女儿童和患病人群，这些人要么是文化程度不高，要么是被孤立的，要么是重病在身，容易在心理上受到邪教组织的诱惑而陷入其中，成为邪教组织操纵的对象。在一些邪教组织的说辞中，他们使用了部分的、片面的历史材料，使用谎言、神话来欺骗弱势群体，让人陷入神话般的虚幻之中而脱离社会现实，国家和有关部门应该保护这些弱者，教育部门应该给予他们良好的教育。邪教组织无论是在中国还是在法国，都是为了自己的发展，以人权为借口，他们所宣称的自由是非常狡猾的自由，只是为了吸引更多的信徒，他们与现有的社会秩序作对，利用宗教外衣达到政治目的，这些情况对社会具有很大威胁，个人一旦落入邪教组织会变得十分孤立，完全失去对自身自由的控制。对此，我们要有非常清醒的认识。

　　简单的介绍之后，我下面要谈的是对邪教的定义。我们该怎样定义邪教组织？这是个非常困难的工作，因为每个国家有不同的文化体系，有不同的价值观，很多国家之间出现了分歧。法学研究者、政治家、每个国家机构对此也有分歧，难以给出一个统一定义。这主要有两个层面的困难：第一是制度层面和风俗习惯层面；第二是邪教本身结构给定义带来了困难，邪教组织利用司法漏洞来保护自己。当然，我们相聚于此就是要找出邪教的一些特征，把邪教定义出来，然后找办法与它们作斗争。

　　从20世纪80年代起，新兴邪教的适应能力和全球化策略让我们不得不思考这样一个问题：如何在保护个体身心健全的同时，保护他们信仰和宗教的根本自由以及保障社会秩序和国家稳定？下面我们谈一下法国现用的一些办法作为参考。其实法国并不比中国做得更好，法国也存在邪教问题，法国在1905年就确定了一个原则，就是政教分离，试图在法律上给邪教一个定义，但遗憾的是至今仍未做到。法国是一个世俗化国家，宪法决定政教分离，但是也保证个人的信仰和宗教自由。法国的法学家试图对邪教做出一个宽泛的定义：一个具有哲学精神或者宗教目的的法人机构或代理人作为同谋，为了自己利益参与刑事犯罪活动。由此，可以看出邪教组织的价值观和社会正统价值观是背离的。由于很难给出一个清晰的定义，法国在国家层面上放弃了这种想法，转而从实践方面对邪教组织或者信仰偏离的人群制定对策。"邪教"一词因其负面含义时常遭到相关群体和法学家甚至社会学家的排斥，这个词还在许多国家引发了争论。然而我们应当清醒地认识到，具有危害性的邪教的确存在。目前，我们可以给出这样一种定义：宗教或非宗教性质的个人、群体或组织，根据一系列明确的标准，其信仰和行为被认定为黑暗、令人担忧、危险以及对个人和社会有害。国家并不是对个人的信仰自由做出限制，而是对邪教组织或者邪教集团对个人以及社会做出的危害进行惩处。任何一种组织涉及思想、信仰和宗教的个人基本自由，前提是这种自由不损害他人、制度和国家的稳定，这种自由必须体现对国家、法律和个人的尊重。这些概念得到了大部分国际机构和包括法国与中国在内的大多数国家的认可，法国、中国都是在与邪教组织或信仰偏离的斗争中走在前列的国家。

1980年以来，法国试图找到一些有效的手段，与邪教组织或信仰偏离团体做斗争。1995年，法国议会做出了一些努力，列出一个名单将170多个组织归入邪教，但这是错综复杂的，还有800个组织是具有危险性的，法国有关组织进行动态观察，定期更新这个名单。在这个名单中，首当其冲的便是叫作"耶和华见证"的邪教组织，有30 000信徒。可能是出于司法或者政治原因，法国还未将部分邪教组织列入名单，例如"牟尼教""法轮功"等。大家可以看到，列出这份名单是非常有用的，对于民众来说拥有了认识渠道，可以知道什么样的组织是具有危险性的，但如果缺少法律手段去应对的话，还是显得无能为力，所以需要进入法律层面，预估风险并在这些组织违反法律时，通过法律工具予以打击。2001年，法国政府加快了立法进程，通过了《阿布－比卡尔法》。这样一部法律的通过，让所有的邪教组织甚至是宗教，都不可能置身于法律之外，得以让个体更好地保护自己。我们经常谈到人权，一些人的基本权利，这部法律非常具体地对个体提供保护，特别是弱势群体，比如儿童和在心理及身体上有残缺的人。法国给民众提供的保护分为两个层面，第一是实际操作的层面，第二是法律文本的层面。因为邪教组织也在利用法律的空缺，因此法国在国家层面与邪教组织作斗争，也在理念和法律的层面作斗争。

法国议会的专门委员会制定出一些认定邪教组织的标准：①思想失衡；②过度经济负担；③与原有环境脱离；④对身体造成伤害；⑤拉拢儿童；⑥反社会言论；⑦扰乱公共秩序；⑧卷入多起司法诉讼；⑨侵吞资产；⑩试图渗透国家公权部门。有了这些清晰的认定标准，只要有这样的邪教组织存在，民众就可以向相关法律部门，或者负责跟邪教组织斗争的部门告发。因为有了清晰的认定标准，法国各个部门都能协助法官、警察对抗邪教组织。我们接下来对法国的做法做个总结，法国还有很多工作要做，邪教组织也对法国造成了伤害。首先，行政部门的职责是监控邪教组织并给民众提供信息。其次，法国的社会组织倾听弱势群体的声音并给予帮助，当然如果他们发现有邪教行为，可以立即向相关部门举报。有组织的社会具有非常大的优势，国家部门、警察部门、司法部门都可以对伤害个体身体和心理的行为做出反应。另外，我们还有一个对抗邪教组织的武器。最近二三十年来，法国并不被邪教组织喜欢，也招致了国际上的一些批评。邪教组织并不都是庞大的，他们也会变换自己的形式，有些组织也就两三个人，他们用行医为借口非法获取个人利益以操纵弱势群体。最后是社会上的协会组织与邪教组织的斗争。法国在15年前，创立了"紧急抵制信仰偏离组织委员会"，该部门在总理领导下与邪教或信仰偏离的人群作斗争，起到一个协调作用，协调各个部门、各个区域以及各个部委共同采取手段，通过媒体、网络向公众提供信息，向总理报告邪教与宗教发展的情况。法律是非常有用的，但是法律的效力在于它的实施，所以通过这样一个部门能够让所有的公务员和所有的法律部门协同起来工作，通过网络渠道给公众提供警示，民众可以通过这样一种方式给有关部门打电话或者写信说明他们的问题。自2001年以来，法国还成立了一些其他强有力的组织，他们专长的领域是不同的，有些是提供信息，有些是进行研究，他们在反邪教过程中扮演了非常重要的角色。

下面我给大家举例介绍这些组织的工作，一共有5个代表性的协会，其中在法国比较有影响力的民间反邪教机构有"欧洲宗派研究和信息中心联合会（FECRIS）""保护家庭和个人协会全国联合会（UNADFI）""反对精神操纵中心（CCMM）和"邪教警醒协会"等。这些组织的作用是：①给公众提供警示；②给家庭和邪教组织的受害者提供帮助；③给精神受到操纵的信徒提供帮助；④给个人提供帮助；⑤给进行灵修的人提供信息和建议。这些组织的工作主要是给受害的个人和家庭提供帮助，对邪教组织的学说进行研究，给公众提供相关信息，当然这些组织受到邪教组织或者社会的批评，说他们影响了个人自由，但是我在这里要说的是，他们口中所谓的绝对自由是非常不人道的，因为在邪教组织中，被操纵的一些人是很可怜和孤立的，邪教组织可能给他们造成终生伤害。虽然我们很难给邪教组织下一个清晰的法律定义，但是可以看到法国使用的所有法律手段，包括过去已有的立法，也包括正在建立的法律，目的是给每一个个体提供保护，让他们的个人权利不受到任何人侵害。我们再举三个例子来结束法国这一部分，第一个例子是法国有极端的伊斯兰教组织，不可能让他们建立独立的伊斯兰教学校，因为这些极端分子对个人的基本自由造成了伤害。第二个例子是专门的儿童法官，如果他注意到孩子在父母或者在邪教组织中被孤立，他就可以采取行动。第三个例子是法国的刑法规定对于那些欺骗行为或者欺骗性广告，可以向有关部门举报。简单来说，对于信仰不作先入为主的评判，但这并不意味着可以为所欲为，法官就是要负责守住这一条不可逾越的底线。

现在我们来谈论一下欧盟的做法，欧洲并不存在一个共同的行动指南，而且不同国家之间没有达成一致，处于一个分裂状态，所以没有一个清晰的法律定义界定信仰偏离。法国在 2013 年受到欧盟的处罚，原因是法国违反了宗教信仰自由，被处罚向 3 个不同的邪教组织分别支付 400 万、40 万、4 万欧元。虽然我喜爱美国，对欧洲也是充满热爱，但是美国批评法国侵犯人权。美国存在很多教会组织，各种形式的组织，在美国税收体系是不同的，他们对这种教会组织的企业有专门的税收政策。在美国亚利桑那州旁边的小城，只有 50 000 左右的居民，但是有 50 多个小的私人"宗教组织"。欧洲虽然没有专门的法律来规范宗教组织，但是欧洲开始反思如何更好地保护公民，欧洲现在比较关注的问题是这些邪教组织如何去招募新的信徒，如何去操纵弱势人群。刚才提到了中文中的成语"千里之行始于足下"，我们必须一步一步往前走才能达到目标，欧洲未来与邪教组织作斗争的道路也是非常漫长的。

下面我给大家再举一些例子。第一个是比利时，法国以北的一个国家，它和法国有非常紧密的合作，在与邪教组织作斗争的活动中，其措施与法国也很类似。比利时也是通过立法手段，在 2011 年就通过了相关的法律。这是一个很好的开始，所通过的法律是为了保护弱势群体，不让他们在精神或身体方面受到伤害。第二个是德国，德国并没有像法国一样有一个名单，也没有通过任何法律，但是德国成立了相关的维和组织。第三个是英国，英国现在有 500 多个邪教组织，信徒达到 50 万，其中有一个邪教组织叫作"科学派"，这个组织中的一个女孩，结婚时拒绝去教堂（按照英国传统，结婚应该去教堂）。第四个是瑞典，瑞典声称自己是一个完全民主的国家，所以它接纳各种各样的宗教组织，甚至是非常危险的恐怖主义组织。欧洲其他一些国家，比如西班牙、希腊，在同邪教组织做斗争的过程中还不够努力，实际上这些国家截至目前也没有通过一些特别的法律来和邪教组织做斗争。在欧盟内部，有一个关于基本人权的条款的第九条：所有人享有思想自由，宗教信仰的自由。我们可以看到在欧盟内部有很多讨论，但是截至目前也没有通过一部专门法律来与信仰偏离人群做斗争。当然可以看到，欧洲内部的一些国家取得了一些进步，但是这些邪教组织也在对欧洲施加影响和游说，得到了西班牙、瑞典、克罗地亚，还有匈牙利等国家承认为合法宗教。"科学派"组织得到承认给我们敲响了警钟，特别是对法国的一些协会组织，这些协会组织知道怎样更好地利用法律、人权和相关法规。这些邪教组织以信仰自由、言论自由、人权自由为借口来为自己寻求合法性，这也给媒体敲响了警钟。当然，对待邪教组织我既不悲观，也不乐观，我们可以看到邪教组织的危险性，所以国家必须要介入，各个国家之间必须相互协作，共同对抗。

因为时间有限，我们到最后一个部分了，要谈的是对邪教组织的危险评估性和认定标准。我们可以看到邪教组织所带来的消极影响是非常严重的，甚至是灾难性的损害，中、法两国政府做出了非常多的努力，让公民受到良好的教育，让公民个人安全得到提升，让他们有选择自己道路的自由。大家可以通过报纸或者网络等渠道听到邪教组织所造成的灾难，从1918年到2000年，在世界各地因为邪教组织的影响，曾经有过较大规模的信徒集体自杀活动。在2000年以后，信徒自焚和服毒自杀的事例仍然不断发生。这当然是悲剧，但从另一个方面看也有它的益处。比如吸引了媒体注意，让很多公众意识到邪教的危害。这些邪教组织是非常疯狂的，他们相当于恐怖组织，因此也是非常危险的，特别是对于个体而言。

现在一些邪教组织表现得非常低调，他们试图与新的形式相适应，改变自己的法律地位和活动手段，比如说从现在非常流行的排他性医学和预测，都可以看出邪教组织的不断进化，那我们与邪教组织斗争的手段也必须改进，对此也必须要警惕。虽然对于邪教组织的定义非常困难，但也有一定的认定标准：精神的失衡；经济损害；跟自身所处环境脱离；给人体造成伤害；操纵儿童；反社会言论；卷入多起法律官司；扰乱公共秩序；试图渗透进公权部门；还有引诱和精神控制以及奴役成员；等等。专家和学者必须关注邪教组织发展采取的新形势，比如邪教组织现在的新趋势是转向传统医学，像灵修那种不为人知的世界，但是这些邪教组织并没有公开发表研究成果，这是我们所关注的情况。

在我结束今天的讲座之前，我想谈谈"法轮功"。"法轮功"在西方没有招纳到很多有良好教育背景的人士，该组织具有很高的欺骗性，因为它在西方是作为一种为了自由而与中国的"集权"政府作斗争的组织。实际上一些媒体人士是非常无知的。我们可以看到"法轮功"这种形式是反社会、反民主、反中国政权的，这些邪教组织对社会或个体造成了很大伤害。我们可以看到，这些邪教组织有排他性说辞，有自己的精神领袖，对这个世界的解读也是排他性的，主张与这个社会断绝关系，把其信徒工具化，许下了非常多的空头支票，而且还要掩盖事实，利用信众的恐惧让他们相互监控，威胁他们不得离开团体，让加入邪教的个人失去自由与安全。我们对此应有清醒认识，必须坚决与这些邪教做斗争，保护我们的家庭和孩子。我们需要加强沟通和学习，需要通过教育，需要通过社会的进步，以及法律途径来与对个人自由造成伤害的邪教组织作斗争。在此我希望大家不要忘记与这些危险的邪教组织作斗争，希望大家一起携手一步一个脚印地做工作。我们应该非常自豪，自己所做的工作是为实现和谐社会而努力，是为了更好地保护弱势群体、可塑性仍然很强的群体、最贫困的群体以及个人自由。这并不会阻碍我们从务实的角度去追求个人或集体的梦想，或追求实现法治国家的目标。那些关乎人类福祉、人类进步、征服太空、了解宇宙等课题仍然摆在我们面前。我们必须发挥想象力、磨炼毅力，利用教育、科学、健康、技术、现代通信等手段，秉着创新、勇气和乐观的精神，本着共同对话和包容的精神，推崇知识和透明度，赢得这场反对邪教、暴力、恐怖主义和蒙昧主义的斗争，为建设一个更公正、更理智的世界而努力。

最后我要祝这次关于在"'一带一路'背景下预防邪教与社会和谐发展"研讨会圆满成功。

编制中国式《邪教团体检测基本项目》及其信度效度研究

陈青萍　高　丽　周济全

【摘要】 本研究从提高公众认知角度出发,通过对中外研究和相关文献分析,结合帮教干部、宗教学专家、心理学家、大学生、膜拜成员的访谈结果,编制了《邪教团体检测基本项目》,通过3次项目筛查后制定了62项原始项目;又通过210名大学生探索性因素分析初测,形成了由5个维度、32个项目组成的正式项目;再通过对497名大学生的再测,考察量表各项测量学指标,结果显示量表区分度、信度、效度指标均较高。结论是《邪教团体检测基本项目》具有较高的可靠性和有效性,可作为邪教团体检测标准的评估工具。

【关键词】 邪教团体;检测指标;量表编制;信度效度

邪教团体"是具有犯罪性质的伪宗教组织"[1],"它以宗教之名实施的战争、

---

[1] [英]凯特·洛文塔尔:《宗教心理学简论》,罗跃军译,北京大学出版社,2002年,第24页。

杀戮和罪恶,要远远超过其他形势的暴力"①。"20世纪末至21世纪初,'邪教'一词的流行意义和媒体意义更为局限和贬义。'邪教'一词指具有潜在危险性的新的宗教、精神或其他性质的团体,其含义比过去更为负面。在邪教活动以及集体自杀的冲击下,恐惧一度占据了全世界媒体的头条。媒体关于危险的邪教的报道对舆论起到了警醒的作用,并吸引舆论关注某些组织可能给个人和社会带来的困境和危险。邪教活动的激增为各国政府敲响了警钟。"(皮埃尔·皮卡尔,2018)因此,教育、防范、警示和治理邪教一直是各国关注的热点和重点问题。自20世纪90年代以来,美国、德国、法国、西班牙、日本等国家根据本国社会文化背景和形势需要,编制出邪教团体的识别标准,美国的相关量表就有5种,德国有成人版和青少年版2种,法国关于邪教活动定义有4类识别标准,日本的"团体健康度检测评分细则"多达114个项目。邪教问题在我国是一门新兴研究领域,20世纪末期以来才较为系统地开展了研究,在理论基础方面取得了一些成果,但在邪教防范的应用领域仍有许多问题亟待解决,尤其是检测项目的研究显得极为薄弱,至今尚未有一套邪教检测的评估工具。本研究调查、梳理和总结了国外关于邪教团体检测指标研究的理论基础与操作方法,结合我国国情尝试制定一套本土化、可量化、操作性强的《邪教团体检测基本项目》评估工具。

一、《邪教团体检测基本项目》研究背景及其依据

1978年11月,美国"人民圣殿教"914名邪教成员在南美洲圭亚那琼斯镇集体自杀,此事件震惊了国际社会。1985年,多尔(Dole)和杜布罗·埃切尔(Dubrow Eichel)用一个折中方法研究和描述了在邪教团体中出现的许多

---

① Kimball, C., *When Religion Becomes Evil*, San Francisco: Harper Collins Publishers, 2002, p.156.

危险行为,并对这些描述进行评分,以此来量化和区分邪教的虐待。但是,由于两位学者的工作未能形成严格意义上的定量研究,这项工作并没有引起足够的重视。1992年,美国学者迈克尔·朗格宁(Michael Langone)博士根据邪教信徒的解释术语进行了因素分析,设计了富有术语化意义的量表《有关邪教团体特点》,包括5个维度:精神控制、社会操纵、群组强度、创伤、虐待。1994年,迈克尔·朗格宁等人通过对308名邪教成员的特征进行因素分析编制了《群体心理虐待量表:测量邪教虐待的种类》(GPA)[①],标明了4种重要因子:顺从、剥削、焦虑依赖和精神控制,他们将虐待行为作为重要因素之一,使人们能够识别、评价和预防邪教。在日本东京"地铁沙林毒气事件"4年之后,1999年,日本西田公昭教授组队编制了《团体健康度检测评分细则》[②],用于对疑似邪教的团体进行危险性评估和甄别,其中标明了邪教特征、精神控制手段,提示公众防范邪教迷惑等内容。2001年,法国议会专门委员会制定了《邪教组织认定标准》,有10个项目。[③] 2004年,德国也制订了成人版和青少年版的《邪教检查表》。[④]

21世纪,邪教发展的一个重大特征是国际性流动,不再囿于一个国家或一个地区,而成为在世界各地蔓延的思潮和团体,这就将邪教跨国界、跨文化、跨民族、跨群体研究的必要性摆到了研究者面前。于是,2008年左右,美国研发了《跨群体心理虐待与控制量表》,该量表分为3个分量表:情感虐待、活动隔离控制、言语虐待,分别在美国、日本、西班牙进行了2000余人的测试。2015年,已升任为国际邪教研究协会主席的迈克尔·朗格宁(Michael Langening)博士,从社会结构、社会心理和人际行为等角度考虑,针对邪教

---

① [美]威廉·v.钱伯斯、迈克尔·朗格宁、阿瑟·a.多尔:《群体心理虐待量表:测量邪教虐待的种类》,1994年。
② [日]日本脱离邪教协会编,西昭公田主编:《团体健康度检测评分细则》,见《脱离邪教并回归社会的相关手册》,远见书房,2015年。
③ [法]法国议会专门委员会制定:《邪教组织认定标准》,2001年。
④ [德]德国萨克森邦政府文化厅发布:《邪教检查表》,李怡志编译,2004年。

精神控制以及人们在何种程度上可能被操纵的思路，进行了《有关邪教团体特点的修订》①，共有 15 个项目，用以帮助人们识别邪教团体。该项指标内容简洁易明，成为世界许多国家参考的一个模板。2016 年，西班牙奥马尔·罗德里格斯（Omarl Rodriguez）教授制定了《群体心理虐待经历量表》②，分析了 6 项维度内容：隔离、控制与操纵信息、控制个人生活、情感虐待、绝对的信仰教化、建立独立权威。以上这些问卷或者量表的识别标准都是依据本国社会形势需要而编制，以制度、法律、政令、通函或者科普的手段，对邪教团体概念进行了说明和宣传，便于民众甄别、判断和识别邪教团体。这些标准只要达到一定的数量，国家立刻就会开启相应的行政和司法调查，一经核实为邪教团体之后，就会毫不手软地采取打击措施，以遏制邪教团体的发展。

目前，我国有 20 余种邪教团体和有害气功团体，仍然不断有新的团体出现，国外一些团体也在强力渗透，对社会和谐发展造成了一定影响。我国最高人民法院、最高人民检察院指出：邪教组织是指"冒用宗教、气功或者以其他名义建立，神化首要分子，利用制造、散布迷信邪说等手段蛊惑、蒙骗他人，发展、控制成员，危害社会的非法团体"。这是在国家理念和法律层面认识邪教，在规则上可以将邪教团体与合法团体鉴别出来，但是对于认知单纯的普通人而言，并没有对这些法律概念性标准或者有社会伪装的邪教团体达成强烈的认知，加之邪教团体为了逃避限制性的法律法规，多以健身、气功、灵修团体和宗教名义进行活动，他们往往打着气功疗法、身体健康、文化传播、宗教信仰、个人成功或者柔韧性锻炼的幌子，使民众在现实生活中难以甄别和具体区分，不能明确识别其团体性质而影响了选择行为，将邪教团体误为宗教团体或健康组织而加入，极大地伤害了民众心身健康，也让邪教团体得以坐大成势，不断发展

---

① ［美］迈克尔·朗格宁：《有关邪教团体特点的修订》，载《ICSA Today》2015 年第 3 期。
② ［西班牙］奥马尔·萨尔达纳、阿尔瓦罗·罗德里格斯、卡门·阿尔门德罗斯等：《群体心理虐待经历量表》，2016 年国际会议资料。

壮大，甚至有邪教团体提出了"以农村包围城市""以和平健康方式实现目标"的战略方针，其终极目标是推翻现有政权，建立"神的国度"。由此，我们不得不思考一个问题：如何保障社会秩序和国家稳定？如何在保护民众身心健康的同时，保护他们的信仰和宗教自由？要回答这个问题，最基础的任务之一就是制定一套符合我国国情的中国式《邪教团体检测基本项目》的量化评估标准，将此作为社会民众对于邪教团体的识别、防控、警示和教育工具，遏制邪教团体对民众的误导和伤害。

本研究检索了国外 1990 年至今有影响力的论文库，归纳国外对"邪教团体检测标准"的研究细则，分析其制定邪教团体检测标准的质量水平，同时对邪教标准的研究概念、理论依据、设计框架、组织特点、采用方法、标准要求及其内容也进行了分析，厘清并明确了怎样描述和评判邪教；制定指标依据和层次区分；邪教团体对民众的影响途径和危害程度分类，在掌握大量信息资源的基础上，借助科学统计手段，展开了《邪教团体检测基本项目》的构思和建设。

二、《邪教团体检测基本项目》编制维度与筛选依据

本研究特别关注两点：一是研究内容为邪教团体检测项目的各种因素，从社会变量、民众变量和个体变量三个主要因素进行考察分析；二是研究内容需要适合国情，符合民众的社会文化心理，考量哪些问题需要特别关注，哪些问题点到为止，哪些问题忽略不计。这些考量成为制定项目的思路和内容的设计基础。

（一）比较分析已有量表条目并借鉴各种经验

本研究主要参考美国的《群体心理虐待量表》（GPA）、《邪教危险评估框架》、《跨群体心理虐待与控制量表》（AGPAC），德国成人版《邪教检查表》，法国《邪教组织认定标准》，日本《团体健康度检测评分细则》等量表。国外研究有许多优点，如美国运用量化工具评估邪教团体虐待行为的分类和程

度,这无疑是一项很好的创举,通过量化评估有效提高人们对于邪教危害的认知度;德国发挥一贯讲究规则的优势,关注邪教行为活动指标的逻辑性,在德国萨克森邦政府文化厅发布的《邪教检查表》17条项目重视社会秩序的宏观问题;法国是欧洲最为积极反邪教的国家之一,态度强硬的阻止邪教渗透社会各个层面,法国议会专门委员会制定的《邪教组织认定标准》虽然只有10个项目,但是标准清晰并颇具分量;西班牙推出的《群体心理虐待经历量表》克服了美国工具的局限性,考虑了虐待与心理问题之间的关系,以及某些变量会影响虐待经历的感知因素;由日本立正大学牵头,8名学者合作编制的《团体健康度检测评分细则》,其理论框架是依据日本宪法中基本人权与民主主义的行为规范作为衡量团体活动的标准,将团体的健康度通过分数形式表示出来,用以评估某团体的健全性以及特定团体反社会的程度,并以此作为应用手段定性某团体是否具有邪教特征的标准。日本的研究资源比较丰富,重视实证且研究细致,尤为可贵的是他们重视社会评估、民众教育和预警策略,将个体特征变量及社会背景变量纳入综合指标中,考察各种资源变量之间潜在的内生关系。上述各国研究的量表因子一般设置在4—5个,题目在40个以内(除日本外),突出体现了邪教团体的主体内容,也反映了各个国家的社会地域文化特征,其研究的基本框架与评估立场及其方法都值得中国借鉴与学习。

由于制定邪教指标受到研究者所在国的社会文化心理和思维方式影响,虽然在研究框架和内容上有许多优点,但这些量表仍然有很大的完善余地,其存在的主要局限包括:

1. 描述欠规范

有些量表是基于理论和临床心理师的经验,缺乏对群体心理虐待的语义定义和规范的数据依据,这会导致对邪教虐待方式的表述不详。某些项目内容和措辞并不完全符合虐待的标准,且有的项目描述的是其他内容,如在GPA的第6项是"获取政治权利是该组织的主要目标",没有对某些情况进行说明就视为虐待显然欠妥。

2. 描述欠准确

有一些项目稍有歧义,其中包含了不明确的和未定义的词汇,如"思维控制"或"强制说服",在GPA第24项中"思维控制是在成员没有意识的情况下使用的",这种情况是难以评估和测量的,显得不甚客观和科学。

3. 使用存在限制性

一些量表旨在评估被感知到的心理虐待遭遇,这需要亲身经历过才能评判,这些维度和评估只能涉及邪教信徒,并不能针对社会大众,其实用性、推广性及其作用意义受到一定的限制。

基于以上局限性,直接引用国外量表或进行单纯修订并不能满足我国民众的需要。因此,本研究从社会变量、民众变量、个体变量三个层面入手,同时兼顾社会环境、经济发展、心理文化等因素,探究中国民众对邪教认知的各种因素和路径方法,制订一套《邪教团体检测基本项目》。本研究不仅关注虐待现象,这仅仅是邪教团体的一种表象而非本质性特征,而且紧紧锁定邪教团体本质特征。另一重要考量是量表主要不是针对邪教成员,而是以社会民众对邪教团体的认知度为出发点。因此,本研究归纳对邪教团体的认识概念、结构特点、组织方法和影响危害等内容,共分析筛选出10个维度:精神控制、隔离限制、反社会性、强制自白、心身受虐、教主崇拜、绝对化信念、焦虑性依赖、压榨剥削和神秘性,使研究和运用所围绕的问题更为广泛和现实。

(二)《邪教团体检测基本项目》形成流程

1.《邪教团体检测基本项目》62项原始项目形成流程

采用开放式问卷调查法与深入访谈法,对26名教育转化帮教干部、23名防范与处理邪教问题专职干部、14名大学宗教学教师、30名大学生进行调查,主要内容涉及"你认为邪教是什么类型的团体?""邪教团体的本质是什么?""邪教团体的特点和表现方式有哪些?""邪教团体和宗教团体有什么区别?"

"邪教团体的影响和危害有哪些？""邪教团体的运作方式是怎样的？"等六大类问题，将所得资料进行整理，归纳出频率较高的词汇或语句，并对有代表性和普遍性的语句和内容进行了保留，编制出120项条目。为确保条目用词得当，语句精炼易懂，对有些条目进行了修改和删除，形成98项条目的量表，而后对项目描述的准确性、实用性和通俗性进行了两轮项目筛查。第一轮将98项条目经25位教育转化帮教干部、25位大学生研讨后，剔除语句表述不详的条目，精简为78项条目；第二轮将78项条目经有关省、市防范与处理邪教问题办公室干部，以及测量学、统计学和宗教学的教授，共计15位专家研讨后，精简为62项条目，定为《邪教团体检测基本项目》初稿，并进行较大范围测试。量表采用从"完全不符合"到"完全符合"5点计分制。

2.《邪教团体检测基本项目》正式稿（32项）形成流程

（1）被试。①样本1：随机抽取北方一所高校、南方一所高校大学生210人，发放问卷210份，收回问卷210份，有效问卷206份，有效率98%。在有效被试中，大一50人，大二59人，大三64人，大四33人；男生84人，女生122人。②样本2：随机抽取不同于样本1的北方两所高校、南方两所高校大学生510人，发放问卷510份，收回问卷510份，有效问卷497份，有效率97.5%。在有效被试中，大一159人，大二112人，大三123人，大四103人；男生228人，女生269人。

（2）①以样本1为被试，对《邪教团体检测基本项目》62项原始量表进行测试，对所得结果进行探索性因素分析，以因素负荷和交叉负荷为项目剔除依据。其中因素负荷显示该项目与其公共因素的相关程度负荷值大，说明该题项与抽取的公因子关系密切，删除因素负荷小于0.4的题项。若两个或两个以上因素存在明显的交叉负荷，说明该题项有多级化倾向，也应予以删除。通过探索性因素分析，删除无效项目，合并相同维度，最终量表分为精神控制、反社会性、心身受虐、绝对化信念、压榨剥削，共5个维度，32个项目的正式量表。

②以样本2为被试，对经过探索性因素分析保留的32个项目的量表进行施测，考察各项测量学指标是否达标，包括评估《邪教团体检测基本项目》（32项）：其中项目分析，以临界比分析法获得的t值和皮尔逊相关分析法获得的相关系数r值来评估量表的区分度；信度分析，以克隆巴赫内部一致性信度系数和分半信度系数来评估量表的可信性与稳定性；效度分析，以内容效度和验证性因素分析所得的结构效度来评估量表的有效性。以上施测均为专业教师操作，测试前统一培训，采用标准化指导语与施测流程，收回问卷统一筛查并编号，剔除无效问卷。

（3）统计方法。研究数据采用SPSS24.0统计工具进行项目分析、探索性因素分析；采用AOMS18.0进行验证性因素分析。

三、《邪教团体检测基本项目》（32项）研究结果

（一）项目分析

1.临界比分析法

计算每一项条目的"临界比率"（Critical Ration），具体做法是根据测验总分区分出高低分组，其中前27%的被试归为高分组，后27%的被试归为低分组，对两组被试每个题项得分进行独立样本t检验。本次测试结果显示，32个项目的t值均在11.263以上，且都在$p<0.001$水平上呈显著性差异，提示项目区分度良好（见表1）。

2.皮尔逊相关分析法

计算各项目得分与总分之间的皮尔逊极差相关值，检查量表题项与量表总体的同质性，题项与总分的相关越高，说明量表的区分度越好。32个项目的相关系数r值均大于0.486，且均在$p<0.001$水平上呈显著相关，提示项目区分度良好（见表2）。

表1　高分组与低分组在每个项目上的临界比率

反社会性		精神控制		心身受虐		绝对化信念		压榨剥削	
题项	t	题项	t	题项	t	题项	t	题项	t
A1	-40.971***	B1	-43.825***	C1	-45.205***	D1	-35.990***	E1	-42.118***
A2	-58.322***	B2	-42.735***	C2	-30.887***	D2	-45.285***	E2	-62.843***
A3	-54.479***	B3	-11.263***	C3	-49.128***	D3	-62.961***	E3	-57.936***
A4	-44.581***	B4	-23.930***	C4	-46.940***	D4	-49.329***	E4	-40.714***
A5	-22.033***	B5	-46.401***	C5	-51.268***	D5	-54.043***	E5	-57.577***
		B6	-54.114***	C6	-41.911***			E6	-57.098***
		B7	-45.888***					E7	-51.937***
		B8	-65.034***					E8	-53.075***

注：① ***$p<0.001$ 水平上显著，下同
　　②题项符号见附录量表内容，下同

表2　各项目与总分的皮尔逊相关系数

反社会性		精神控制		心身受虐		绝对化信念		压榨剥削	
题项	r	题项	R	题项	r	题项	r	题项	r
A1	0.878***	B1	0.877***	C1	0.754***	D1	0.861***	E1	0.895***
A2	0.896***	B2	0.852***	C2	0.831***	D2	0.878***	E2	0.924***
A3	0.904***	B3	0.486***	C3	0.887***	D3	0.935***	E3	0.923***
A4	0.897***	B4	0.731***	C4	0.899***	D4	0.897***	E4	0.871***
A5	0.754***	B5	0.870***	C5	0.912***	D5	0.910***	E5	0.919***
		B6	0.886***	C6	0.879***			E6	0.892***
		B7	0.876***					E7	0.919***
		B8	0.922***					E8	0.903***

（二）信度分析

采用克隆巴赫（Crombach α）内部一致性信度系数检验量表的信度，其 5 个维度及总量表的克隆巴赫 α 信度系数均在 0.913 以上（见表 3），同时采用分半信度系数作为信度的另一检测指标，5 个维度及总量表的分半信度均在

0.895以上（见表4），以上结果显示《邪教团体检测基本项目》（32项）具有很高的信度。

表3　各维度及总分的克隆巴赫 α 信度系数

	反社会性	精神控制	心身受虐	绝对化信念	压榨剥削	总量表
克隆巴赫 α 信度系数	0.954	0.913	0.945	0.960	0.980	0.988

表4　各维度及总分的分半信度系数

	反社会性	精神控制	心身受虐	绝对化信念	压榨剥削	总量表
分半信度系数	0.935	0.895	0.929	0.919	0.979	0.958

（三）效度分析

1.内容效度

内容效度是指一个测验实际测到的内容与所要测量内容之间的吻合程度。量表编制过程中参考了国内外相关邪教检测指标及一些研究成果，同时结合来自一线帮教干部、宗教学专家、大学生访谈结果和文献综述内容形成的题库，量表项目内容的审查、修改、讨论、删除，都经过了教育转化帮教干部、防范与处理邪教问题办公室干部，测量学、统计学和宗教学等专家的修订和审阅。在量表形成过程中经过了3次题目筛查，因此量表具有较高的内容效度。

2.结构效度

结构效度是指一个量表实际测得结果与理论结构或特质的吻合程度。对量表进行探索性因素分析以考察项目的贡献率，表5给出了各项目因子载荷，并进一步对量表进行验证性因子分析，确定模型对实际数据的拟合程度以检验结构效度，其各项指标结果见表6。由表6可见，32个项目的结构模型与观测数据拟合较好，统计指标达到要求，以上结果表明量表实际测得结果与理论结构或特质的吻合程度很高，本量表有较好的结构效度（见表5、表6）。

表 5 正交旋转后各项目因子负荷值

反社会性		精神控制		心身受虐		绝对化信念		压榨剥削	
因子	因素负荷	因子	因素负荷	因子	因素负荷	因子	因素负荷	因子	因素负荷
A1	0.787	B1	0.744	C1	0.763	D1	0.640	E1	0.562
A2	0.651	B2	0.631	C2	0.673	D2	0.528	E2	0.583
A3	0.569	B3	0.675	C3	0.565	D3	0.675	E3	0.710
A4	0.546	B4	0.717	C4	0.503	D4	0.567	E4	0.600
A5	0.770	B5	0.665	C5	0.475	D5	0.563	E5	0.768
		B6	0.590	C6	0.653			E6	0.649
		B7	0.618					E7	0.706
		B8	0.588					E8	0.657

表 6 验证性因素分析模型拟合指标

样本容量	x^2/df	RMSEA	RFI	IFI	NFI	CFI	SRMR
497	3.575	0.072	0.926	0.951	0.933	0.950	0.025

四、分析讨论

本研究目标很明确，基于中国社会形势需要和邪教司法定义的考量，为广大公众提供有效检测邪教团体的认知指标，依据客观评分以明确邪教团体特征，有效区分合法宗教团体与邪教团体的界限，推进对邪教团体活动的预警与防范。本研究旨在回答四个问题：邪教团体的基本特征有哪些？邪教团体行为如何界定？邪教团体是如何伪装的？民众识别邪教的指标有那些？本研究以中国社会心理文化为基点，以中国人为研究对象，以中国社会民众需要为目的，构建了《邪教团体检测基本项目》评估量表，并以此为工具作为民众识别邪教团体的基本标准，使不同地区的人员处于同一个标准上认识邪教，为我国反邪教工作提供现实依据和操作效力，提高反邪教工作的科学化水平。

（一）《邪教团体检测基本项目》的创新点

邪教研究在我国是一个新兴领域，研究起步较晚，多处于调查描述、个案研究和总结工作经验层面，科学实证性的研究较少，尤其缺乏验证真伪的检测标准，这使得该领域研究工作的解释量相对较小，工作质量难以提高。本研究以宗教学、心理学、教育学、社会学为理论框架构建观点和项目内容，期望制定有理论力度、说服力度、操作力度的《邪教团体检测基本项目》，以项目标准建设促进邪教研究领域的进展和贡献，这对于邪教问题学术研究和社会防范工作是一次开拓性的尝试，既是一项基础性研究，也具有学术前沿性，保证了研究的必要性和学术的创新性，体现了反邪教研究领域的学术价值和工作质量。

（二）《邪教团体检测基本项目》的方法特点

首先，《邪教团体检测基本项目》是通过统计学方法检验，在497人的样本2中，通过临界比分析法，得到被试高分组与低分组的差异检验 t 值均在11.263以上，且 $p<0.001$ 水平；通过皮尔逊相关分析法，得到各项目得分与总分之间的相关 r 值均大于0.486，且 $p<0.001$ 水平，两个指标均说明项目区分度达到良好水平。同时，总量表的克伦巴赫 α 系数为0.988，5个分维度克伦巴赫 α 系数均在0.913以上；全量表分半信度为0.958，5个维度的分半信度均在0.895以上，两种信度分析结果说明量表信度达到良好水平。其次，量表初稿项目形成有一线专职干部访谈结果与文献理论支持，并且进行了3次项目筛查；在验证性因素分析中，比较拟合指数CFI值为0.950，正态拟合指数NFI为0.933，近似误差均方根RMSEA为0.072，所有指数均达到较好的拟合标准，其结果均证明量表效度良好。这些数据说明量表区分度、信度、效度达到了测量学要求，可作为检测邪教团体可靠和有效的工具。这是在科学论证下的社会评价性研究，为我国制定标准化检测工具探索了科学思路，为社会民众甄别邪教团体标准的建设提供了有价值的参考方法。

（三）《邪教团体检测基本项目》的应用特点

本研究的目的是帮助社会民众更好地了解各种邪教所采取的手段，提供辨别邪教团体的工具，保护民众在面对邪教诱惑时免受心理伤害，提高公众对于邪教团体的认知度。这是运用心理学技术解决社会现实问题的应用性成果，经过严格考察和筛选而建立的项目，对于民众不仅起到识别目的，也具有预警教育和心理防控的效应。众所周知，长期以来关于宗教、新兴宗教、民间团体和邪教团体的认识一直存在着争议，每个人的生活背景造就了各种各样的认识和观点，但是有一点可以希望的是通过该项目来基本确定该团体是否是"邪教"。一套质化性、量化性、实证性和操作性强的《邪教团体检测基本项目》，涉及邪教信仰的核心观念及其特征，是个体或群体进行邪教团体识别的评估性操作工具，可以通过直观的数据分析（下文阐述），来区分邪教团体的性质。比如分值在119分以下为合法团体，120—129分为可疑团体，130分及以上则为膜拜团体，这样就避免了假设性的推断。该量表将采用分数直观法的评估，施测简便、快捷和实用，对于民众快速检测一个团体属于何种性质的团体具有重要的参考价值，也是一种普及宣传防范邪教团体的有效工具。同时，为政府有关部门制定政策、教育转化和预警提供一定的参考依据和有效工具，将我国的反邪教工作纳入科学规范和客观量化操作的标准之中，对于提升反邪教工作质量具有积极的推进作用。

（四）小结与不足

本研究较为系统地梳理了国外邪教团体检测指标的理论基础、技术路径和工作经验，并以此作为参考框架，结合我国国情制定了中国本土化的《邪教团体检测基本项目》评估工具，以提升社会民众对于邪教团体的认知度。首先，从统计数据看，该量表具有良好的可靠性和有效性，能有效地检测出邪教团体，此项研究填补了我国邪教研究领域该内容之不足。但是，在量表编制过程中，为了防止惯性答题而设有反向计分题，这也造成反向计分题较其他正向计分题区分度较低的情况（已达标）；其次，本研究在两次施测考察量表的测量学指标时，选取的被试均为大学生样本群体，量表各项指标达标说明在大学生群体中的适应性非常好，还需进一步扩大群体推广；最后，因时间关系，本研究仅为研究第一阶段，编制《邪教团体检测基本项目》尚未进行常模编制，尚未制定检测标准临界值，尚未编制测量手册，这些内容将在第二阶段的研究工作中继续跟进和完善。

附：《邪教团体检测基本项目》（32项）

反社会性维度：

A1. 团体教主对政府有对立态度，会煽动成员"上访""诉讼"和"围攻"。

A2. 邪教团体与境外一些恐怖团体、分裂团体、极端宗教团体有联系。

A3. 他们对于不认同该团体的人，采用声誉损毁或威胁等方式进行骚扰。

A4. 团体组织者采用威逼利诱等各种手段阻止已加入者退出团体。

A5. 该团体的主要追求是政治目标。

精神控制维度：

B1. 他们宣扬"教义"是真理，读规定的"经文""圣文"等，不读或少读其他读物。

B2. 该团体有自编的内部读物，他们认为电视新闻等内容有许多是假的。

B3. "教主"鼓励接触本团体以外的宗教团体，如佛教、基督教、天主教等。

B4. 要求成员遵守团体所规定的活动内容。

B5. 要求成员服从团体领导，放弃自我想法，服从才能进步。

B6. 唆使成员离开家庭外出"传功""传教""传福音"。

B7. 鼓励成员退出过去的社会关系，认为过去的关系妨碍"进步"。

B8. 当承诺的"健康""特异功能"等目的没有达到时，被告知是不够忠诚。

心身受虐维度：

C1. 团体成员发生心理障碍的可能性高于一般人群。

C2. 团体成员发生离婚或者分居的可能性高于一般人群。

C3. 团体长期灌输单一的信息内容，容易使人的思维异常。

C4. 即使在患病的情况下，也不能停止所规定的"练功"或"祷告"活动。

C5. 性行为受到诱导，有的团体有暗示"男女双修"或者"节欲"的意思。

C6. 团体宣扬某年某月某日将是"世界末日"，让人心理恐慌。

绝对化信念维度：

D1. "教主"散布现在的社会是糟糕的、黑暗的，应该受到谴责和反抗。

D2. "教主"一直抱怨本团体及其成员受到了迫害。

D3. 团体成员认为自己是修炼的"高层次"人才。

D4. 该团体认为支持团体的人是朋友，批评和反对团体的人是"邪魔"。

D5. "教主"的权威不容置疑，成员接到指令就应该去行动。

压榨剥削维度：

E1. "教主"宣扬该团体是宗教团体、气功团体或健身团体，隐瞒了真实情况。

E2. "教主"宣称自己是具有"超自然能力的神"。

E3. 团体经常使用一些特殊的"术语""暗语"和"代号"。

E4. 聚敛钱财是团体的主要目标之一。

E5. 鼓动加入者捐献"奉献金"或高价购买内部读物和侍奉物品。

E6. 有的团体要求女性成员向"神"献身，或者以色相招募成员。

E7. 劝说他人加入团体是每一名成员要承担的任务。

E8. 团体组织有一套严密的等级制度。

膜拜团体发展现状及其社会心理控制途径的研究

陈青萍

【摘要】 我国开展此领域研究工作 20 年来取得了显著成效，在中国社会政治文化背景下探清了"健身团体—膜拜团体—政治团体"的演变过程。目前，随着社会形势变化，膜拜团体在不断变换活动方式，一些新的发展趋势及问题日益凸显：膜拜思想系统化、强力争夺青少年、农村地区活动明显、国际化跨境活动倾向、恐怖活动现实化、成员反复不断出现等。由此，采取提升基层防控执行力、构建国家认知立场、建立社区长效康复方式、防范网络不良信息侵害、防控社会危情发生、定向与多向社会心理康复干预等途径以维护社会安全。

【关键词】 膜拜团体；发展现状；社会心理控制

本研究所指膜拜团体系破坏性膜拜团体，即中国文化语境中的邪教，我国开展此领域研究工作已有 20 年，在削弱滋生土壤、膜拜成员教育转化和社会预警等方面取得了显著成效，在中国社会政治文化背景下探清了"健身团体—膜拜团体—政治团体"的演变过程。近年，随着社会形势发展，膜拜团体在不断变换活动方式，一些新的问题日益凸显困扰着社会安全。由此，采用资料调查法、深入访谈法、心理测量法，从社会心理学视角对其发展现状、趋势走向、危情预测和防控途径进行剖析和探讨。

一、膜拜团体发展现状与演变态势分析

目前，膜拜团体出现了值得关注的一些发展趋向，分析如下。

（一）形成了较为系统的思想体系为政治服务

膜拜团体有其独特的思想和观念，作为意识形态内容必定体现于社会政治行为之中，借宗教之名取政治之实是其主要目标。为了实现目标就需要把膜拜思想教条化并系统化，构成一套完整的思想体系，再配以与之相应的行为活动，形成一支足以与政府叫板的力量，"他们打着'宗教''人权'旗号，煽动信仰狂热和极端思想，制造不同群体之间的仇视和斗争，并采取极端手段以求摧毁现存的社会秩序，建立神权统治为目的的一种思想和行为体系"[1]。在四川凉山地区破获了一个"门徒会"团体，该团体拟订了一份"政权名单"，上面列着一旦推翻现政权，拟出任从省长到县长各类职务的人员名单。"门徒会"还利用圣经中"七"这个数字的特殊意义，建立了体系严密、层级分明的"七七建制"组织体系。他们在经过一次打击之后，能够快速死灰复燃，很快从其他地区调动人员填补"组织"空白，迅速恢复组织建制，重新建立组织体系。近年，"全能神"的发展胜于其他膜拜团体，据初步统计全国有200万—400万成员，其"西北牧区"有8万人左右，超过2014—2015年的7万人，说明其"后继有人"。"人多力量大"，他们形成了严密的组织体系，要推翻"大红龙（中国共产党）"，建立"神的国度"，"被立王"也有一套建立"新天新地新的神国"的纲领。

---

[1] 马品彦：《宗教极端主义的本质与危害》，载《新疆社会科学》2008年第6期。

各神秘膜拜团体都有严密的组织体系，也不断地对组织体系进行革新，其组织体系内部分级负责、分工明确，上下分属、各司其职，打造了一支体系较为完整的组织队伍。其组织结构的紧密程度和对追随者的控制水平，以及偏差于社会的信仰体系，为其政治服务奠定了基础。膜拜团体所倡导的世界观不能代表和反映人民群众的根本利益，也不能指导人民群众解决现实中的各种困难，更不可能提高广大人民群众的生活水平，他们所宣扬的"普世价值""身体健康""末日避祸""幸福圆满"等许诺只是为引人加入，他们所倡导的活动变质之后，带给人们的是心身痛苦。事实证明，"在布道宣教的名义掩护、庇护下，利用宗教从事暴力恐怖、分裂国家等极端主义活动就不是什么宗教问题，而是政治问题了"[①]。国外干脆将这一类膜拜团体称为"政治邪教"，"政治邪教主要的分辨方法是看其是否具有独裁体制，也就是其是否具有对批判者或者反对者进行监禁甚至杀害等残忍的压迫性的支配体制"[②]。

（二）以农村地区为主要活动基地

农村地区尤其是西部一些边远地区因特殊的地理环境而发展较慢，社会中下层农村居民存在生活贫困、健康不良和文化生活匮乏等问题，使得"门徒会""全能神""观音法门""全范围教会""三班仆人派""法轮功"等膜拜团体借此进行"捐钱""治疗"等所谓的"救助"。由此，膜拜团体在西部农村地区活动猖獗，如在陕西省商州区 23 个乡镇中，大多数乡镇都有上述团体的活动，甚至在偏远的内蒙古鄂托克前旗发现了蒙文版的宣传资料，膜拜团体把少数民族群众也列入了拉拢的重点对象。"在破获的一起'门徒会'渗透案件，涉邪教人员 9 人，其中 44% 为回族。一起'全能神'案件，受裹挟群众 60 余人，全部为蒙古族。"[③]"全能神"要求成员包村包镇地动员人员加入，拉自己最近

---

① 金宜久：《不能将宗教与宗教极端主义混为一谈》，载《中国宗教》2002 年第 4 期。
② 日本脱膜拜协会编：《脱离邪教并回归社会的相关手册》，远见书房，2019 年翻译稿，第 58 页。
③ 马春霞：《防范邪教向西部少数民族宗教群众发展渗透对策研究》，见《中国西部反邪教论坛》论文集，2018 年，第 87 页。

的"身边人"进入,由此家族式涉邪现象较多,家庭结构发生变化,夫妻关系被邪教关系取代,夫妻关系变成了以组织关系为主的家庭关系,呈现出非正常的家庭伦理模式,不是以亲情关系为纽带,而是以其组织内部的上下级关系为联系,比如在"全能神"张立东的家庭关系中,女儿张帆是张家的领导,拥有绝对权威,父亲、弟弟和妹妹都是她的下属,听从于她的指令。农村的膜拜活动已严重影响到农村生产、生活及社会政治稳定。

分析膜拜团体在农村的发展原因主要如下。

1. 经济发展不均衡带来的生活贫困

据国家统计局数据显示,2020年上半年,城镇居民人均可支配收入为21655元,农村居民人均可支配收入为8069元,农民一旦出现较大的灾难就无力应对。"内蒙古抽取全区12个盟市33个旗县的487个样品点的1.7万人进行情况调查,数据显示76%的涉邪成员家庭年收入在1万元以下,属于贫困家庭和弱势群体。"[①]四川某县"对一个重点镇调查显示,全镇有精准贫困户585户,其中涉邪贫困户14户,占贫困户总数的2.39%"[②]。在我们调查的膜拜成员中农村人员占33.3%,家庭经济状况均为一般。农民劳累重、收入低、生活差、疾病多,贫穷弱势积累的后果便是对命运和社会不满,他们竭力寻找一种能将自己命运与某种活动联系的改变方式,"全能神"的"不用搞生产,庄稼不用打药,天父会照看"吸引了无数农民,使之整日陷入"祷告"的幻想之中。可以说,贫困可能成为由正入邪的一个"拐点"或者"诱因"。"当人们生活在一种对前途无依的担忧中,就会迫切需要一种方式来减轻这种担忧,这为膜拜团体的发展带来巨大的契机。"[③]由此,经济拮据导致愈练愈穷、愈穷愈练的恶性循环也极为普遍。

---

① 菊立泰:《如何做好新时代西部地区反邪教工作的思考》,见《中国西部反邪教论坛》论文集,2018年,第70页。
② 梁国江:《新时代农村反邪教扶贫的思考》,见《中国西部反邪教论坛》论文集,2018年,第43页。
③ 元青、刘善红:《我国历史上邪教团体产生和发展的背景分析》,载《中国反邪教通讯》2014年第5期。

贫困造成健康状况不良。世界卫生组织调查显示，每年有近 500 万 30 到 60 岁的人死于慢性疾病，这类过早死亡的 85% 发生在低收入的人群中。① 有研究指出："贫困人口的身体疼痛指数更高，他们的睡眠不好，晚上醒来的次数更多。"② 在我们调查的膜拜成员中大多患有腰痛、慢性胃病、颈椎病、关节痛等各种病症，而看病难、看病贵使人望而却步，他们认为"家里有病人，不得不信神"，寻求祛病健身的强烈愿望和有病乱投医的急迫心理，给打着健康幌子宣传"练功治病""祷告治病""寻巫治病"的膜拜团体提供了可乘之机。

生活贫困和健康不佳继发的是文化生活匮乏。本调查显示膜拜成员小学文化程度占 22.2%、初中 25.4%、高中（含中专）36.5%、大学及以上（含大专）15.9%，且年龄在 50 岁以上的占 55.5%，文化知识不足限制了他们的社会发展能力和认知水平。"中国的现实情况是，每一个行政村的人口平均不到 1000 人"③，农村大量青壮年外出务工，一些"空壳村"所剩多为留守老人、妇女和儿童，他们生活单调，是孤独寂寞的群体，农闲时业余生活主要是打打牌、聊聊天、逛逛街、睡睡觉，缺乏先进的文化指导，辨识膜拜团体的能力低。据有关调查显示："在现有 23 种邪教中，有 18 种是冒用基督教名义，5 种冒用佛教，90% 以上的人员分不清宗教与邪教的区别而误入。"④

上述弱势不仅体现在经济生活困顿，更体现在心理层面的脆弱，一些成员社会主义核心价值观不足，缺乏适应社会生活和解决困难的能力，容易被诱惑进入膜拜团体。在我们的调查中，他们表现为惧怕竞争、进取不足及合作能力差，当他们处于生活困难、家庭不幸、感情不和、疾病困扰以及挫折和危机感的失意状态时，或当需求与现实差异较大满足不了欲望处于心理无助状态时，膜拜

---

① 世界卫生组织：《非传染性疾病》，2018 年 6 月 1 日。
② Dean E. B., Schilbach F., Schofield H., "Poverty and Cognitive Function", NBER Conference on the Economics of Asset Accumulation and Poverty Traps, 2017, pp.57-118.
③ 党国英：《关于乡村振兴的若干重大导向性问题》，载《社会科学战线》2019 年第 2 期。
④ 赵建民：《如何做好新时代反邪教协会工作的思考》，见《中国西部反邪教论坛》论文集，2018 年，第 10 页。

团体便成为他们摆脱命运"麻烦"进行"调节"的一种选择和依靠，这使得他们内心需要与精神寄托占到23.8%。虽然他们中有"信教就是信真理"这一想法的人占到23.8%，但是并无政治热情或政治动机，只是贫困无助导致方向迷失，却由此推动了膜拜团体的发展与壮大。当然，由于长期被灌输膜拜思想，一些成员与"教主"会在一些问题上态度趋同，引发社会对立与抗争意识，就带有政治意味了。

2.农村基层组织力量较为薄弱

基层组织在工作中存在"上面热、下面凉、上面急、下面疲"以及"措施软、办法少，有想法、没办法"和"老办法不灵、硬办法不行、新办法不会、软办法不顶用"[1]等现象，有的村干部只管人，不管心，甚至连人也管不住，只是停留在接接电话、发发文件、喊喊口号、刷刷标语、摆摆科普摊的状态，工作力度和效果并不如意。概括农村基层组织工作力量不足主要表现如下[2]：①管之无名。上级无明确任务安排，欲管无名，有放任自流现象；②管之无人。乡镇和村级相关的协会组织多未成立，形成无人统管或兼而不管的状况；③管之无方。基层工作人员对于意识形态工作的把握较为薄弱，针对易感人群实施防范和帮教工作难以全面展开；④管之无力。所处地位不突出，协调人、财、物以及社会资源、社会沟通、部门之间的权力有限，在一定程度影响了工作效果；⑤管之无方。在实际工作中不会管、不能管、不敢管、不知如何管，面对疑难问题心里无底气；⑥管之无功。基层该领域工作缺乏合理的绩效考核量化标准，甚至有时候劳而无功，影响基层工作者的积极性和主动性；⑦管之无法。由农村进入城市的膜拜成员逐年上升，流动性强，使排查管控工作出现了"发现难、教育难、管控难"的管理脱节现象。

---

[1] 尹宝平：《把党建工作优势转化为反邪教工作优势》，见《中国西部反邪教论坛》论文集，2019年，第87页。

[2] 耿林昌：《秉正强内　治患于未》，见《中国西部反邪教论坛》论文集，2019年，第290—291页。

(三)聚焦于青少年人群争夺未来阵地

近年,膜拜团体不断向高校和中小学的青少年以及青年知识分子进行思想渗透,呈现低龄化、学生化、知识化趋势。膜拜组织者感慨:"看看我们的队伍是个什么状况?老弱病残啊!我们要吸收新的血液,发展一些年轻人,可以从青少年开始工作。"①他们认为青年人文化基础好,"传教"辐射效果更好,拥有了青少年就拥有了未来和希望。"2014年,'血水圣灵'山东特区新发展教会人员中青少年高达30%。"②"'法轮功'开办了39所'明慧学校',建立了'飞天艺术学校''飞天艺术中学',招募在校学生和文艺人才"。③"新唐人电视台"制作了一系列动画片向少年儿童渗透。"呼喊派"在国内定期开办青年学生的"全时间训练营"和暑期班、寒假班。"观音法门"以素食、环保为掩护,把素食店开进校园,意在拉拢学生。在我们的调查中,一位19岁的吴姓"全能神"成员,14岁时受到母亲影响,初中没读完便加入其中而荒废学业,他脸上充斥着一副不屑的表情。一位15岁的留守男孩,其爷爷、奶奶是"门徒会"信徒,"祷告""打坐""唱灵歌""聚会"时从不回避孩子,该男孩也开口"神"、闭口"神"的样样精通了。谢某,高一时是学习委员,在家庭影响下,高二便开始"练功",从此不思学习了。郭某是一位大学生,被同学发展为"全能神"信徒,大学一毕业即外出"传教",与家人不再联系。2014年"5·28"山东招远杀人案中就有一名16岁少年,其主犯张帆也上过大学,他们都做出了与自己身份不相符的行为。18至24岁正是一个人建立身份认同感的关键时期,也处于由崇拜泛化向信仰选择的极不稳定阶段,他们求知欲望强,但缺乏客观鉴别力,阅历尚浅、信念不够坚定,"心理免疫力"不强,无法对历史和现实进行对比,在思想混乱中可能成为不良观念的俘虏。美国前总统理查德·米尔豪斯·尼克

---

① 张中秋:《小手拉大手:防邪应从青少年抓起》,见《中国西部反邪教论坛》论文集,2019年,第336页。
② 嵇石:《起底膜拜团体"血水圣灵"》,载《南方都市报》,2015年9月7日。
③ 朱恒毅:《积极探索新形势下防范处理邪教工作新途径》,载《反邪教论坛》2017年第3期。

松（Richard Milhous Nixon）在《1999：不战而胜》书中写道："意识形态是我们争夺的根源……打破对信息的垄断，播下有一天会开出和平演变之花的思想种子。"①可见，膜拜团体争夺青少年的目的是在争夺意识形态领域的主导权、教育阵地、国家的思想基础和执政根基。

（四）地下活动方式更加隐秘

由于国内打压力量较大，膜拜团体的规模虽有所缩小，但其活动方式有新的变化，其特点主要是：①原有团体改名换姓，但"万变不离其宗"的本质一样；②小型膜拜团体活动不断，宣传其"教义"思想活动持续未断；③跨境跨区活动，尤其在农村地区流窜活动频繁。膜拜团体的组织化程度越来越高，警惕社会的敏感度不断增强，他们从"地上"转入"地下"，从明里转入暗里，从城市转入农村，活动更加严密、隐蔽、流动，手段诡秘和高科技化。成员之间经常是通过互联网即时联系，一对一单线联系，移动电话号码多变。如"全能神"要求成员上下单线联系，设置代号和密语，在交流中使用假名、化名，甚至是"灵名"，活动不准对外人说，也不能让家里人知道，他们的活动采取"游击战"方式，随时变更地点，在小茶馆、偏远地点的农家乐、度假村等场所秘密聚会，行动极为诡秘，活动后迅速化整为零分散各地，有的竟然信奉"越是危险的地方越安全"，将活动场所选在公园、广场、火车站等人流密集区，甚至采用广场舞形式乘机传播。②他们进行对抗公安检查的培训"教育"，甚至"教育"成员可在一定程度上假转化，但绝对不能暴露其他人，这给相关部门的排查工作造成很大难度。其中"'门徒会'是隐蔽性最强、民众辨识度最低、涉及人数最多、扰乱民心最严重、社会稳定风险最大的膜拜团体之一。'全能神'是极具有暴

---

① ［美］查理德·尼克松：《1999：不战而胜》，王观声、郭健哉等译，世界知识出版社，1997年，第109页、181页。
② 魏乐仪：《总体国家安全观视域下基层反邪教工作的思考》，见《中国西部反邪教论坛》论文集，2018年，第123页。

力性和凶残的团体"①，他们不断地激化社会矛盾，将群众与政府置于二元对立的关系之中。

（五）呈现明显的国际化跨境活动趋势

膜拜团体呈现跨国、跨省、跨区域活动的趋势，如"全能神""法轮功""中功"等在美国设立了指挥机构，他们境外策划、网上指挥、挑动国内事端。有的"洋邪教"也打着"公益活动""公益捐助""投资协作""文体交流"等旗号，通过"合作办学""学术交流"等资金援助方式，借助书籍、影像制品、音频与图片、网络通信、电台广播等手段向国内不断渗透，特别是在教育、环保、人权、艺术等领域渗透明显，其技巧性、迷惑性、诱惑性、欺骗性、危害性极大。境内一些膜拜团体也在资金、设备和人员支持等方面积极谋求国际合作，与境内外膜拜团体或极端团体对接，尤以西部地区为甚。西部地区面积达 685 万平方公里，占全国总面积的 71.4%，与欧亚 13 个国家接壤，国外一些膜拜团体通过口岸向境内渗透明显。"以内蒙古为例，目前活跃在俄罗斯境内的膜拜团体有 100 多个，据不完全统计，近年仅满洲里口岸就截获境外'法轮功'反宣品近万份、插播器 200 多件。"② 2020 年 1 月，正是中国举国上下防疫抗疫的关键时期，曾被韩国定为"邪教"的"新天地教会"42 名成员到达西安。外部力量对我国社会各层面人员的思想渗透不断，他们在进行一场"文化战争"，有时候也容易激起一些人的心理激荡，其冲击容易引起社会文化生态的变动和失衡，影响社会的安全与经济发展。

（六）走向恐怖活动的现实化倾向

美国学者瑞克·艾伦·罗斯（Rick Alan Ross）在《邪教团体：洗脑背后

---

① 任春莉：《政府与协会共同发力促进基层反邪教工作迈上新台阶》，见《中国西部反邪教论坛》论文集，2019 年，第 276 页。
② 菊立泰：《如何做好新时代西部地区反邪教工作的思考》，见《中国西部反邪教论坛》论文集，2018 年，第 70 页。

的真相》中指出，邪教团体所采用的非常独特的洗脑方法与宗教极端主义一样。①结合资料，对宗教极端思想的基本认识是：①宗教派别以及教义分化、异化或对宗教教义的歪曲利用；②狂热"领袖"对成员采取激进的"精神控制"，强化成员对宗教极端思想的认同；③宗教政治化。膜拜团体与宗教极端团体在上述三方面有相似之处，他们所遵循的思想都是凸显"斗争"，目的是谋求政治权利和地位，极易外化为暴力冲突而走向恐怖活动。这方面的教训历历在目，如美国"人民圣殿教"914名教徒集体自杀，日本"奥姆真理教"制造东京地铁毒气事件致5000余人中毒，乌干达"恢复上帝十戒运动"致700名教徒死亡，等等。我国滋生的膜拜团体制造的恐怖事件也时有发生，"全能神""门徒会""灵灵教"组织力量发起了多起冲击基层党政机关的事件。个案恐怖事件更多，仅就近年而言，2014年5月28日，山东招远"全能神"成员在光天化日之下残杀无辜妇女；2017年1月9日，具有"法轮功"背景的华裔夫妻陈明明与丈夫赵良杰在美国俄亥俄州将女儿活活打死，用盐巴腌尸后藏于餐馆冰柜内②；2019年5月18日，越南警方破获一起杀人案，2名男性"法轮功"人员被"同修"当作"恶魔"杀死并封在水泥桶中。③事实表明，膜拜团体从意识形态、经济制度、法律规范、文化规则、伦理道德、风俗习惯等方面与社会主流方向不一致，而一旦与政治结合，其结果必定是制造矛盾和冲突并诉诸恐怖活动进行对抗。美国安全部门一再强调，对破坏性膜拜团体的"观念之战"是反恐战争中的重要组成部分。有的国家干脆将膜拜团体与恐怖组织相提并论，他们表面上虽然各有所属、各自为政，但实际上都具有在宗教名义下体现极端思想的特征，都是以宗教极端思想为载体、暴力恐怖活动为手段、分裂国家为最终目的，都有可能采取恐怖手段实现社会的变革。

---

① ［美］瑞克·艾伦·罗斯：《膜拜团体：洗脑背后的真相》，关群译，香港和平图书有限公司，2015。
② 厉洁：《具"法轮功"背景的杀女腌尸案主犯被判22年》，中国反邪教网，2018年1月3日。
③ 陈哲：《从"水泥封尸"案的审理看"法轮功"邪教的罪恶》，中国反邪教网，2020年7月2日。

（七）成员呈现反复率高的问题

"据近年膜拜团体违法活动表现来看，每次参与破坏活动的大多数是涉邪在册人员，有些多次被打击处理过，有些是多次转化又多次反复，只有少数是临时裹挟的普通群众。"① 究其反复原因主要有两方面：一方面是目前沉淀下来75%的成员存在不同程度的心理问题，在我们研究中成员所显示的低心理健康水平、低自我和谐程度、低人际信任关系和高焦虑水平就是明证，其中以自我不和谐与特质性焦虑为重，两种都属于人格功能问题。我们采用"明尼苏达多相人格量表"（MMPI）调查88名膜拜成员，显示一些成员存在轻、中度的神经质、癔症和偏执型的人格，男性成员表现得更为明显。② 国外学者伊冯·沃尔什（Yvonne Walsh）和罗宾（Robin）等人以"艾森克人格问卷"调查膜拜成员，同样显示其神经质得分明显高于常模，自制能力明显低于常模。③ 诺布利特（Noblitt）调查指出，膜拜成员多具有人格病理倾向，表现为神经症的紊乱或衰弱、慢性的妄想错乱、自恋癖和适应障碍。凡事有归因，人格特征是认知方式和行为方式的内在性根源，为膜拜活动方式提供了归属，其导向之一就是对膜拜思想具有易接受性，造成行为与社会规则脱节而致反复。正如民间所说：荒芜的土地里，最容易滋生杂草。而一次次的反复就是一遍遍的自我强化，导致人格功能严重受损，最终形成《国际疾病分类第10版》（ICD-10）中所述的"永久性人格改变"。此时，再想转变则是极为困难之事了。另一方面是基层组织的重视度弱化，主要表现为：①认识不足。认为形势趋于平稳，反复人数比例小不成气候，只要不闹事就置之不理，对工作的复杂性、艰巨性、长期性缺乏认识；②畏难情绪。面对一些思想顽固的骨干成员，基层干部缺少实用的、操作性强的方法，甚至认为"教育转化无用，打击处理有用"，使工作实效不尽如人意；

---

① 耿林昌：《把握得度，邪除永固》，见《中国西部反邪教论坛》论文集，2018年，第55页。
② 陈青萍：《精神控制论：从临床心理学视角分析膜拜现象》，人民出版社，2010年，第63页。
③ Walsh Y., Robin R. J. H., Wells P. A., "The Personality of Ex-cult Members", *Personality and Individual Differences*, 1995, 19(3), pp.339-344.

③缺乏长效机制。刚一转化便"刀枪入库",后续长期巩固措施时续时断未能及时跟进,致使一些思想不稳定的成员反复;④反转化韧力强大。加入膜拜团体很简单,但是要从中脱离出来却并非易事。膜拜团体的精神控制很强大。他们一直在做反转化、争群众、争阵地的工作,他们的"政策"是可以申明转化作废,可以假转化休养生息以待"弘法",威胁利诱不断拉拢等。他们经常在转化后的成员面前念"紧箍咒""露熟脸""灌耳音",使成员思想再次受到侵蚀而反弹,使膜拜团体及其活动在一些偏远地区有死灰复燃之势。膜拜团体"没有自己系统的教理、教义、教规、更缺少完整的理论体系,它们只能冒用宗教名义,盗用宗教概念,篡改宗教教理、教义、教规来蒙哄信众,他们以'基督教''佛教'名义让信众信仰,使得膜拜信仰与宗教信仰在心理上难免有一些相同点,让膜拜信仰也如同宗教信仰一样,具有很强的稳固性、不懈的坚韧性,显得特别难以改变"①。成员反复原因是内外因素合力的结果,受到内在"推力"(心理特征)以及外部诱因(生活环境)"拉力"的双重影响,而中介环节是他人和教义诱导。

(八)以商养教、以商养功形式兴盛

在《西方前沿问题研究》中提到膜拜团体有几种模式,其中之一是企业家模式,其动机是追求利润。聚敛钱财是膜拜团体"教主"追求的核心目的,以商养教是膜拜团体的共性、套路和手段,这是他们得以发展的重要基础。过去,大多数膜拜团体以卖"学习资料"和开设养生馆卖"御膳"为多,如"华藏宗门"吴泽衡卖"弘熙御膳",价格从2000多元至6000多元不等,宣称可以治疗癌症,但骗局很快就被揭穿。现在,一些膜拜团体改头换面,不断调整策略,以商养教、以商养功,开办实体店,采用合法手段办企业、购买其他企业股份、合办企业等形式,使企业成为膜拜团体的发展载体,力图谋求地位的合法化,一来解决

---

① 参见严梅福:《邪教信仰难以转变的心理原因及识别》,载《反邪教论坛》2018年第4期。

经费问题，二来以此为掩护进行活动。"观音法门"以旅游、探亲、投资办厂为名，四处扩展商业帝国，目前已经在世界89个国家开办了实业；"三班仆人派"在北京、辽宁、陕西、江西开办汽车修理厂、美容院，或者以举办武术班为名，在山西、山东、北京、浙江等地建立培训基地；"心灵法门"推行所谓"灵修培训"，报名费动辄几万、十几万。① 他们不断地提升团体的生存适应力和竞争力，这种隐"邪"于"商"的方式，使膜拜团体与经济力量相互渗透，都是在为膜拜组织的扩张聚拢钱财和储备力量。

二、破坏性膜拜团体导致的危情预测

（一）政治性危情风险活动时有发生

美国一直将崛起中的中国视为美国战略的竞争对手。在其《国家安全战略报告》中指出："我们将关注中国的军事现代化，并做好准备，以确保美国及其地区和全球性盟友的利益不会受到负面影响。"② 近年，美国更是强调"对世界的领导权"，强调中国对美国的潜在挑战和威胁，通过各种渠道对一些组织给予支持。"美国国家民主基金会向中国'民主和人权'问题的团体提供了总额高达9652万美元的资金支持，其中给予中国境内约103家团体，有关西藏问题的团体获得约625万美元，有关新疆问题的团体获得约556万美元。"③ "法轮功""全能神""呼喊派""中功"的总部设立在美国，得到了国外某些势力支持。"有美国政府背景的'法轮功之友'组织累计为'法轮功'资助2000多万美金"④，还利用所谓"基金会"筹款方式，协助和支持该组织在境外创办

---

① 叶心凝：《"以商养教"：邪教的这些"套路"你可知？》，凯风网，2016年11月14日。
② The National Security Strategy of the United States of America, Washington D. C.:The White House, March 2006.
③ 杨光吉：《从美国文化战略看反邪教确保国家安全的重要性》，见《中国西部反邪教论坛》论文集，2018年，第262页。
④ 朱恒毅：《积极探索新形势下防范处理邪教工作新途径》，载《反邪教论坛》2017年第3期。

媒体，给予他们政治力量和情报机构的支持。

"中国历史上所认定的'邪教'秘密教门信仰核心的形成和发展，都证明其宗旨乃是妄图取代世俗政权，建立以其教主为首的神权统治"，① 如白莲教、黄道教，最为典型的是在清朝嘉庆十八年（1813）的"天理教"攻打北京紫禁城事件。现代的一些膜拜团体政治目的十分明显，在这场全球疫情大流行期间更是趁机活动："2020年3月19日'法轮功'教主李洪志发出《理性》的经文，说：瘟疫本身是神安排的，是历史的必然。"② 其领导下的"神韵艺术团"演职人员未做任何防护，在部分国家和地区演出宣传带有政治倾向的内容。2020年1月底，陕西省破获一起"法轮功"成员制作的传单，宣扬疫情扩散是"天灭中共"；2月中旬，西安市某区多名"全能神"成员跨区域活动，他们宣称"上帝发挥作用了，疫情过后会有更多的人归到上帝名下"，影射"大红龙"快不行了，只有加入他们才能"得救保平安"。这些活动内容有明显的政治、思想的博弈。"新宗教的产生很多也与瘟疫有关，最著名的就是基督教在美洲的扩张。……很大程度上是欧洲输入传染病导致这个地区政治文化全面崩溃，强烈冲击当地人的信仰和信心，最终导致大规模皈依。"③ 破坏性膜拜团体的活动，对社会心理、社会安全，甚至社会结构变化具有潜在的危情，不容忽视。

（二）网络危情活动不断深入渗透

美国著名政治学者塞缪尔·P.亨廷顿（Samuel P. Huntington）在《变化社会中的政治秩序》中强调："对一个传统社会的稳定来说，构成主要威胁的并非来自外国军队的侵略，而是来自外国观念的侵入，印刷品和言论比军队和坦克推进得更快、更深入。"④ 当前，境外对中国的文化战略是以网络为主要战

---

① 秦宝琦：《邪教的要害是妄图取代世俗政权建立神权统治》，载《反邪教论坛》2018年第2期。
② 修成文：《邪教甚于病疫——透析李洪志2020年所发经文〈理性〉》，凯风网，2020年5月18日。
③ 黄海波：《后疫情时代的宗教公共性问题》，载《世界宗教研究》2020年第3期。
④ ［美］塞缪尔·P.亨廷顿：《变化社会中的政治秩序》，王冠华、刘为等译，上海人民出版社，2015年，第129页。

场，以信息战、心理战和思想战为主战样式。"'法轮功'互联网专业技术能力居全球前列，已在25个国家和地区建立了网站，使用语言文字达13种，建立了100多个专业网站，300多个地方性网站，全球95%的破网软件由其'动态网络技术公司'研发，'自由门'翻墙软件频频更新；2015年每天升级5版本，目前每天升级10版本。'全能神'仅2014年10月以后就建立了11个网站。"①他们"将主要传播阵地转移至互联网平台上，视特定的网民群体为目标受众，因此互联网这一虚拟空间俨然变成了另外一个意识状态的角斗场，甚至有嬗变成为最主要的隐蔽战场的可能性"②。膜拜团体利用互联网联系便捷、信息传递自由隐蔽、传播形式多样、流量大的优势开展着意识形态领域的斗争。他们进行网络战、信息战、文化战，向我国境内传播不良信息，不断制造网络谣言，发生了多起围攻军人和爱国人士、曲解国家政策误导公众、挑起民族内斗和制造麻烦的网络事件。"法轮功"新唐人2020年2月7日讯就武汉李文亮医生事件制造舆论，误导公众。膜拜团体试图用网电空间战和信息思想战，依靠几亿中国手机用户和网民进行无休无止的进攻。在陕西省的一项调查中，"69%的学生表示收到过类似邪教组织发的邮件、QQ、陌生人关于加入邪教的劝导，45.32%的学生承认曾经好奇地浏览了邮件内容"③。膜拜信息长期渗透与分化，容易削弱公众的理性判断和深度思考，弱化社会主义核心价值观，淡化对中华文化的认同，从而陷入膜拜文化的价值观中，达到"颜色革命""和平演变"以"扳倒中国"。"钢铁战争兵临城下的情形可能很遥远，但网络舆论战争及其背后的信息思想战争，已经在心理层面兵临城下了。"④这是当今中国面临的一种"现代战争"，已成为国家主流意识形态的重要安全问题之一。马克思曾警

---

① 朱恒毅：《积极探索新形势下防范处理邪教工作新途径》，载《反邪教论坛》2017年第3期。
② 高宏强：《总体安全观下国家主流意识形态大众化的虚拟化传播》，载《内蒙古社会科学》（汉文版）2017年第1期。
③ 王浩：《高校反邪教工作的现状、问题和对策研究》，见《中国西部反邪教论坛》论文集，2019年，第136页。
④ 戴旭：《中国最大的威胁》，戴旭博客，2014年04月29日。

示:"一定的意识形态的解体足以使整个时代覆灭。"①

(三)社会危情活动有突发现象

美国心理学家考恩维(Conwen)和辛格曼(Singman)对世界上48类破坏性膜拜团体中的400名成员进行了调查,数据显示存在妄想和幻觉的占14%,有暴力和攻击倾向的也占14%。膜拜团体是特定文化"圈子群体",具有"隔离性""少数性"和很强的"领地意识",是极不稳定的群体。"全能神"要求成员尽可能包村、包户发展,有些膜拜成员放下地里活或手头的工作,外出"传教",不断移动,处于流散状态,无家的概念,更无家庭约束,他们对社会不满,不断滋事,甚至还被进行过反公安的训练,在面对公安的询问时回答道:"相信'神'的存在,你们现在把我处理了,以后'神'会处理你们的。"这些类型的成员基于偏执的膜拜观念和扭曲的价值观,聚合在"教主"的蛊惑下,情绪反应高,容易被激进的信息点燃,引发盲目的行为冲动,导致危情事件发生。膜拜团体的活动具有隐秘性、掩饰性、预谋性、顽固性和突发性,活动爆发的时间、地点、范围、程度、后果常常出人意料,给社会带来难以掌控的风险。近14年间发生在中国境内、规模在百人以上的群体性事件有数百起,膜拜团体抓住这些"机遇",大肆渲染社会的阴暗面,散布谣言、上访、围攻和制造各种危情事件,使社会受到一次次的冲击。某市城乡接合部发生了近200人拉着"还我信仰自由"的横幅,手持棍棒,打伤公安干警的恐怖活动,严重扰乱了社会秩序。近年,一些膜拜团体与境外民族分裂势力相勾结,利用民族问题进行"民族独立"和分裂祖国活动。如"内蒙古锡林郭勒盟'5·13'和'5·17'事件发生后,膜拜团体极力煽动与政府对抗,激化民族矛盾"②。膜拜团体的政治动机和危险行为并存,促使他们仇视与其意见相左的人,当他们的危机与敌意力

---

① 卡尔·马克思、弗里德里希·恩格斯:《马克思恩格斯文集》第8卷,人民出版社,2009年,第170页。
② 菊立泰:《如何做好新时代西部地区反邪教工作的思考》,见《中国西部反邪教论坛》论文集,2018年,第71页。

量相互增长时,社会性的危机就可能爆发。这种性质的膜拜团体发生的风险越是不确定,民众的恐惧感就越强,并可能产生附随效应和连锁性反应,使社会付出极大的代价。

三、构建防控膜拜活动的社会心理运行途径

膜拜活动发展趋势对治理与防控提出了更高要求,这是一项综合性、艰巨性和长期性的战略任务。20 年来,我国在该领域积累了许多工作经验,如政府 + 社会 + 家庭三线立体教育转化工作模式[①]、"四联体"社会预警防控运行模式[②]、教育转化六步工作法[③]、新形势下运用阳明心学转化法[④]等。随着社会形势发展,过去被动性、应急性、临时性的思路已不完全适应当前需要,应该夯实源头性、基础性、专业性、深入性、长期性的预警途径,使防控工作超前、系统、专业和有效的运行。因此,在前期研究和工作经验基础上,进一步强化社会心理防控途径,"在治理举措作用于社会矛盾的效应之间,社会心态应该起到重要的中介作用。也就是说,只有社会治理工作能够切实把握社会心态,尊重社会心态的客观规律并且围绕着对于社会心态的调节和疏导展开,才能更好的预防和化解矛盾"[⑤]。

(一)提升基层防控体系及社会心理支持途径

基层组织是基础性的第一道防线,基础不牢,地动山摇。近年,随着农村生产经营方式的变革,农村居民的社会活动空间变得广阔,人员流动频繁,有

---

① 任春莉:《政府主导、社会参与、家庭配合,全力构建政府 + 社会 + 家庭"三线立体教育转化工作模式》,见《中国西部反邪教论坛》论文集,2018 年,第 184 页。
② 陈青萍:《精神控制论:从临床心理学视角分析膜拜现象》,人民出版社,2010 年。
③ 舒畅:《"法轮功"痴迷人员教育转化六步工作法》,见《中国西部反邪教论坛》论文集,2018 年,第 138 页。
④ 胡勇芳、张炜悦:《新形势下运用阳明心学转化"FLG 人员初探"》,见《中国西部反邪教论坛》论文集,2018 年,第 219 页。
⑤ 杨玉芳、郭永玉:《心理学在社会治理中的作用》,载《中国科学院刊》2017 年第 2 期。

的农民逐步演变为工人、商人、小业主等社会阶层，面对不同层次人员，单一工作方法未必适应形势发展的需要。陕西省汉阴县盛良柱总结的"三线两化一平台"农村基层治理模式①很适用。"三线"以镇党委抓党支部，党支部抓党员，党员联系群众为一条线；以镇人大主席团抓代表小组，代表小组抓人大代表，人大代表联系群众为第二条线；以镇政府指导村委会，村委会抓中心户长，中心户长联系村民为第三条线。"两化"中，一化即实行网格化管理，每个网络按20至30户、70至120人的规模划分；另一化是开展精细化服务，将群众分为平安户（家庭无膜拜成员）、关心户（家庭有前膜拜成员）、监护户（家庭有膜拜成员），党员和村干部实行"热线联系"一对一帮助，户户见面、人人交流。一平台是网络交流平台，让群众有问题及时向组织、干部求助，感到组织关怀就在身边，而不是投向膜拜团体。这种方式扩展了基层组织触角，壮大了队伍，形成了乡、村、户防范体系，使基层防范与治理工作呈现有人管、有人干、干得好的良好局面。

　　脱邪应该与脱贫工作共进，物质脱贫与精神脱邪结合，解决贫困并提高农民的生活质量，从精神层面和物质层面挤压膜拜团体存在的空间，筑牢教育转化的新根基。陕西省汉阴县在2017年实现了30余户涉邪贫困人员脱贫致富，通过办理低保、小额贷款、劳动技能培训等途径，从最现实的生活和生产问题入手，解决他们的实际困难，努力消除"因贫入邪""因病入邪"和"因愚入邪"等情况。有的地方还建立了"贫困村+富裕村+企业+反邪教协会""贫困村+帮扶单位+合作社+反邪教协会"②等形式的精准扶贫组织，从思想上拔掉"穷根"，鼓励他们采用更加务实的方法挣钱，不去虚幻"钱满贯、粮满仓"的生活。他们在醒悟后说："占'神'的便宜那只是一个笑话。"有位女性成员没有经

---

① 盛良柱：《依托"321"基层社会治理模式构建全民化反邪教工作格局》，中国西部反邪教论坛会议交流稿，2018年9月。

② 梁国江、袁瑞星、史燕：《新时代农村反邪教扶贫的思考》，见《中国西部反邪教论坛》论文集，2018年，第46页。

济来源，却迷恋膜拜活动，外出"传教"奔波欠了很多债，导致夫妻关系不和。后来，她参加了县妇联组织的家政培训班，干起了家政，干得有声有色，得到了用户的信任和称赞，顺势成立了一个"家政联谊会"，收入提高了，生活改善了，情绪好转了，家庭矛盾缓解了，也消除了对膜拜团体的依恋。该女性成员愧疚地说："我以前在虚假中浪费了许多时光，真的是很不值得。"她感恩妇联组织的帮助，"感恩是低社会阶层者更常体验到的情绪，能够促进与社会的亲和性"①。因此，教育转化中应给成员提供社会资源和能利用自己能力的机会，以有益于自己和社会的方式实现生存价值。另外，在针对家族式涉邪成员的教育转化中，无论他们是"孤独空虚型""生活困难型"，还是"愚昧迷信型"，都应该以突破家庭核心权威人物为重点，这样其他人的转变也就顺势而成了。

（二）协会强化协调发展路径并扩展工作效应

中国反邪教协会自2000年成立至今，以协同发展理念和大格局开展反邪教的工作，取得了许多成就，一是建立了较为完善的省—市—县—乡—村，以及学校、企事业单位等反邪教协会组织体系，实现反邪教工作的"全覆盖"和与群众接触的"零距离"；二是协会与各单位优势互补建立了有效的工作协同机制，在高层次统筹兼顾之下推进了各区域协会交流与合作，举办了十五届"西部论坛"和各种培训班，推进了研究工作和人才培养；三是动员了全国各行业专业人员投入此领域工作，开展了各种优势互补、措施一体的技术活动，使工作领域和视野更为开阔，为中国社会治理膜拜问题提供了较为丰富的研究资源和工作经验。同时，挑战持续存在，仍有很大空间有待拓展和加强。

1. 构建系统化组织体系

目前全国各省反邪教协会的建制尚不统一，分属于科协、政法委、反邪办、文明办、宣传部的都有，好似"碎片化"管理现象，缺乏整体系统性，这种情

---

① 田雨馨、伍新春、陈杰灵等：《复杂创伤后应激障碍：概念、评估成因及干预》，载《北京师范大学学报》（社会科学版）2019年第5期。

况在一定程度上影响了工作情绪,这也是每年协会开会时,各省协会干部议论最多的话题。有些机构是天天要用的,有些机构是备而有用的,有些机构和工作不能弱化,以避免遇到突发事件时出现被动而引起一系列后患。

2. 强化社会防邪反邪意识

截至目前,中国的邪教概念在国际社会尚未取得一致性看法,甚至在国内也存在一些隐性分歧,认为只是一种新兴宗教而已。从目前的工作情况看,国内事情好办,国外舆论难控,而国外又对国内不断地施加影响。因此,需要在科普化、基础性、广场式工作层面上再抓新的支点,形成一套有效的可操作性强的防控宣传教育工作模式。

3. 扩展社会教育服务效应

概括地说,协会基本任务:一是宏观的社会治理,是以反邪教工作普及与维护社会和谐为目标,由政府主导,协会组织,志愿者参与,将反邪教工作遍及中国城乡每一个地方,每一阶层人员;二是微观的社会治理,协会以各种人才与技能的运作方式为着眼点,将教育转化工作从最初的科普宣传形式深化到技能帮助层次,把握工作的主动权并推进防控工作的进展。

4. 推广工作技能培训机制

协会充分发挥调动社会资源的功能,推广"社会工作者 + 志愿者 + 专业人员"工作协作机制,使工作服务供需有效对接并建立长效机制,可依托高等院校、党校、团校等机构建立志愿者培训基地,优化工作队伍结构,在此基础上可采用"菜单式"服务方式,把群众需求与膜拜成员实际情况有机结合,提高工作针对性和质量水平。

反邪教协会处于在意识形态领域和现实生活中同各类膜拜团体争夺群众、争夺阵地、争夺政权的斗争之中,是党和政府在反邪斗争中的一个有力工具,具有保障社会和谐稳定的重要性,其建设与发展具有重要意义。赵建民提出协会工作要抓住四个根本:加强组织建设,夯实协会的"根";创新宣传方式,坚固协会的"本";提升研究水平,彰显协会的"魂";服务中心工作,凝聚协会的"神"。①这很有道理。

(三)强化把青少年文化认同内化为国家情感的立场

"文化认同对个人、社会、民族和国家都有巨大的作用。对个人而言,文化是个体识别的重要标志之一,也是个体识别自我身份和意义边界的坐标,是个体寻求同类和融入群体的标准和依据……它以有形和无形的方式渗透到人们生活的方方面面,构成了个人、民族、国家的血脉。"②文化认同决定人选择行为的方式,体现了认识觉悟、行为自觉和亲社会的价值导向,它是社会治理中的建设性力量。2019年,香港连续发生"骚乱"事件,其重要原因之一就是青少年缺乏"中国认同"的文化坐标,导致中华民族意识不足、国家身份认同分离,因为"以文化认同为核心所构成的个体的心理与思想体系,引导着个人的价值观和日常行为……文化影响个体在多文化情景中的心理调适、文化框架转换和认知加工方式"③。膜拜信仰的形成与多种因素有关,其中之一是文化认同差异。有一年,有关部门在某村子组织反邪教演出,演出中途突然从外面冲进来一伙人,搞"鬼神"把戏的活动,把人都吸引过去了。这说明不良文化的渗透依然存在,文化差异导致了活动方向的不同。

修枝叶千斧,不如修根基一斧,膜拜团体之所以能得到发展和蔓延,原因之一是有"文化土壤"。国家认同、文化认同和政治认同才是拒绝膜拜思想的根本要素,健康文化是社会意识的"调和剂"或"强化剂"。因此,每年可以依托妇女节、劳动节、建党节、国庆节等重大节日,紧扣国家建设发展主题,增强中华优秀文化的自信,适时举办健康向上的文化娱乐活动,开展形式多样的戏剧、小合唱、诗歌朗诵、音乐快板、健身操、体操比赛、反邪教节目等,

---

① 赵建民:《如何做好新时代反邪教协会工作的思考》,见《中国西部反邪教论坛》论文集,2018年,第7页。
② 佐斌、温芳芳:《当代中国人的文化认同》,载《中国科学院院刊》2017年第2期。
③ 佐斌、温芳芳:《当代中国人的文化认同》,载《中国科学院院刊》2017年第2期。

深化群众尤其是青少年对中华民族爱国情怀的体验和认识。有一位青少年在看了70周年大型纪录片《新中国》之后，感慨地说："70年前中国连一台机床都造不起，现在导弹都不在话下了，我没有理由不爱国。"另一位成员说："要不是70年国家的迅速发展，生活水平越来越好，我家也盖不起小楼"。许多成员在教育之后认识到，20年前，苏联拥有400万红军和数万枚核弹头，却在文化战中被美国所谓的民主与人权打败；20年前，中国开展了反邪教文化工作是维护社会安全的必要举措。一个人中华文化内化的越好，国家情感和社会正面认知的程度就越高，维护国家利益与社会和谐的立场就越坚定。

（四）社区建立长效心理康复途径以防控成员反复

随着社会发展与转型，自2013年以后，政府和企事业单位分流出来的部分工作转移至社区。"民众对社区的想象和诉求日益向生活经验和情感、价值、意义靠拢。价值转向对社区治理意义深远，促使社区治理宗旨从宏观政治转向微观日常生活，社区治理方式从刚性管制向软性感召转变……社区治理内容从硬件设施转向精神文化生活品质、人际关系、道德伦理，这些内容在社区治理中的地位凸显。"① 膜拜成员的心理康复和立场转变具有特殊性、长期性、复杂性、艰巨性和系统性，是一个较为漫长的过程，如果只是短期的"工具性"帮教，投入一定资源很快完成转化任务，效果不好易反复；"感情性"帮教，入情入理感动内心，效果虽好但不持久；只有"认知性"帮教，从思想觉悟上发生根本性改变，则效果巩固不会反复。这需要有一个长期固定的机构和人员，而社区对于膜拜成员的长效教育和防控反复具有重要的作用。社区可运用ABC认知疗法引导成员：导致情绪和行为反应的"C"，并不是由事件"A"引起，而是取决于对事件的认知方式"B"，认知方式偏差则产生对膜拜团体的依恋，重建成员正确的认知方式"B"，由此改变错误依恋的立场。同时，社区可联合文化

---

① 李翠玲：《从发展到生活：当代城市社区治理的价值转向》，载《新视野》2019年第5期。

委、体育局、卫生局、宗教局等部门开展丰富的传统文化、中医文化、宗教文化、艺术文化、爱国文化等活动，让成员心有所依、情有所动，抛弃虚幻的想象，维护伦理、道德、信任、亲情和健康才是真实的需要。当然，"人的存在过程中总是有着多样的价值关切并追寻不同的存在意义"①，尊重信仰自由、宗教自由、行为自由，但不能允许破坏性膜拜团体有活动的自由，不能以信教自由行邪教之实，为社会稳定而约束不适宜行为是必须的，一旦"当特定行为具有法益侵害性，为民众的安全和秩序生活所不能容忍，且对行为的禁止特别迫切之时，刑法就会被作为法益保护的必要手段"②，如"全能神"的张立冬因杀人、"华藏宗门"的吴泽恒因奸淫都被依法处理了。

（五）网络监管防控境内外不良信息侵害民众心理

据《第45次中国互联网络发展状况统计报告》显示，截至2020年3月，我国网民规模达9.04亿，互联网普及率为64.5%，其中手机网民规模是8.97亿，网民手机上网率达99.3%，微信已成为普遍的一种生活方式。网络安全和信息化是事关国家经济社会可持续发展、国家长治久安的重大战略问题。习近平总书记多次强调，没有网络安全就没有国家安全，过不了互联网这一关，就过不了长期执政这一关。③"国家主流意识形态的削弱或弘扬，国家主权的解构或重构多是以虚拟空间治理效果为基础的，只有提升虚拟空间治理效果，才能使虚拟空间在维护国家安全的过程中发挥积极作用。虚拟空间并不是虚幻的，虚拟空间具有一定的现实性，它是与现实空间有关联的活动，对于现实具有影响和强化的作用。"④"中国反邪教"微信公众号在全国政务公众号实力排名中位列前五，利用网络系统的即时性、快捷性、互动性、广泛性的传播优势，强化正面宣传矩阵，借助平台优势及时发布国内外反邪动态，识邪、辩邪的专业知识，

---

① 杨国荣：《"事"与人的存在》，载《中国社会科学》2019年第7期。
② 姜涛：《社会风险的刑法调控及其模式改造》，载《中国社会科学》2019年第7期。
③ 习近平：《加快推动媒体融合发展构建全媒体传播格局》，载《求是》2019年第6期。
④ 刘达禹：《国家安全视阈下虚拟空间治理的路径选择》，载《社会科学战线》2019年第8期。

粉丝达 100 余万人。全国现有"反邪""无邪""凯风""正道""反邪卫士""雁塔晨钟"等反邪教微信公众号 200 多个，发挥了很好的宣传教育作用。甘肃兰州某区①、陕西铜川②等地都建设了区级、乡镇（街道）、村（社区）三级反邪教微信宣传平台，并与中央、省、市反邪教微信、微博、头条号进行链接，形成了全覆盖的反邪教新媒体矩阵，但是规模较小，宣传力度和声势还应再大、再强、再广。此处建议，建立部门合作式平台运营机制，多个微信平台联合形成反邪教微信矩阵，共同打造、共同推广，既能丰富平台内容，又能使内容得到及时更新，避免遍地开花、各自为战、单打独斗，战斗力薄弱的现象。另外，在拦截邪教信息传入方面可采取如下措施：①采用专业技术对网站监控和拦截，虚拟空间比现实空间更需要秩序来规范和约束；②增筑防火墙技术，强化网情监控，法律应该对虚拟空间的发展与监控制定严肃对策；③建立对团体非法活动网络匿名举报通道，维护意识形态的正面力量；④建立专家审稿制度进行内容把关。同时，为了提高网站点击率，可涉及政治、经济、历史、文学、法学、心理学等领域内容，增加知识性、文化性、趣味性、可读性、可视性内容，使之成为一个文化学习和修养思想的阵地。加强网络传播与受众的互动才能增强传播效力，要让新媒体在反邪教工作中占领宣传高地，掌握话语权，把握主导权，打好信息仗。

（六）警惕趋势变化以防控社会危情发生

凡事预则立，不预则废，按照"前提存在—反应发生—后果产生"规律，树立防患于未然的理念，防范膜拜团体"随时有可能闹事"的危情。膜拜团体风险与传统风险相比的特点是盗窃少、抢劫少，但涉及生命、财产、健康、社会秩序、公共安全、威胁他人等人为制造的社会风险很多，如舆论围攻、散布谣言、欺诈钱财、危害健康、淫奸妇女、制造民众心理恐慌等，而且膜拜风险

---

① 蒋增伟、焦明杰：《打造新媒体反邪教矩阵，提升反邪教宣传教育水平》，见《中国西部反邪教论坛》论文集，2018 年，第 239 页。
② 白碧荣、任小卫：《互联网+反邪教宣传模式浅析》，见《中国西部反邪教论坛》论文集，2019 年，第 380 页。

具有不确定性,一旦发生则给他人带来财产或生命安全的严重损害,如山东招远事件,一位青年女性在餐馆吃饭时被膜拜成员活活打死。由此可见,为保障绝大多数民众的人身安全,就要严格控制极少数人可能发生的风险行为。在防范思路方面可以概括为两个方面。一是超前控制法,这是一种前馈控制即超前防控,使工作系统处于备战状态,预见和控制社会风险,主动做出反应与快速预测,通过观察情况、收集信息、分析信息,摸清症结、吃透问题、预测趋势、及时解决,对可能诱发的危险因素、危情易感人群和特定环境进行动态性重点观测,当风险尚未转变为实害结果时预先防控,将可能发生的危情征兆消灭于萌芽状态;二是危情管控法,即让工作系统处于战斗状态,膜拜危情一旦发生,当机立断作出快速反应与干预,从危情源头、危害程度、危害后果、社会影响、处理手段等方面作出评估与解决,即刻启动危情管理机制修复危机冲击,将损害控制在最小范围内,尽快将危情状态向良性趋势转化。

(七)制定社会心理康复系统定向与多向干预对策

1. 社会心理康复系统干预依据

心理学是研究人类行为及其心理机制的科学,是最贴近社会现实问题的学科。"社会治理的核心是人,社会治理的主体是人,治理的对象是以人为中心的社会事务,治理过程是多元主体的群体决策过程,治理的路径之一是面向人的心理建设。"[①] 心理学"是将研究对象定位于具体的个体和群体,通过对其内在心理规律探讨,进而对整个系统中的社会阶层与社会公平状况作出揭示,并且能够从改变人心理与行为的角度出发,探索相关的应对策略"[②]。"心理技术是基于对人性的深刻理解,其主要逻辑就是针对人容易出现的一些非适应性的心理和行为特点,展开便利性、情境性的干预措施,以达到调节某些群体惯

---

① 辛自强:《社会治理中的心理学问题》,载《心理科学进展》2018 年第 1 期。
② 郭永玉、杨沈龙、胡小勇:《理想天平与现实阶梯:心理学视角下的社会分层与公平研究》,载《中国社会科学院院刊》2017 年第 2 期。

性思维与行为的效果。"① 社会治理中的心理学工作"需要在技术进步和人文关怀之间寻求均衡，承认并善待社会多元利益诉求，绝不能让精细化治理异化为单纯的管控"②。膜拜问题涉及社会心理问题，它是在特定的历史文化环境和现实社会环境中"生长"起来的，顺应了一部分人的心理需要，单纯运用行政力量是维护社会安全的有力措施，但并不意味着某些人愿意接受，暂时被动地接受，抵制或消极应对的结果便是不断反复。攻人先攻心，攻心即治本，由心而治。国外在这方面有经验可借鉴，他们强调心理化、专业化和客观化，将邪教信徒称为膜拜成员，将痴迷者称为心理障碍者或心理功能失调者，将痴迷行为称为过失行为，将转化教育称为心理辅导，将改邪归正者称为前成员，将转化人员称为辅导者。这不仅仅是名称不同，更是一种思维观念的专业客观态度。由此可见，利用心理学理论及其技术实现膜拜问题的社会治理也是有效途径之一。

国际邪教研究协会前主席赫伯特·罗斯戴尔（Herbert L. Rosedal）指出，对待那些加入膜拜组织的成员，应该像对待患有心理疾病和感情受到伤害的病人一样，给予关怀和照顾，而不是让他们自受其咎。③ 膜拜成员游离于社会主流生活之外，心寄膜拜信仰之中，他们有身份困惑、情感纠结、目标找寻、心理冲突、孤独迷茫、彷徨和焦虑等现象，也有割舍不断的情缘和亲缘关系，更有对生存价值和迷失自我的风险担忧。我们研究发现，一个成员脱离膜拜信仰需要 2—3 年的思考与纠结，其过程是漫长而艰难的，他们面临四大问题挑战：一是膜拜伤害时间较长致心理健康水平不良；二是缺乏文化知识致认知能力不高；三是缺乏良好家庭环境致人际关系不佳；四是缺乏生存技能致社会适应能力不

---

① White, Ben, "World Development Report 2015: Mind, Society, and Behavior", *Canadian Journal of Development Studies*, 2015, 36（4）.
② 胡颖廉、李楠：《社会治理精细化：背景、内涵和路径——党的十八届五中全会学习研讨会观点综述》，载《行政管理改革》2016 年第 2 期。
③ 中国反邪教协会、美国家庭基金会编：《关爱生命·远离邪教》（内部资料），2004 年，第 121 页。

足。让他们接受转变也是一种挑战，他们需要丢弃已适应的旧观念，转化到需要重新适应的新观念中，这是心理认识和世界观的重大转折，需要提供专业的心理干预给予支持。心理学提供了一种解释人类行为的视野和方法，用其原理解释复杂的心理现象，探索行为演变动机，应用心理矫正技术，避免将心理问题混为道德问题。同时对于膜拜成员不仅立足于现在的帮助，更为他们今后的发展提供途径和方法。

运用四大心理学流派经典技术制定因人而异的干预方案：①精神分析方法，全面了解成员的心理内部动力和潜意识内容，进行膜拜问题原因探究，澄清问题使其获得领悟并掌握解决问题的方法，给予针对性帮助；②行为方法；通过对行为方式的重新设置，疏导其观念以调节各种不良情绪，不断改变膜拜行为并强化建立新行为；③认知方法，采用导之有理、导之有方、导之有力、导之有效的认知疗法，改变成员的认知歪曲引起的非适应行为，纠正偏信、偏见、偏执和歪曲事实的观念；④人本方法。强调成员的潜能、价值和自我效能感，营造积极氛围促进成员深化自我认识，让他们看到回归的希望和生存价值，实现正常的现实生活。

2.社会心理康复系统干预具体对策

（1）健康对策：灵活运用心理康复方法

运用心理学探讨膜拜成员思想意识及其行为活动的背景因素，理解他们的体验并帮助他们走出认识误区。方法可采用动机式访谈疗法，提升成员行为改变的动机和自我效能感；焦点解决短期疗法，挖掘成员内在资源，塑造自我力量以增强心理康复能力；萨提亚家庭疗法，利用家庭的整体观思路，借助家庭力量构建成员的心理康复之道；正念疗法，缓解成员的焦虑情绪，提升自我和谐水平以削弱膜拜行为；叙事疗法，解构成员生活中的消极故事，重建具有积极意义的生活主题；积极关注技术，激发成员正向价值观和改变立场的内在动力。采用这些方法进行定向的或多向的干预，最终目的是提高成员的心理康复水平，继而改变膜拜行为，回归正常的社会生活。

（2）认知对策：建立正确合理的认知方式

膜拜成员的不合理信仰及其膜拜行为是非理性认知之结果，矫正认知偏差是主要目标，让其明确偏差的认知方式与目前困境之间的关系，可以假设这样继续下去会怎样，然后直接审视和挑战这种认知方式问题之所在。下面是咨询者与一位年轻成员在认知对策中的一段对话摘录：

咨询者：你说你一有闲空，就去与别人一起"练功"，如果你不与别人一起"练功"，那会怎样？

成员：如果不一起练功，我会感到心不安和孤独。

咨询者：为什么会心不安和孤独呢？

成员：如果不能获得功友喜欢，他们会把我淘汰出圈的。

咨询者：淘汰出圈了会很难受吗？

成员：我需要有一个团体接纳我，感受人际感情，他们对我都很好，比我父母还亲切。

咨询者：你与家人来往不多吗？

成员：不算多吧。

咨询者：怎么不与家人多交流和来往呢？

成员：他们总是说我这也不对，那也不对，唠唠叨叨的很烦，除了指责，帮不了我什么。

咨询者：假设你得了重病，需要照顾和输血，你认为谁会给你照顾，给你输血？

成员：那当然是家人了。嗯，这样看来，我的认识是有问题的。

上述这段信息提供了该年轻成员所持有的选择性消极注视和情绪推理的认

知方式,当他意识到不合理了,再继续因势利导的帮助他改变立场。

(3)社会对策:提升实用的社会适应能力

人的心理健康发展取决于心理结构中是否有一个安全基地,如果所依附的自身能力比较强,就容易解决问题以适应社会生活。由于成员长期陷入膜拜信仰的"虚幻堡垒"中,其认知能力、社会技能、交往能力都滞后于社会形势的发展。社区或咨询等有关机构可以开展知识性、技能性、健身性、娱乐性等活动,同时引导成员思考:我之前在做什么?现在做什么?应该做什么?怎样做才能顺应社会形势的发展?首先界定问题,然后探寻解决问题的方法,再检验社会适应的效果。可以采用情景模拟训练,将膜拜成员安排在模拟问题的环境中,由成员扮演解决问题的主体,表露自己出现的各种问题,引导他们一个问题尝试多种方法解决,利用自身经验探索最佳的解决方法。在解决问题的过程中可能出现疑惑与纠结,安排有关对话以示引导作用,增强成员对问题的深入认识,练习解决问题的实际操作技能,并在情景模拟中引出未来发展的正性方向。情景模拟训练结束时,让成员自我总结并表达感受,强化成员在模拟中出现的新观念和新行为,以提升和巩固适应社会生活的能力。

(4)联合对策:多元化综合性方法联用

膜拜问题涉及面很广,某一种单独方法不可能开具出全套的干预方案。每种流派及其方法各有特长,比如精神分析疗法帮助挖掘成员加入膜拜团体的心理背景因素然后除因去果;行为疗法帮助找出行为痴迷的条件反射过程而予以重建替代性方法;认知疗法探查并修正不当的认知方式从而改变立场和行为;人本疗法则开发成员的自身潜能以主动改变膜拜信仰及其行为,"各种手段本身并无高低、优劣之别,只不过在不同的环境、不同的时空条件下,才有了选择的先后"[1]。针对膜拜成员复杂的世界观转变问题,单一方法不可能面面俱到,

---

[1] 周丕启:《大战略分析》,上海人民出版社,2009年,第25页。

需要组合成综合性的方法，发挥不同的指导理念与技能特长。联合对策并不是简单的罗列，在干预过程中仍需要突出重点，重视目标，整合资源，优化配置。以下是一位成员对联合对策的反映：

咨询者让我静静地半躺在沙发上，她问我一句话，我回答一段话，40分钟后，她分析了我的成长背景，解释了我当前的感受，宣泄了我的情绪，精神分析为我探究了生活背景与膜拜问题之间的关系。她建议我用健美操代替"练功"行为，我愿意试试看，一个月过去，我发现健美操更适合我，我每天练到微汗而止，练出了体型，练出了兴趣，伴奏的音乐也很陶冶情操，她让我继续强化以巩固新行为。我向她诉说了在单位不被待见，没有人愿意与我相处，人际困惑的苦恼，她让我质疑自己的所思所想，然后与我共同分析，发现我存在任意推断、选择性概括、消极注视等一些不合理的认知方式，又指导我进行了认知修正，这在现实中果然有用。我最感谢的还是她让我看到了自己的许多优点，激发了我的自信心，让我有决心和能力改变自己。

对一个复杂的观念问题运用多种方法联合解决，实现各种方法优点的合力，以确保干预效果的成功。咨询者在整个干预过程中应该全程跟踪，确定各种方法的相互性质、适合性、实用性，随时进行调整以求效果的最大化。